普通高等学校"十四五"规划土建学科创新应用型系列教材

新编工程经济学

主　编　杨　帆　侯　蕊
副主编　许　珍　郝　攀　孟婧雯　涂昳颖

华中科技大学出版社
中国·武汉

内容简介

本书根据土木工程、工程管理等专业的培养要求,结合建筑工程的特点及建筑相关执业资格考试范围进行编写,内容新颖,案例丰富并充分体现建筑专业性。本书以项目投资决策为主线,力求完整体现该学科的内容和方法,其主要内容包括:工程经济分析基础知识、工程项目经济评价基本方法、不确定性分析、工程项目投资费用估算、工程项目财务分析、工程项目国民经济评价、设备更新分析和价值工程。本书按照工程项目评价的应用逻辑顺序排列,注重知识点的先后和衔接,在每章后附有一定数量的习题和历年执业资格考试真题,以帮助学习者加深理解,巩固所学知识,熟悉执业资格考试题型。

本书可作为本科院校、高等职业院校建筑工程技术、工程造价(管理)、工程监理、水利工程、公路工程、市政工程等专业的教材,也可作为一级建造工程师、全国监理工程师、一级造价工程师等有关技术人员的参考用书。

图书在版编目(CIP)数据

新编工程经济学/杨帆,侯蕊主编. —武汉:华中科技大学出版社,2021.1(2024.12重印)
ISBN 978-7-5680-6964-9

Ⅰ.①新… Ⅱ.①杨… ②侯… Ⅲ.①工程经济学 Ⅳ.①F062.4

中国版本图书馆 CIP 数据核字(2021)第 012630 号

新编工程经济学 杨 帆 侯 蕊 主编
Xinbian Gongcheng Jingjixue

策划编辑:金　紫
责任编辑:陈　骏
封面设计:原色设计
责任校对:周怡露
责任监印:朱　玢

出版发行:华中科技大学出版社(中国·武汉)　　电话:(027)81321913
　　　　　武汉市东湖新技术开发区华工科技园　　邮编:430223
录　　排:武汉楚海文化传播有限公司
印　　刷:武汉市洪林印务有限公司
开　　本:787 mm×1092 mm　1/16
印　　张:15.75
字　　数:400 千字
版　　次:2024 年 12 月第 1 版第 5 次印刷
定　　价:49.80 元

本书若有印装质量问题,请向出版社营销中心调换
全国免费服务热线:400-6679-118　竭诚为您服务
版权所有　侵权必究

前　言

工程经济学是对建设项目进行技术与经济的分析、论证、比较和评价后,从中选出技术上先进、资金上合理、实践上可行、社会效益明显、经济效益丰厚的最优方案,为决策提供科学依据的一门学科。工程经济学是土木工程、工程管理、建筑学、工程监理、水利工程、公路工程、市政工程、给水排水等专业的专业基础课程,是部分专业的研究生入学考试科目,也是建筑类执业资格考试的必考内容。

本书总结了作者多年教学和科研经验,搜集整理了大量与建筑有关的案例融入到本书中,充分体现专业性和实用性。选材新颖、重点突出、通俗易懂、深入浅出,便于理解和自学。案例和习题针对性强、综合性强,有一定的难度和深度,有利于巩固和提高知识水平。每章后面还筛选出了近年来建筑类多个执业资格考试的真题,通过本书的学习,培养学生的经济思维,使学生成为既懂技术又懂经济的高级工程技术人才,让学生深刻理解工程技术与经济的关系,以便在今后的项目实施过程中树立经济意识,实现以最少的投入取得最多的效益,获得价值最大化。

本书由赣南科技学院杨帆、湖南工学院侯蕊担任主编,赣南科技学院许珍、江西交通职业技术学院郝攀、武汉科技大学城市学院孟婧雯、江西交通职业技术学院涂眣颖担任副主编。

本书分工如下:杨帆编写第一、二章、第三章、第五章,侯蕊编写第九章,许珍编写第七章,郝攀编写第四章,孟婧雯编写第八章,涂眣颖编写第六章。

本书参考了一些学者的著作,在参考文献中列出,在此深表感谢。由于作者水平有限,书中难免有疏漏和不足之处,敬请读者和专家同行们提出宝贵意见!

编　者

2020 年 8 月

资源配套说明

目前,身处信息化时代的教育事业的发展方向备受社会各方的关注。信息化时代,云平台、大数据、互联网+……诸多技术与理念被借鉴于教育,协作式、探究式、社区式……各种教与学的模式不断出现,为教育注入新的活力,也为教育提供新的可能。

教育领域的专家学者在探索,国家也在为教育的变革指引方向。教育部在2010年发布的《国家中长期教育改革和发展规划纲要(2010—2020年)》中提出要"加快教育信息化进程";在2012年发布的《教育信息化十年发展规划(2011—2020年)》中具体指明了推进教育信息化的方向;在2016年发布的《教育信息化"十三五"规划》中进一步强调了信息化教学的重要性和数字化资源建设的必要性,并提出了具体的措施和要求。2017年十九大报告中也明确提出了要"加快教育现代化"。

教育源于传统,延于革新。发展的新方向已经明确,发展的新技术已经成熟并在不断完备,发展的智库已经建立,发展的行动也必然需践行。

作为教育事业的重要参与者,我们特邀专业教师和相关专家共同探索契合新教学模式的立体化教材,对传统教材内容进行更新,并配套数字化拓展资源,以期帮助建构符合时代需求的智慧课堂。

本套教材正在逐步配备如下数字教学资源,并根据教学需求不断完善。

- 教学视频:软件操作演示、课程重难点讲解等。
- 教学课件:基于教材并含丰富拓展内容的PPT课件。图书素材:模型实例、图纸文件、效果图文件等。
- 参考答案:详细解析课后习题。
- 拓展题库:含多种题型。
- 拓展案例:含丰富拓展实例与多角度讲解。

数字资源使用方式:

扫描图书页面相应二维码看教材数字资源。

为了便于学生学习和查找,本书赠送七个附录,扫描以下二维码看具体内容。附件的基本内容如下:

附录一 《关于建设项目进行可行性研究的试行管理办法》规定的工业项目可行性研究报告

附录二 复利系数表

附录三 财务评价参数表

附录四 城市基础设施项目全部投资税前财务基准收益率取值表

附录五 部分行业建设项目偿债能力测算表

附录六 部分行业项目经济评价的特点

附录七 某商业项目经济分析

本书附录二维码

目　　录

第一章　绪论 …………………………………………………………………… (1)
　　第一节　工程经济学概述 …………………………………………………… (1)
　　第二节　工程建设基本程序 ………………………………………………… (3)
　　第三节　工程经济学的研究对象和评价原则 ……………………………… (10)
　　第四节　工程经济分析的一般程序和重要意义 …………………………… (12)

第二章　工程经济分析基础知识 ………………………………………………… (15)
　　第一节　资金的时间价值 …………………………………………………… (15)
　　第二节　现金流量及现金流量图 …………………………………………… (17)
　　第三节　资金等值计算公式 ………………………………………………… (19)
　　第四节　名义利率与实际利率 ……………………………………………… (28)
　　第五节　等值计算公式的应用 ……………………………………………… (30)

第三章　工程项目经济评价基本方法 …………………………………………… (39)
　　第一节　工程经济评价概述 ………………………………………………… (39)
　　第二节　工程项目经济评价指标 …………………………………………… (42)
　　第三节　工程项目经济评价方法 …………………………………………… (55)

第四章　不确定性分析 …………………………………………………………… (76)
　　第一节　不确定性分析概述 ………………………………………………… (76)
　　第二节　盈亏平衡分析 ……………………………………………………… (78)
　　第三节　敏感性分析 ………………………………………………………… (81)
　　第四节　概率分析 …………………………………………………………… (86)

第五章　工程项目投资费用估算 ………………………………………………… (95)
　　第一节　工程项目总投资费用构成及其估算 ……………………………… (95)
　　第二节　工程项目产品成本构成及其估算 ………………………………… (107)
　　第三节　销售收入、税金和利润估算 ……………………………………… (112)

第六章 工程项目财务评价 (121)

第一节 财务评价概述 (121)

第二节 融资前盈利能力分析 (124)

第三节 融资后盈利能力分析 (125)

第四节 融资后偿债能力分析 (129)

第五节 融资后财务生存能力分析 (133)

第六节 案例 (135)

第七章 工程项目国民经济评价 (160)

第一节 国民经济评价概述 (160)

第二节 费用与效益识别 (163)

第三节 国民经济评价参数和指标 (168)

第四节 国民经济评价实例 (180)

第八章 设备更新分析 (189)

第一节 设备更新的原因分析、设备磨损的补偿形式及特点分析 (189)

第二节 设备更新时机的确定方法 (193)

第三节 设备更新的经济分析 (198)

第四节 设备租赁的经济分析 (202)

第九章 价值工程 (213)

第一节 价值工程概述 (213)

第二节 价值工程的实施步骤和方法 (217)

第三节 价值工程在建筑工程中的应用 (230)

参考文献 (243)

第一章　绪　论

第一节　工程经济学概述

任何一个项目的实施,都要消耗人力、物力、财力等各种资源,尤其是面对一些稀有资源和不可再生资源,就必须物尽其用,使资源得到最高效、最有价值的利用。但是,资源的用途有多种,如何把有限的资源科学合理地应用到各项目中,如何从多个有效的方案中选出最经济的方案,要解决好这些问题,就需要运用工程经济学的理论和方法。工程经济学这门学科,正是研究项目全过程的经济问题和经济规律,使技术与经济有效结合。

一、工程经济学的相关概念

工程经济学是工程与经济学的交叉学科,一个项目的成功实施,不仅要求在工程技术上具有可行性,还必须经济合理。

工程项目——鸟巢

1. 工程

工程是人们综合应用科学的理论、技术的手段和设备来完成的具体实践活动。工程的范畴很大,包括建筑工程、工业工程、矿业工程等。

2. 经济

经济的概念主要有以下四种:

(1)经济是指经济制度、生产关系、经济基础,是指人类社会发展到一定阶段的经济制度,是人类社会生产关系的总和,也是上层建筑赖以存在的经济基础。

(2)经济是指一国的国民经济的总称,或指国民经济各个部门,如工业经济、农业经济、商业经济等。

(3)经济是指社会生产和再生产的过程,如经济效益、经济规模。

(4)经济是指节约或节省,是指在社会活动中,如何节约资金。

(1)(2)两种属于宏观层面的经济范畴,(3)(4)两种则属于微观层面的经济范畴。

任何工程项目都经过研究、开发、设计、建造、运行、生产、维护、销售等活动过程,并在此过程中消耗各种资源。由于资源有限,不同的资源配置会产生不同的经济效果、社会效果及环境效果,所以如何合理配置资源,以最少的投入实现项目的目标,这就需要研究如何运用资金、利用各种经济指标和方法,对各种方案进行科学的评价和优化,实现技术与经济的有效结合。典型案例如"鸟巢"工程,因估算的成本过大,通过对设计方案和材料进行优化,最终节省了六亿多元的投入。

工程经济学是工程与经济的交叉学科,是利用经济学的理论和分析方法,研究如何有效利用资源,提高经济效益,对能够完成工程项目预定目标的各种可行方案进行技术和经济的论证、比较、计算和评价,优选出在技术上、经济上的有利方案,从而为实现正确的投资决策提供科学依据的一门应用性经济学科。

二、工程经济学的产生与发展

工程经济学源于一百多年前的美国,它是在研究投资大中型项目如何降低风险的背景下产生的,且归结于管理学科的不断发展。工程经济学从出现到形成独立学科,不同历史时期的经济学家和工程师为此做出了阶段性的贡献。

1887年,美国工程师惠灵顿(Arthar M. Wellington)在铁路建设的设计施工中,首次将成本分析方法应用于铁路的最佳长度和曲率选择上,开创了工程领域经济评价工作的先河。他在其著作《铁路布局中的经济理论》中指出,工程经济是"一门花钱少多办事的艺术"。因此,他被称作是"经济评价的先驱"。历经33年后,到了1920年,戈尔德曼教授(O. B. Goldman)在他的《财务工程学》中指出:"这是一种奇怪而遗憾的现象,在工程学书籍中,没有或很少考虑成本问题。实际上,工程师最基本的责任是分析成本,以达到真正的经济性,即赢得最大可能数量的货币,获得最佳财务效率。"也是他首次提出了复利计算方法。

1930年,美国斯坦福大学格兰特(E. L. Grant)教授出版了《工程经济学原理》教科书,他指出了古典工程经济的局限性。他以复利计算为基础,讨论了判别因子和短期投资评价的重要性,以及资本长期投资的一般比较。他的许多观点得到了社会的认可,为工程经济学的发展做出了突出贡献,他也因此被称为"工程经济学之父"。

20世纪30年代,美国在开发西部的田纳西河流域时开始推行"可行性研究"方法,从而把工程技术和工程项目的经济问题推向一个新的阶段。

1978年布西(L. E. Bussey)出版了《工业投资项目的经济分析》,全面、系统地总结了工程项目的资金筹集、经济评价、优化决策以及项目的风险和不确定性分析等。

1982年里格斯(J. L. Riggs)出版了《工程经济学》,系统地阐明了货币的时间价值、货币管理、经济决策和风险与不确定性分析,确立了工程经济学的学科体系,把工程经济学的学科水平向前推进了一大步。

随着数学和计算技术的发展,特别是运筹学、概率论和数理统计等方法的应用,以及系统工程、计量经济学、最优化技术的飞跃发展,工程经济学得到了长足的发展。

在我国,20世纪50年代初期,采用"方案研究""建设建议书""技术经济分析"等类似可行性研究的方法,取得了较好的效果。"一五"期间的156项国家重点建设工程,基本上都进行了工程经济分析和按基建程序进行了项目论证,奠定了我国工程经济发展的组织和队伍基础,初步形成了主要围绕项目建设前期工作的静态经济评价体系。"二五"期间由于片面追求速度,否定技术经济分析的必要性,因此遭受了巨大损失。1962年,技术经济被列入十年科学技术规划六个重大科研课题(资源、工业、农业、医药卫生、基础科学、技术经济)之一,技术经济研究较为活跃。1978年后,技术经济又重新受到重视,被列入108项全国重点科研项目,成立了"技术经济研究会",国务院也成立了"技术经济研究中心"。各地高校也将工程经济学列为一些专业的必修课。1983年,国家计划委员会要求重视投资前期工作,明确规定把项目可行性研究纳入基本建设程序。随后,工程经济学的理论与方法普遍应用于各类建设项目的经济评价。

第二节 工程建设基本程序

工程建设程序是指从项目的投资意向、投资机会选择、项目决策、设计、施工到项目竣工验收投入生产阶段的整个过程,它是工程建设客观规律的反映,反映了建设项目发展的内部联系和过程,是不可以随意改变的。

我国的工程建设程序共分两个阶段,八个步骤。第一个阶段是项目决策阶段,共分三步:编报项目建议书、进行可行性研究和项目评估、编报设计任务书。第二个阶段是项目实施阶段,共分五步:编制设计文件、编制建设计划和年度建设计划、进行施工准备和生产准备、组织施工以及组织竣工验收和交付使用。

一、编报项目建议书

项目建议书是工程项目建设程序的最初环节,是有关地区、部门、企事业单位或投资人根据国民经济和社会发展的长远规划、行业规划和地区规划的要求,经过周密细致的调查研究、市场预测、资源条件及技术经济分析后,提出建设某一项目的总体轮廓设想,着重从宏观上对项目建设的必要性做出分析衡量,并初步分析项目建设的可行性,从而向决策者提出建议。

项目建议书包括下列内容。
(1)提出建设项目的必要性和依据。
(2)建设规模、产品方案、生产方法和建设地点的初步设想。
(3)资源条件、建设条件和协作关系。如果是引进技术和设备项目,还需对引进国家、厂商的情况进行分析,说明国内外的技术差距情况。
(4)建设所需资金的估算数和筹措设想。利用外资或其他国内外有偿贷款建设的项目,还要说明利用这笔资金的可能性和进行还贷能力测算。
(5)项目建设工期的初步安排。
(6)要求达到的技术水平和生产能力,预计取得的经济效益和社会效益。

项目建议书按要求编制完成后,根据有关规定,按照建设总规模和限额划分的审批权限进行报批。根据《国务院关于投资体制改革的决定》(国发[2004]20号),政府对于投资项目的管理分为审批、核准和备案三种方式。对于政府投资项目或使用政府性资金、国际金融组织或外国贷款投资建设的项目,继续实行审批制;对于企业不使用政府性资金、国际金融组织和外国政府贷款投资建设的项目,一律不再实行审批制,区别不同情况实行核准制和备案制。

二、进行可行性研究和项目评估

1. 可行性研究

可行性研究是指在对某工程项目做出是否投资的决策之前,先对与该项目相关的技术、经济、社会、环境等方面进行调查研究,对项目各种可能的拟建方案认真地进行技术经济分析论证,研究项目在技术上的适用性,在经济上的合理性和建设上的可能性,对项目建成后的经济效益、社会效益、环境效益等进行科学的预测和评价,据此提出该项目是否应该投资建设,以及选定最佳投资建设方案等结论性意见,为项目投资决策提供依据。

可行性研究的主要内容如下。

(1) 总论。包括:项目概况,内容分为项目名称、建设单位、承担可行性研究的单位、研究工作的主要依据、工作范围及工作程序;研究结论概要;存在的问题和建议。

(2) 项目背景。包括:项目提出的背景(改、扩建项目要说明企业现有状况);投资的必要性和经济意义;研究工作的依据和范围。

(3) 需求预测及拟建规模。包括:国内外需求情况的预测;国内现有生产能力的估计;销售预测、价格分析、产品竞争能力分析、进入国际市场的背景;拟建项目的规模、产品方案和发展方向的技术经济比较和分析。

(4) 资源、原材料、燃料及公用事业。包括:经过正式批准的资源储量、品位、成分以及开采、使用条件的评述;原料、辅助材料、燃料的种类、数量、来源和供应的可能;所需公用设施的数量、供应方式和供应条件。

(5) 建厂条件和厂址方案。包括:建厂的地理位置、气象、水文、地质、地形条件和社会经济现状;交通、运输及水、电、气的现状及发展趋势;厂址的比较与选择意见。

一般来讲,厂址的选择应满足以下条件。

① 政策规划条件。项目建设地区的选择必须符合国家和当地政府对该地区的产业政策、投资政策、税收政策、环境保护政策等各种政策,并与当地的地区规划或城镇总体规划要求相协调。

② 自然条件。自然条件包括地质、水文和气候等。厂址应尽量选在工程地质、水文地质条件较好的地段,土的承载力应满足拟建厂的要求,严防选在断层、滑坡、岩溶、流沙层与有用矿床地区,以及洪水淹没区、采矿塌陷区。厂址的地下水位应尽可能低于地下建筑物的基准面。而气候条件不仅影响职工的身心健康和工作效率,对有些产业还会直接影响产品的质量,甚至影响生产的正常进行。

③ 资源条件。项目所需资源不仅包括项目建设过程中所需的各种建筑材料,还包括项目建成后生产所需的自然资源、原材料和原料等。因此,厂址应尽量选择在具备与拟建项目相适应的资源条件的地区。

④ 能源条件。项目的建设和企业的生产都离不开能源。在选择厂址时,需要保证所选地区有充足的电能、热能等能源供应,尤其是耗能较大的项目。

⑤运输条件。运输条件包括运输方式、运输距离、运输能力、运输速度、运输费用以及制约因素等方面。厂址的选择应根据具体的项目情况,选择在靠近铁路、公路或水路的地点,在满足运输能力、速度和安全等要求的前提下,尽量降低运输费用,减少建设投资和生产成本。

⑥外部协作条件。外部协作条件包括供电、供热、技术支持和生活服务设施等,厂址的选择应便于这些外部协作条件的取得,以保证项目的顺利建设和正常运行。

⑦环境保护条件。厂址的选择应尽量减少对环境的污染。对于排放大量有害气体和烟尘的项目,不能建在城市的上风口,以免对整个城市造成污染;对于噪声大的项目,厂址应选在距离居民集中地区较远的地方,同时,要设置一定宽度的绿带,以减弱噪声的干扰。

另外,在确定厂址时,除比较上述厂址条件外,还应进行多方案的技术经济分析、比较,选择最佳厂址。

(6)方案设计。包括:项目的构成范围(指包括的主要单项工程),技术来源和生产方法,主要技术工艺和设备选择方案的比较,引进技术、设备的国别,与外商合作制造的可能性,改、扩建项目要说明对原有固定资产的利用情况;全厂布置方案的初步选择和土建工程量的估算;公用辅助设施和厂内外交通运输方式的比较和初步选择。

(7)环境保护。包括:对环境现状的调查;预测项目对环境的影响;提出环境保护和治理"三废"的初步方案。

(8)企业组织、劳动定员和人员培训。包括:企业生产管理体制及机构设置的方案;项目实施不同时期需要的管理人员、工程技术人员、工人及其他人员的数量、水平以及来源;人员培训规划和费用的估算。

(9)实施进度的建议。包括:项目建设的基本要求和实施进度总计划;勘察设计、设备制造、工程施工、安装、调试、投产、达产所需时间和进度要求;最佳实施方案的选择,使用横道图或网络图表示。

(10)投资估算和资金筹措。包括:主体工程和协作配套工程所需的投资;生产流动资金的估算;资金来源、筹措方式和贷款的偿付方式。

(11)项目财务评价。从企业的角度,根据国家现行财税制度和现行价格,分析、测算项目的效益和费用,考察项目的获利能力、清偿能力和外汇效果等财务状况,从而判断项目的可行性。

(12)项目国民经济评价。从国家的角度,根据影子价格、影子工资、影子汇率和社会折现率等考察项目的效益和费用,计算、分析项目给国民经济带来的净收益,从而评价项目的合理性。

(13)结论和建议。运用研究所得的各项数据,从技术、财务、经济等方面论述项目的可行性,指出存在的问题,并提出相应的建议。

例如,某建筑工程可行性研究报告目录格式如下。

第 1 章　总论
　　1.1　项目背景
　　1.2　项目概况
第 2 章　项目规划的相关性及建设必要性
　　2.1　项目规划的相关性
　　2.2　项目建设的必要性
第 3 章　场址选择
　　3.1　场址现状
　　3.2　场址建设条件
第 4 章　建设规划方案
　　4.1　建筑规划设计指导思想
　　4.2　项目总体规划方案
　　4.3　工程方案
　　4.4　配套设施
第 5 章　环境影响评价
　　5.1　项目地块环境现状
　　5.2　采用的环境保护标准
　　5.3　项目建设与运营对环境的影响
　　5.4　环境保护措施
第 6 章　节能
　　6.1　节能原则
　　6.2　合理用能标准及节能设计规范
　　6.3　节能措施
第 7 章　组织机构与人力资源配置
　　7.1　组织机构
　　7.2　人力资源配置
第 8 章　项目实施进度
　　8.1　实施工期
　　8.2　实施进度安排
第 9 章　工程招投标
　　9.1　概述
　　9.2　招标组织形式
　　9.3　招标方式
第 10 章　投资估算及资金筹措
　　10.1　投资估算
　　10.2　资金筹措
第 11 章　社会评价
　　11.1　项目对社会影响分析
　　11.2　项目对所在地的互适性分析
　　11.3　社会风险分析
第 12 章　研究结论

2. 可行性研究报告的审批

根据《国务院关于投资体制改革的决定》(国发[2004]20号),建设项目可行性研究报告的审批和项目建议书的审批相同。对于政府投资项目或使用政府性资金、国际金融组织或外国贷款投资建设的项目,继续实行审批制,需要报批可行性研究报告;对于不使用政府性资金、国际金融组织和外国政府贷款投资建设的项目,一律不再实行审批制,区别不同情况实行核准制和备案制,无须报批项目可行性研究报告。

可行性研究报告经批准后,不得随意修改和变更。如果在建设规模、产品方案、建设地区、主要协作关系等方面有变动及突破投资控制数时,应经原批准机关同意。经过批准的可行性报告,是确定建设项目、编制设计文件的依据。

三、编报设计任务书

建设项目的可行性研究(含项目评估)报告批准后,据此编制设计任务书。设计任务书是项目决策的重要依据,也是日后编制设计文件的主要依据。设计任务书应按规定的工作深度达到一定的准确性,主要要求是,设计任务书的投资估算和初步设计概算相差不得大于10%,否则要对项目重新进行论证决策。设计任务书除了要满足初步设计的需要外,还应满足大型专用设备订货的要求。

设计任务书的内容一般应包括以下内容。

(1) 项目建设的目的和依据。
(2) 建设规模、产品方案或纲领,生产方法或工艺原则。
(3) 矿产资源、水文、地质、原材料、燃料、动力、供水、运输等协作配合条件。
(4) 资源综合利用和"三废"治理的要求。
(5) 建设地区和地点以及占用土地的估算。
(6) 抗震、防空等要求。
(7) 建设工期。
(8) 投资控制数。
(9) 劳动定员控制数。
(10) 要求达到的经济效益和技术水平。

大中型建设项目的设计任务书,一般还附有可行性研究报告、总平面布置图、外部协作条件意向性协议、资金来源及筹措情况等资料。工程建设项目的设计任务书一经批准,该项目的立项工作也就完成了,建设方案就确定了,据此即可进行勘察设计工作。

四、编制设计文件

设计任务书批准后就可委托设计单位编制设计文件。设计是非常复杂的技术经济工作,是对拟建工程从技术到经济等全面具体的规划。设计文件是设计任务书的深化,是组织工程施工的主要依据。

一般大中型项目的设计包括初步设计和施工图设计两个阶段。重大项目,技术复杂和专业有特殊要求的项目,经主管部门指定,可采用三阶段设计,即在初步设计之后,增加技术设计阶段。有些小的简单项目,也可将初步设计和施工图设计合并进行而不再划分阶段。

1. 初步设计

各类建设项目的初步设计内容不尽相同,就工业建设项目来说,应包括以下内容。

(1)设计的依据和指导思想。

(2)建设规模、产品方案、原材料、燃料和动力的需用量和来源。

(3)工艺流程、主要设备选型和配置。

(4)主要建筑物、构筑物、公用辅助设施和生活区的建设。

(5)占地面积和土地使用情况。

(6)总图运输。

(7)外部协作配合条件。

(8)综合利用、环境保护和抗震、人防措施。

(9)生产组织、劳动定员和各项目技术经济指标。

(10)建设顺序和期限。

(11)总概算。

初步设计深度应按有关规定执行,并能满足土地征用、主要设备和材料订货、控制投资、施工图设计和施工组织设计的编制、施工准备和生产准备等要求。

经审查批准的初步设计(含总概算)是编制技术设计和施工图设计文件,确定建设项目总投资,编制基本建设投资计划,签订工程总合同和贷款总合同,控制工程拨款或贷款,组织主要设备材料订货,进行施工和生产准备以及实行经济责任制的依据。批准后的初步设计,一般不得随意修改、变更。凡涉及总平面布置、主要工艺流程、主要设备、建筑面积、建筑结构、建筑标准、总定员、总概算等方面的修改,需报原审批机关批准。

技术设计是为了进一步确定初步设计中所采用的工艺流程和建筑、结构上的主要技术问题,校正设备选择、建设规模及一些技术经济指标而对技术复杂或有特殊要求的建设项目所增加的一个设计阶段。技术设计应根据已批准的初步设计文件编制,其内容视工程的特点而定,深度应能满足确定设计中重大技术问题、有关科学试验和设备制造方面的要求。

2. 施工图设计

施工图设计是在前一阶段设计的基础上将设计进一步形象化、具体化、明确化。是为满足建筑安装工程施工或非标准设备制作的需要,把工程和设备各构成部分的尺寸、布局和主要施工方法,以图样及文字的形式加以确定的设计文件。

施工图设计根据已批准的初步设计(或技术设计)文件编制。其主要内容应包括总平面图,建筑物(构筑物)的建筑、结构、水、暖通、电气等专业图纸和说明,以及公用设施、工艺设计和设备安装的详图等,还应包括施工图设计概(预)算。

五、编制建设计划和年度建设计划

根据批准的建设工期和总概算,合理地编制工程建设项目的建设计划和年度建设计划,计划内容要与投资、材料、设备相适应,配套项目要同时安排,相互衔接。

由于工程建设项目具有生产过程周期长的特点,一个建设项目往往要跨越数年甚至更长的时间才能建成,因此在编制年度建设计划时,必须按照量力而行的原则,根据批准的建设工期和总概算,结合当年分配的投资、材料、设备,合理编制年度建设计划,使其与中长期计划相适应,保证建设的节奏性和连续性。

六、进行施工准备和生产准备

1. 施工准备

为了保证工程施工的顺利进行,在开工之前应切实做好以下准备工作。

(1)办好征地、拆迁工作。征用土地工作是根据我国的土地管理法规和城市规划进行的。通常由用地单位支付一定的土地补偿费和安置补助费。

(2)组织设备、材料的订货申请。

(3)做好"五通一平"。包括施工现场的通路、通电、通水、通信、通气和场地平整工作。

(4)准备好必要的施工图纸(含概(预)算)。

(5)组织好图纸会审和设计交底。

(6)进行施工招标、选择施工单位、签订施工合同。

(7)施工单位编制施工组织设计。

(8)施工单位做好临时设施的建设。

2. 生产准备

生产性建设项目在投产前,建设单位应适时组织专门力量,有计划、有步骤地做好以下生产准备工作。

(1)招收和培训生产职工,组织生产人员参加设备安装调试和工程验收,使其熟悉和掌握生产技术和工艺流程。

(2)组织好生产指挥管理机构,制订管理的规章制度,搜集生产技术资料、产品样品等。

(3)落实生产所需的原材料、燃料、水、电、气等的来源和协作产品的供应。

(4)组织生产所需要的工具、器具、备品、备件等的购置或制造。生产准备是保证基本建设与生产之间相互衔接的一项重要工作,必须十分重视,认真做好。生产准备可与施工准备和工程施工同时进行。

七、组织施工

施工是设计意图的实现,也是项目投资意图的实现阶段。在施工准备就绪之后,就可提出开工报告,经政府有关部门批准后,即可开始施工。施工单位要严格按图纸施工,如发现问题,必须及时提出修改建议,经过设计单位同意,才能进行变动。

施工过程是十分复杂的生产活动,除有关方面应加强协作配合外,施工单位还应实行科学管理,把经济责任制落实到各职能部门和各个环节,加强核算、节约支出、降低成本,严格按照建设设计、合同约定、设计要求、质量标准和施工验收规范的规定,控制工程成本,确保工程质量,按期完成任务。

八、组织竣工验收和交付使用

竣工验收和交付使用是工程建设全过程的最后一个步骤。建设项目按批准的设计文件和工程建设合同规定内容建成的,生产性项目经投产运转合格,形成能正常生产合格产品的生产能力的,非生产性项目符合设计要求,能正常使用的,都应及时组织验收,办理移交固定资产手续。竣工验收的目的在于检验设计和工程质量,保证固定资产及时使用,尽早发挥投资效益,并从中总结经验教训,改进和提高工程建设管理工作。

工程项目竣工验收的依据主要包括:上级主管部门有关工程竣工验收的文件规定;国家有关部门颁发的施工规范、质量标准、验收规范;批准的设计文件、施工图纸及说明书;双方签订的施工合同;设备技术说明书;设计变更通知书;有关的协作配合协议书等。

工程建设项目竣工验收工作通常可分为三个阶段,即竣工验收的准备、初步验收(预验收)和正式验收。在建设项目正式验收前,参与工程建设的各方均应做好资料整理、工程项目清理等准备工作;当工程项目达到竣工验收条件后,施工单位在自检合格的基础上填写工程竣工报验单,并将全部资料报送监理单位,申请竣工验收,经监理单位验收合格后,由总监理工程师签署工程竣工报验单,并向建设单位提出质量评估报告;项目主管部门或建设单位在接到监理单位的质量评估报告和竣工报验单后,经审查确认竣工验收条件和标准,即可组织正式验收。施工验收由建设单位组织,验收组由建设、勘察、设计、施工、监理以及环保、公用事业等相关组织的人员组成。

国家对工程建设项目竣工验收的工作组织、工作程序、范围、验收标准、技术资料和竣工决算等方面均有全面和专项的规定,必须认真贯彻执行。

第三节 工程经济学的研究对象和评价原则

一、工程经济学的研究对象

工程经济学的研究对象是各类工程项目或工程方案,不仅包括固定资产建造和购置活动中的具有独立设计方案、能够独立发挥功能的分部分项工程或子项目,还包括扩建、改建等项目。

工程经济学从经济学的角度来分析工程项目,运用经济学理论、方法,正确地评价工程项目(方案)的有效性,寻求工程项目(方案)与经济效益的最佳结合点,实现工程项目(方案)以最少的投入达到最大的产出的目标。产出是指技术方案实施后的一切效果;投入是指各种资源的消耗和占用。研究工程项目(方案)的经济效果往往是在其实施前,通过对各种可能方案的分析、论证、评价,选择出技术上可行且经济上合理的工程项目(方案),保证决策的科学性,以减少失误。这关系到有限资源的最佳利用,也关系到国家和企业竞争力的强弱。

二、工程经济学的特点

1. 综合性

工程经济学综合地研究工程项目与经济协调发展的规律,既要分析技术因素,又要分析经济因素;既要考虑技术上的选择,又要考虑经济上的成本与效益;既要考虑直接效果,又要考虑间接效果。对方案进行评价时不仅要进行经济评价,还要做社会、环境等方面的评价。

通过研究分析既可以使经济科学和工程技术有力地推动社会生产力发展,又可以为经济科学和工程技术的发展提出目标和方向。工程经济学不仅研究项目的资金筹措、经济评价、方案优选、不确定风险及风险分析等,而且研究方案是否符合国家的法律和产业政策、是否有利于节约资源、是否影响生态环境等综合性问题。

2. 预测性

工程经济学主要是对拟建项目进行预先的分析评价。在此过程中首先要进行技术经济预测,通过科学预测,使项目或方案的预测结果更接近实际,避免盲目性。在预测中应充分掌握各种必要的资料,尽量避免由于预测不准确导致决策失误而造成项目经济损失。当然,由于预测包含一定假设和近似性,所以只能要求对某项工程或某一方案的预测结果尽可能地接近实际,这也正是对建设项目进行不确定性分析和风险分析的原因之一。

3. 定量性

工程经济学的研究方法是以定量分析为主,即使对有些难以定量的因素,也要采用一定的数学方法予以量化分析,否则,适合项目的各种技术方案的经济性无法进行衡量与比较选优。在项目进行分析和研究的过程中要用到许多数学方法、计算公式,有时还要建立数学模型,借助计算机进行计算分析。

4. 比较性

工程经济学是对拟建工程项目可行性方案的未来"差异"进行经济效果分析比较的科学。建筑工程经济学的着眼点除研究各方案可行性和合理性之外,还要分析研究各方案之间的经济效果差异,按一定的经济评价准则对方案进行选优,供管理层决策使用。

5. 实用性

工程经济学是一门实用性很强的学科,其研究的对象大多来源于实际,备选方案的选择也要求紧密结合工程技术和经济活动进行,其所研究出的成果也是直接为项目生产服务的。

三、工程经济学评价的原则

1."有无对比"的原则

"有无对比"是指"有项目"对应于"无项目"的对比分析。"无项目"状态是指不对该项目进行投资。

2. 效益与费用计算口径对应一致的原则

各备选方案的效益与费用限定在同一范围内,才有可能进行比较,计算的净效益才是项目投入的真实回报。效益与费用的计算口径应一致,否则会直接影响项目经济评价的结论。

3. 定量分析与定性分析相结合的原则

建设项目经济评价以定量分析为主,但并不排斥、忽略定性分析,对一些不能量化的经济因素,不能直接进行定量分析的,要求采用定性分析,并与定量分析结合起来进行评价。

4. 财务评价与国民经济评价相结合的原则

财务评价是在国家现行财税制度和价格体系的前提下,从项目的角度出发,计算项目范围内的财务效益和费用,分析项目的盈利能力和清偿能力,评价项目在财务上的可行性。

国民经济评价是在合理配置社会资源的前提下,从国家经济整体利益的角度出发,计算项目对国民经济的贡献,分析项目的经济效益、效果和对社会的影响,评价项目在宏观经济上的合理性。

5. 静态分析与动态分析相结合的原则

静态分析与动态分析的区别在于是否考虑资金的时间价值。动态分析是指利用资金时间价值的原理对现金流量进行折现分析。静态分析是指不对现金流量进行折现分析。静态分析计算简单,在确定投资机会和对项目进行初步选择时,一般只用静态分析。但是静态分析不能充分反映项目现金流量的实际价值,为了更科学、更准确地反映项目的经济情况,就必须对其进行动态分析。项目经济评价应遵循静态分析与动态分析相结合,以动态分析为主的原则。

第四节 工程经济分析的一般程序和重要意义

一、工程经济分析的一般程序

工程经济分析的一般程序如图 1-1 所示。

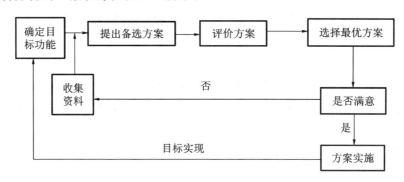

图 1-1 工程经济分析的一般程序

1. 确定目标功能

明确投资项目有哪些目标,或者为了实现哪些功能,这是建立方案的基础。当然,有时也可以没有特定的社会功能,只有经济功能。

2. 收集资料

目标确定后,要对实现目标的需求进行调查研究,分析是否有实现目标所需的资源、技术、经济和信息等条件,资料要真实、及时和全面。

3. 提出备选方案

通常为了达到一定的目标功能,必须提出许多方案。寻找备选方案,实质是一项创新活动。在实际工作中不可能列出所有的方案,但绝不能漏掉有可能是最好的方案。

4. 评价方案

对列出的方案要经过系统的评价。对方案进行定量与定性分析,不仅要考虑经济上是否合理,还要考虑社会、环境等多方面的因素。通过系统评价淘汰不可行方案,保留可行性方案。

5. 选择最优方案

决策的核心问题是对不同方案的经济效果进行衡量和比较,从中选择效果最好的方案。对于不确定性因素带来的风险,应做到心中有数,以确保决策的正确性。

二、工程经济分析的重要意义

1. 工程经济分析是提高社会资源有效利用的途径

项目实施过程中要消耗大量资金、劳动力、原材料、燃料等有限资源,必须要合理分配和有效利用,尽可能地降低投入成本,节约能源,保护环境,坚持可持续发展的原则。

2. 工程经济分析是企业提高市场竞争力的手段

现代企业要在市场中具有较高的竞争力,不仅技术要先进,成本也要降低,只有质量好、价格又相对合理的产品才能获得市场竞争力。运用工程经济分析可处理好技术与经济的关系,找到两者的平衡点。

三、学习工程经济学的原因

1. 减少资源消耗和降低成本是工程师们肩负的一项重大社会和经济责任

工程师应该用经济学的知识实现工程项目的成本控制。成本控制应该贯穿项目实施的全过程,尤其在项目可行性研究阶段,项目投资如果没有进行经济评价或评价出现错误都将使项目遭受巨大损失。项目实施阶段如果能进行经济分析、控制成本,便能增加企业经济效益,减少资源浪费,提高社会效益。

2. 为今后参加工程类执业资格考试打好基础

一级建造师、造价工程师、监理工程师、房地产估价师等都要求考工程经济学内容,见表1-1。

表1-1 对工程经济学知识有要求的执业资格考试名称、管理部门与实施时间

序号	考试名称	管理部门	实施时间
1	一级建造师	住房和城乡建设部	2003.01
2	监理工程师	住房和城乡建设部	1992.07
3	结构工程师	住房和城乡建设部	1997.09
4	一级造价工程师	住房和城乡建设部	2018.07
5	房地产估价师	住房和城乡建设部	1995.03
6	资产评估师	财政部	1996.08
7	设备监理师	国家质量监督检查检疫总局	2003.10
8	咨询工程师(投资)	国家发展和改革委员会	2001.12

3. 为今后的个人理财和处理经济问题提供帮助

比如：按揭买房、买车，每个月应还的本利和如何计算？选择什么样的还款方式更划算？学会如何看企业财务报表，读懂财务报表里隐含的企业经营效益，帮助个人投资理财。

【习题】

1. 简述我国工程建设的程序。
2. 工程经济学的研究对象是什么？
3. 工程经济学的特点是什么？
4. 工程经济学评价应遵循哪些原则？
5. 工程技术和管理人员学习工程经济学的目的是什么？

第二章 工程经济分析基础知识

第一节 资金的时间价值

一、资金时间价值的含义

在当今经济环境中,时间就是金钱,要科学地分析工程项目的经济效益,合理地评判工程项目各方案的优劣等,必须考虑和计算资金的时间价值。

在生活中,我们会遇到类似这样的情况,如果我们把1万元存入银行,年利率为3%时,存期1年,1年后可以获得一笔10300元的资金,多收获的300元就是资金的时间价值。资金的价值是时间的函数,随着时间的推移而增加,增加的那部分就是资金的时间价值。但必须强调资金在生产经营及其循环、周转过程中才会产生增值。资金如果作为贮藏手段保存起来,不论经过多长时间仍为同等数量的资金,而不会发生数值的变化,如果考虑通货膨胀,资金实质上已贬值。通货膨胀是指由于货币发行量超过商品流通实际需要量而引起的货币贬值和物价上涨现象。在现实经济活动中,资金的时间价值与通货膨胀因素是同时存在的。

二、衡量资金时间价值的尺度

衡量资金时间价值的尺度有两种:其一为绝对尺度,即利息、收益或利润;其二为相对尺度,即利率、收益率或利润率。

1. 利息

利息是货币资金借贷关系中借方支付给贷方的报酬,即超出原借贷金额的部分。现在很多家庭都多少有一些积蓄,家庭储蓄是当今社会资本市场资金的主要来源。比如,房地产开发公司要开发新楼盘,一般都要从银行或其他的金融机构借款,银行就是把老百姓存入银行的闲置资金汇集起来发放贷款。老百姓要获得相应的报酬,开发商要付出相应的代价,这就是利息,只是贷款利率会比存款利率高出许多,这个差额就给了银行。利息的计算公式为:

利率的相关知识

$$I = F - P \tag{2-1}$$

式中:I——利息;

F——债务人应付总金额(或债权人应收总金额);

P——借款金额,又称为本金。

利息其实就是投资者放弃现期消费而获得的补偿,或者是借贷者使用资金而为此支付的代价。

2. 利率

利率是指在一定时间所得到的利息额与原投入资金的比例,也称为使用资金的报酬率,它反映了资金随时间变化的增值率,是衡量资金时间价值的相对尺度。利率的计算公式为:

$$i = \frac{I}{P} \tag{2-2}$$

用于表示计算利息的时间单位,称为计息周期,有年、季、月或日等不同的计息长度。

因为计息周期不同,表示利率时应注明时间单位,否则利率是没有意义的。年息通常以"%"表示,月息以"‰"表示。

利率的高低,与社会平均利润率有关,还受借贷资金的供求情况、贷款风险的大小、借款时间的长短、商品价格水平、银行费用开支、社会习惯、国家利率水平、国家经济政策与货币政策等因素的影响。

【课外知识】

存款准备金率

存款准备金是指金融机构为保证客户提取存款和资金清算需要而准备的缴存在中央银行的存款,中央银行要求的存款准备金占其存款总额的比例就是存款准备金率。中央银行通过调整存款准备金率,可以影响金融机构的信贷扩张能力,从而间接调控货币供应量。存款准备金是限制金融机构信贷扩张和保证客户提取存款和资金清算需要而准备的资金。这一部分是一种风险准备金,是不能够用于发放贷款的。这个比例越高,执行的紧缩政策力度越大。

当中央银行提高法定存款准备金率时,商业银行可提供放款及创造信用的能力就下降。因为存款准备金率提高,货币乘数就变小,从而降低了整个商业银行体系创造信用、扩大信用规模的能力,其结果是社会的银根偏紧,货币供应量减少,利息率提高,投资及社会支出都相应缩减。反之亦然。

例如,当存款准备金率为7%时,就意味着金融机构每吸收100万元存款,要向央行缴存7万元的存款准备金,用于发放贷款的资金为93万元,倘若将存款准备金率提高到7.5%,那么金融机构的可贷资金将减少到92.5万元。

三、利息计算

利息计算有单利法和复利法之分,当计息周期在一个以上时,就要考虑单利法和复利法的问题。

国债

1. 单利法

单利法是以本金为基数计算资金的时间价值(即利息),不将利息计入本金,利息不再生息,所获得的利息与时间成正比,即通常所说的"利不生利"的计息方法。

单利计息的利息公式为:

$$I = P \times n \times i \tag{2-3}$$

单利计息的本利和公式为:

$$F = P + I = P(1+ni) \tag{2-4}$$

式中：i——利率；

n——计息周期；

P——本金；

I——利息；

F——本利和，即本金和利息之和。

【例 2-1】 我国国债的利息是以单利计息的，5 年期的 1 万元国债，年利率为 6%，到期后可得到的资金是多少？

【解】 $F = P + I = P(1+ni) = 10000 \times (1 + 5 \times 6\%) = 13000(元)$

单利法虽然考虑了资金的时间价值，但不完全。所以单利法计息的应用范围很有限。

2. 复利法

复利法是以本金和累计计息之和为基数计算利息的方法。即每期都把利息计入本金一起计息，利息又会生息，也就是通常所说的"利滚利"。

复利计息的本利和公式为：

$$F = P(1+i)^n \tag{2-5}$$

公式推导见表 2-1。

表 2-1 复利计息的本利和推导过程

期　数	期 初 本 金	期 内 利 息	期 末 本 利 和
1	P	iP	$P(1+i)$
2	$P(1+i)$	$iP(1+i)$	$P(1+i)^2$
3	$P(1+i)^2$	$iP(1+i)^2$	$P(1+i)^3$
…	…	…	…
n	$P(1+i)^{n-1}$	$iP(1+i)^{n-1}$	$P(1+i)^n$

复利计息的利息公式为：

$$I = F - P = P(1+i)^n - P \tag{2-6}$$

【例 2-2】 甲施工企业向乙施工企业借款 100 万元，约定年利率为 6%，复利计息，借款 3 年，每年计一次息，计算 3 年后甲施工企业应还款的金额。

【解】 $F = P(1+i)^n = 100 \times (1+6\%)^3 = 119.1(万元)$

所以甲施工企业 3 年后应还款 119.1 万元。

第二节　现金流量及现金流量图

一、现金流量的概念

对一个特定的经济系统而言，投入的资金、花费的成本、获取的收益，都可看成是以货币形式体现的现金流入或现金流出。

现金流量就是指一个特定的经济系统在一定时期内(年、半年、季等)的现金流入或现金流出,或流入与流出数量的代数和。流入系统的称现金流入(CI);流出系统的称现金流出(CO)。同一时间点上现金流入与流出之差称净现金流量($CI-CO$)。

二、现金流量的划分

在工程项目经济分析中现金流入和现金流出总是同时存在的,如图 2-1 所示。

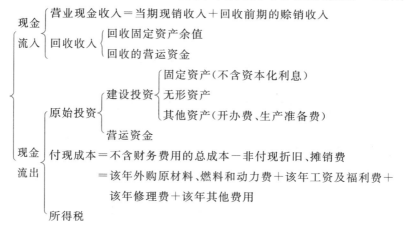

图 2-1 现金流量的划分

三、现金流量图

现金流量图是以图形的方式表达项目投资周期内每期的现金流入和流出情况,把现金流量画在二维坐标上,使得现金流量一目了然。

现金流量图中的横轴表示时间,上面应标注时间刻度及时间单位。纵轴表示现金流量。箭线的长短表示现金流量的大小,箭线越长表示现金流量越大,反之亦然。箭线向上表示现金流入,箭线向下表示现金流出。箭线末端应标注现金流量额度。如图 2-2 所示。

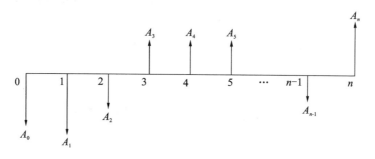

图 2-2 现金流量图

要正确绘制现金流量图,必须把握好现金流量图的三要素:现金流量的大小、现金流量的方向、现金流量发生的时间点。

第三节 资金等值计算公式

一、资金等值概念

例如,甲向乙借10万元,1年后甲还给乙10万元,合理吗?假设乙存入银行10万元,如果定期存款的年利率为3‰,1年后乙可以获得10.3万元,现在的10万元与1年后的10万元等价吗?现在的10万元与1年后的10.3万元等价吗?

从这个例子可以得出,由于资金具有时间价值,等额的资金在不同时间点上具有不相等的价值;不同时间点上数额不等的资金可能具有相等的价值。如图2-3所示。

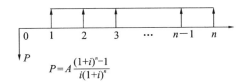

图2-3 等额的资金在不同时间点上具有不相等的价值

那么资金的时间价值与哪些因素有关呢?从投资者的角度来看,资金的时间价值受以下因素的影响。

(1)投资额。投资的资金额越大,资金的时间价值就越大。例如,如果银行的存款年利率为3‰,那么100元存入银行,一年后的收益为103元。如果存入银行200元,一年后的收益为206元,显然200元的时间价值比100元的时间价值大。

(2)利率。一般来讲,在其他条件不变的情况下,利率越大,资金的时间价值越大;利率越小,资金的时间价值越小。如银行存款年利率为3‰时,100元1年的时间价值是3元;银行存款年利率为5‰时,100元1年的时间价值是5元。

(3)时间。在其他条件不变的情况下,时间越长,资金的时间价值越大,反之越小。如银行存款年利率为3‰时,100元2年的时间价值是6元,比1年的时间价值大。

(4)通货膨胀因素。如果出现通货膨胀,会使资金贬值,贬值会降低资金的时间价值。

(5)风险因素。投资是一项充满风险的活动。项目投资以后,其寿命期、每年的收益、利率等都可能发生变化,这既可能使项目遭受损失,也可能使项目获得意外的收益。这就是风险的影响。不过,风险往往同收益成比例,风险越大的项目,一旦经营成功,其收益也越大。这就需要对风险进行认真预测与把握。

由于资金的时间价值受到上述多种因素的影响,因此,在对项目进行投资分析时一定要从以上几个方面认真考虑,谨慎选择。

二、几个相关概念

1. 时值

时值就是在工程项目研究期某时刻点上发生的现金流量的额度。

2. 现值

现值是指发生在某研究期起始时刻的资金额度,或将研究期内的资金等值换算到时间起点的价值,用 P 表示。广义上的现值是将一个时刻点的资金"由后往前"等值换算为前面某个时刻点上的资金额度。

求现值的过程称为折现(或贴现)。

3. 终值

终值是指将研究期内的现金流量等值换算到研究期期末的资金额度,用 F 表示。广义上的终值是将一个时刻点上的资金"由前往后"等值换算为后面某个时刻点上的资金额度。

4. 年金

年金是指研究期内每期均发生等额的现金流量,用 A 表示。在工程经济分析中,如无特别说明,一般年金发生在研究期期末。年金中收付的间隔时间不一定是 1 年,可以是半年、1 个月等。

年金的分类如图 2-4 所示。现实当中如工资、租金、住房公积金等都是年金。

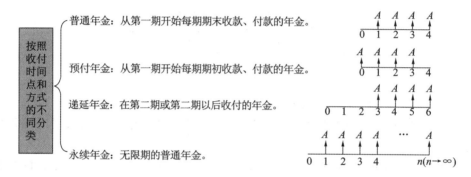

图 2-4 年金的分类

【课外知识】

住房公积金

五险一金

住房公积金是单位及其在职职工缴存的长期住房储金,是住房分配货币化、社会化和法制化的主要形式。住房公积金制度是国家法律规定的重要的住房社会保障制度,具有强制性、互助性、保障性。单位和职工个人必须依法履行缴存住房公积金的义务。这里的单位包括国家机关、国有企业、城镇集体企业、外商投资企业、城镇私营企业及其他城镇企业、事业单位、民办非企业单位、社会团体。2011 年 10 月 27 日,住建部原副部长齐骥表示,住建部正在联合各个部门研究修订公积金条例工作中,放开个人提取公积金用于支付住房租金的规定。2013 年部分城市出台办法,允许患有重大疾病的职工或其直系亲属提取公积金救急。

城镇在职职工,无论其工作单位性质如何、家庭收入高低、是否已有住房,都必须按照《住房公积金管理条例》的规定缴存住房公积金。单位不办理住房公积金缴存登记或者不为本单位职工办理住房公积金账户设立手续的,住房公积金的管理中心有权力责令限期办理,逾期不办理的,可以按《住房公积金管理条例》的有关条款进行处罚,并可申请人民法院强制执行;除职工缴存的住房公积金外,单位也要为职工交纳一定的金额,而且住房公积金贷款的利率低于商业性贷款;职工离休、退休,或完全丧失劳动能力并与单位终止劳动关系,户口迁出或出境定居等,缴存的住房公积金将返还职工个人。住房公积金缴存基数按职工本人上一年度月平均工资计算。月平均工资按国家统计局规定列入工资总额统计的项目计算。

职工住房公积金月缴存额为职工本人住房公积金缴存基数乘以职工住房公积金缴存比例,并由所在单位每月从其工资中代扣代缴。

一次性付款购买自住住房的,职工本人及其配偶可一次性提取其住房公积金账户内的存储余额,但累计提取总额不得超过实际发生的购房款。住房公积金贷款利率按中国人民银行的规定执行。目前执行的贷款利率为:贷款期5年以下的,年利率为3.5%,5年以上年利率为4%。二套房利率在此基础上上浮10%左右(各地不同)。还款方式有:①等额本金还款法。开始还的本金多,产生利息少;等额本息还款法,开始还的本金较少,利息相对多。在相同贷款额、利率和贷款年限的条件下,等额本金还款法的利息总额要少于等额本息还款法。②等额本息还款法。每月的还款金额相同,每次的还款压力相同;等额本金还款法,前期还款比后期还款多,前期的压力要比后期重,对还款能力的要求高。

三、资金等值计算的基本公式

由于资金具有时间价值,使得金额相同的资金发生在不同的时间会产生不同的价值。反之,不同时间发生的金额不等的资金在时间价值的作用下却可能拥有相等的价值。这些不同时期、不同金额但其"价值等效"的资金称为等值,也称为"等效值"。在工程经济分析中,等值是一个十分重要的概念,为我们确定某一项经济活动的有效性或者进行方案比选、优选提供了可能。通过下面这个案例,可以明白为什么要进行等值计算。

案例:某项目投资1亿元,由甲乙双方共同投资。其中,甲方出资50%,乙方出资50%。由于双方未重视各方的出资时间,其出资情况见表2-2。

表 2-2　甲、乙出资情况　　　　　　　　　　　　(单位:万元)

	第一年	第二年	第三年	合计	所占比例
甲方出资	3000	1000	1000	5000	50%
乙方出资	1000	1000	3000	5000	50%
合计	4000	2000	4000	10000	100%

如果双方利润分配和风险承担分别按50%来计算,这样的处理方式合理吗?为什么?要解决类似问题,就要进行等值计算。下面就介绍等值计算的基本公式。

1. 一次支付终值公式(已知 P、i、n,求 F)

一次支付终值公式的经济含义是:已知本金 P,计息期利率为 i,复利计息,求 n 期期末的本利和即终值 F,现金流量图如图2-5所示。

图 2-5　现金流量图

$$F = P(1+i)^n = P(F/P, i, n) \tag{2-7}$$

式中:$(1+i)^n$——一次支付终值系数,用$(F/P, i, n)$表示,其数值可从复利系数表中查到。

【例 2-3】 某投资者存入银行 1 万元,年利率 3%,存期 1 年,到期后自动转存,则 3 年后该投资者可获得的本利和是多少?

【解】 $F=P(1+i)^n=1\times(1+3\%)^3=1\times(F/P,3\%,3)=1\times1.0927=1.0927(万元)$

【Excel 应用】 在 WPS 表格中点击主菜单栏上的"公式"命令,选择"财务函数"命令,然后在"函数名"栏中选择"FV",在"FV"函数对话框中,Rate(利率)栏键入 3%,Nper(支付总期数)栏键入 3,PV(现值)栏键入 10000,点击"确定"按钮。

2. 一次支付现值公式(已知 F、i、n,求 P)

一次支付现值公式的经济含义是:如要在第 n 期期末收入一笔资金 F,在复利计息且利率为 i 的条件下,求现在应一次性投入的本金 P,现金流量图如图 2-6 所示。

图 2-6 现金流量图

$$P=F(1+i)^{-n}=F(P/F,i,n) \tag{2-8}$$

式中:$(1+i)^{-n}$——一次支付现值系数,用 $(P/F,i,n)$ 表示,其数值可从复利系数表中查到。

在工程经济分析中,一般是将未来值折现到期初,这个过程即为折现。

【例 2-4】 假如你想在 10 年后从银行取出 10 万的本利和,现在存入一笔资金,1 年的定期存款利率为 3%,每年计一次息,这笔资金为多少?

【解】 已知 F 为 10 万,i 为 3%,$n=10$,求 P。

$$P=F(1+i)^{-n}=F(P/F,3\%,10)=10\times0.7441=7.441(万元)$$

即如果想 10 年后能取出 10 万元,现在应存入 7.441 万元,存 1 年的定期,到期后本利和一起再转存。

【Excel 应用】 在 WPS 表格中点击主菜单栏上的"公式"命令,选择"财务函数"命令,然后在"函数名"栏中选择"PV",在"PV"函数对话框中键入利率、支付总期数和终值,点击"确定"按钮。

3. 等额支付年金终值公式(已知 A、i、n,求 F)

在工程经济分析中,经常遇到现金流量是年金的情况。该公式的经济含义是:在 n 期期末有等额的现金流量,每期金额为 A,计息期利率为 i,复利计息,将各期的等额年金全部换算到第 n 期期末,求终值 F,现金流量图如图 2-7 所示。

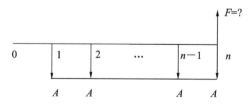

图 2-7 现金流量图

可把等额序列视为 n 个一次支付的组合,利用一次支付终值公式推导出等额支付年金终值公式。

$$F=A(1+i)^{n-1}+A(1+i)^{n-2}+A(1+i)^{n-3}+\cdots+A(1+i)+A \tag{2-9}$$

上式两边同时乘以$(1+i)$,则有:
$$F(1+i)=A(1+i)^n+A(1+i)^{n-1}+A(1+i)^{n-2}+A(1+i)^{n-3}+\cdots+A(1+i) \quad (2-10)$$
$(2-10)-(2-9)$,得:
$$F(1+i)-F=A(1+i)^n-A \quad (2-11)$$
$$F=A\left[\frac{(1+i)^n-1}{i}\right]=A(F/A,i,n) \quad (2-12)$$
式中:$\frac{(1+i)^n-1}{i}$——等额支付年金终值系数,用$(F/A,i,n)$表示,其数值可从复利系数表中查到。

【例 2-5】 若在 10 年内每年存入银行 1 万元作为孩子的教育基金,当年利率为 5%,复利计息,问 10 年后的本利和为多少?

【解】 $F=A\left[\frac{(1+i)^n-1}{i}\right]=A(F/A,i,n)=1\times12.5779=12.5779$(万元)

【Excel 应用】 在 WPS 表格中点击主菜单栏上的"公式"命令,选择"财务函数"命令,然后在"函数名"栏中选择"FV",在"FV"函数对话框中键入利率、支付总期数和定期支付额,点击"确定"按钮。

4. 等额支付偿债基金公式(已知 F、i、n,求 A)

等额支付偿债基金公式的经济含义是:计息期利率为 i,复利计息,要在 n 期期末收入一笔资金 F,那么在这 n 期内连续每期期末的年金 A 应为多少? 现金流量图如图 2-8 所示。

此公式是等额支付年金终值公式的逆运算。

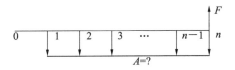

图 2-8 现金流量图

$$A=F\left[\frac{i}{(1+i)^n-1}\right]=F(A/F,i,n) \quad (2-13)$$

式中:$\frac{i}{(1+i)^n-1}$——等额支付偿债基金系数,用$(A/F,i,n)$表示,其数值可从复利系数表中查到。

【例 2-6】 某人想在 5 年后从银行取出 20 万元购买住房,假设存款利率为 5%,复利计息,他现在开始每年年末应存入银行多少钱?

【解】 $A=F\left[\frac{i}{(1+i)^n-1}\right]=F(A/F,5\%,5)=20\times0.181=3.62$(万元)

【Excel 应用】 在 WPS 表格中点击主菜单栏上的"公式"命令,选择"财务函数"命令,然后在"函数名"栏中选择"PMT",在"PMT"函数对话框中键入利率、支付总期数、终值,点击"确定"按钮。

5. 等额支付年金现值公式(已知 A、i、n,求 P)

等额支付年金现值公式的经济含义是:拟在 n 个计息期期末连续、等额地收获一笔资金 A,计息期利率为 i,复利计息,则现在应投入资金 P 是多少? 现金流量图如图 2-9 所示。

可以由年金终值公式推导得出。

由公式 $F=A\dfrac{(1+i)^n-1}{i}$ 以及公式 $P=F\dfrac{1}{(1+i)^n}$ 可得：

$$P=F\dfrac{1}{(1+i)^n}=A\cdot\dfrac{(1+i)^n-1}{i}\cdot\dfrac{1}{(1+i)^n} \tag{2-14}$$

$$P=A\cdot\dfrac{(1+i)^n-1}{i(1+i)^n}=A(P/A,i,n) \tag{2-15}$$

式中：$\dfrac{(1+i)^n-1}{i(1+i)^n}$——等额支付年金现值系数，用 $A(P/A,i,n)$ 表示，其数值可从复利系数表中查到。

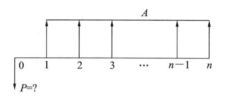

图 2-9 现金流量图

【例 2-7】 某人为其小孩上大学准备了一笔资金，打算让小孩在今后的 4 年中，每年从银行取出 1 万元。现在银行存款利率为 3%，那么此人现在应存入银行多少钱？

【解】 $P=A\cdot\dfrac{(1+i)^n-1}{i(1+i)^n}=A(P/A,3\%,4)=3.7171(万元)$

【Excel 应用】 在 WPS 表格中点击主菜单栏上的"公式"命令，选择"财务函数"命令，然后在"函数名"栏中选择"PV"，在"PV"函数对话框中键入利率、支付总期数、定期支付额，点击"确定"按钮。

6. 等额支付资金回收公式（已知 P、i、n，求 A）

等额支付资金回收公式的经济含义：期初投入资金 P，拟在 n 期内等额全部收回，计息期利率为 i，复利计息，每期期末能收回资金 A 为多少？现金流量图如图 2-10 所示。

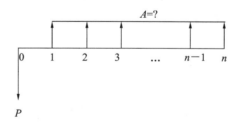

图 2-10 现金流量图

可由等额支付资金现值公式直接推导得出。

$$A=P\dfrac{i(1+i)^n}{(1+i)^n-1}=P(A/P,i,n) \tag{2-16}$$

式中：$\dfrac{i(1+i)^n}{(1+i)^n-1}$——等额支付资金回收系数，用 $(A/P,i,n)$ 表示，其数值可查复利系数表。

【例 2-8】 若现在投资 100 万元，假设年收益率为 8%，10 年回收全部本利，则每年至少应回收多少？

【解】 $A=P\dfrac{i(1+i)^n}{(1+i)^n-1}=P(A/P,i,n)=100\times0.1490=14.9(万元)$

【Excel 应用】 在 WPS 表格中点击主菜单栏上的"公式"命令，选择"财务函数"命令，然后在"函数名"栏中选择"PMT",在"PMT"函数对话框中键入利率、支付总期数、现值,点击"确定"按钮。

等值计算的基本公式见表 2-3。

表 2-3 等值计算的基本公式

类别		已知	求解	复利系数及名称	计算公式	现金流量简图
一次支付	终值公式	P	F	一次支付终值系数$(F/P,i,n)$	$F=P(1+i)^n$	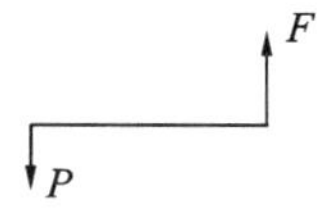
	现值公式	F	P	一次支付现值系数$(P/F,i,n)$	$P=F(1+i)^{-n}$	
等额支付	终值公式	A	F	等额支付年金终值系数$(F/A,i,n)$	$F=A\left[\dfrac{(1+i)^n-1}{i}\right]$	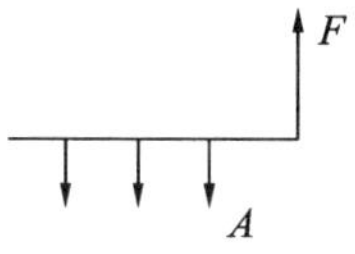
	偿债基金公式	F	A	等额支付偿债基金系数$(A/F,i,n)$	$A=F\left[\dfrac{i}{(1+i)^n-1}\right]$	
	现值公式	A	P	等额支付年金现值系数$(P/A,i,n)$	$P=A\dfrac{(1+i)^n-1}{i(1+i)^n}$	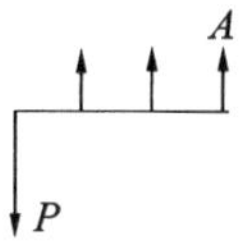
	资金回收公式	P	A	等额支付资金回收系数$(A/P,i,n)$	$A=P\dfrac{i(1+i)^n}{(1+i)^n-1}$	

四、特殊变额支付类型

变额现金流量经常发生,其中一种情况是无规律可循的,另外一种情况是特殊变额现金流量。特殊变额现金流量又分为等差数列和等比数列两种情况。对于无规律可循的,只能利用复利公式分项计算后求和。下面介绍等差数列的现值公式和等额年金公式以及等比数列现值公式。

1. 等差数列现值公式

设有一资金序列 A_t 是等差数列(定差为 G),现金流量图如图 2-11 所示,则有:

$$A_t=A_1+(t-1)\cdot G \quad (t=1,2,\cdots,n) \tag{2-17}$$

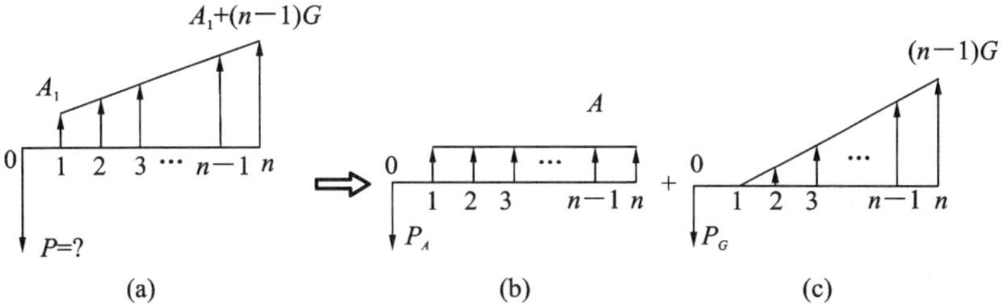

图 2-11 现金流量图

由图 2-11 可知:
$$P=P_A+P_G \tag{2-18}$$

又
$$P_A = A_1 \cdot (P/A, i, n) \tag{2-19}$$

$$P_G = G\left[\frac{1}{(1+i)^2} + \frac{2}{(1+i)^3} + \cdots + \frac{n-1}{(1+i)^n}\right] \tag{2-20}$$

上式两边同乘$(1+i)$,得:

$$P_G(1+i) = G\left[\frac{1}{(1+i)} + \frac{2}{(1+i)^2} + \cdots + \frac{n-1}{(1+i)^{n-1}}\right] \tag{2-21}$$

$(2-21)-(2-20)$,得:

$$P_G \cdot i = G\left[\frac{1}{(1+i)} + \frac{1}{(1+i)^2} + \cdots + \frac{1}{(1+i)^{n-1}} - \frac{n-1}{(1+i)^n}\right] \tag{2-22}$$

$$= G\left[\frac{1}{(1+i)} + \frac{1}{(1+i)^2} + \cdots + \frac{1}{(1+i)^{n-1}} + \frac{1}{(1+i)^n}\right] - \frac{G \cdot n}{(1+i)^n}$$

$$= G\left[\frac{(1+i)^n - 1}{i \cdot (1+i)^n}\right] - \frac{G \cdot n}{(1+i)^n}$$

所以:
$$P_G = G \cdot \left\{\frac{1}{i}\left[\frac{(1+i)^n - 1}{i \cdot (1+i)^n} - \frac{n}{(1+i)^n}\right]\right\} = G \cdot (P/G, i, n) \tag{2-23}$$

式中,$\frac{1}{i}\left[\frac{(1+i)^n - 1}{i \cdot (1+i)^n} - \frac{n}{(1+i)^n}\right]$称为等差现值系数,用$(P/G, i, n)$表示,其数值可查复利系数表。

故等差递增的现值公式为:
$$P = A_1 \cdot (P/A, i, n) + G \cdot (P/G, i, n) \tag{2-24}$$

同理可推导出等差递减的现值公式为(推理过程略):
$$P = A_1 \cdot (P/A, i, n) - G \cdot (P/G, i, n) \tag{2-25}$$

2. 等差数列等额年金公式

$$A_G = P_G \cdot (A/P, i, n) = \frac{G}{i}\left[\frac{(1+i)^n - 1}{i \cdot (1+i)^n} - \frac{n}{(1+i)^n}\right] \cdot \frac{i(1+i)^n}{(1+i)^n - 1} = G \cdot \left[\frac{1}{i} - \frac{n}{(1+i)^n - 1}\right] \tag{2-26}$$

式中:$\left[\frac{1}{i} - \frac{n}{(1+i)^n - 1}\right]$称为等差数列年金系数,用$(A/G, i, n)$表示,其数值可查复利系数表。

故等差数列等额年金公式为:
$$A = A_1 + G(A/G, i, n) \tag{2-27}$$

注意:定差G从第二年开始,其现值必位于G开始的前两年。

3. 等比数列现值公式

设A_1为第一年末的净现金流量,g为现金流量逐年递增的比率,其余符号所代表的含义与上文相同。现金流量图如图 2-12 所示。

(1)现金流量按等比递增的公式。

当$i \neq g$时,$P = \frac{A_1}{i-g} \cdot \left[1 - \left(\frac{1+g}{1-i}\right)^n\right] \tag{2-28}$

当$i = g$时,$P = \frac{A_1}{1+i} \cdot n \tag{2-29}$

(2)现金流量按等比递减的公式。

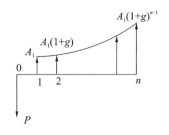

图 2-12 现金流量图

$$P=\frac{A_1}{i+g}\cdot\left[1-\left(\frac{1-g}{1+i}\right)^n\right] \quad (2-30)$$

【例 2-9】 某公司投资某项目,年限为 8 年,第 1 年净利润为 10 万元,以后每年递减 0.5 万元,若年利率为 10%,问相当于每年等额盈利多少万元?

【解】 $A=10-0.5(A/G,10\%,8)=10-0.5\times3.0045=8.5$(万元)

【例 2-10】 张光同学向银行贷款 1 万元,在 5 年内以年利率 5% 还清全部本金和利息。请叙述还款方式。

银行按揭贷款

【解】 有 4 种还款方式。

方式一:5 年后一次性还本付息,中途不做任何还款。

方式二:在 5 年中仅在每年年底归还利息 500 元,最后在第 5 年年末将本金和利息一并归还。

方式三:将所借本金做分期均匀偿还,同时偿还到期利息,至第 5 年年末全部还清。

方式四:将所欠本金和利息全部分摊到每年做等额偿还,即每年偿还的本金加利息相等。每种还款方式的计算过程见表 2-4。

表 2-4 每种还款方式的计算过程 （单位:元）

方式	年份	年初所欠金额	年初利息	年终所欠金额	偿还本金	年终付款总额	付款的现金流量图
方式一	1	10000	500	10500	0	0	0 1 2 3 4 5 12762.82
	2	10500	525	11025	0	0	
	3	11025	551.25	11576.25	0	0	
	4	11576.25	578.81	12155.06	0	0	
	5	12155.06	607.75	12762.82	10000	12762.82	
	Σ		2762.82			12762.82	
方式二	1	10000	500	10500	0	500	0 1 2 3 4 5 500 10500
	2	10000	500	10500	0	500	
	3	10000	500	10500	0	500	
	4	10000	500	10500	0	500	
	5	10000	500	10500	10000	10500	
	Σ		2500			12500	

续表

方式	年份	年初所欠金额	年初利息	年终所欠金额	偿还本金	年终付款总额	付款的现金流量图
方式三	1	10000	500	10500	2000	2500	
	2	8000	400	8400	2000	2400	
	3	6000	300	6300	2000	2300	
	4	4000	200	4200	2000	2200	
	5	2000	100	2100	2000	2100	
	Σ		1500			11500	
方式四	1	10000	500	10500	1809.74	2309.74	
	2	8190.26	409.51	8599.77	1900.23	2309.74	
	3	6290.03	314.50	6604.53	1995.24	2309.74	
	4	4294.79	214.74	4509.53	2095	2309.74	
	5	2199.79	109.99	2309.78	2199.75	2309.74	
	Σ		1548.7		10000	11548.7	

第四节 名义利率与实际利率

【例 2-11】 某房地产公司目前要支付一大笔土地出让金,现在需向银行贷款 600 万元,向中国银行和招商银行同时贷款,两家银行贷款利率为:中国银行贷款年利率 6%,半年计息一次;招商银行贷款年利率 5.85%,按月计息。假设你是公司负责人,你如何决策?

要作出正确的决策就必须弄清楚名义利率和实际利率的关系。

在复利计算中,计息周期通常以年为单位,但有时也会出现计息周期短于 1 年的情况,这时就会出现名义利率和实际利率的概念。

一、名义利率

所谓名义利率 r 是指计息周期利率 i 乘以一年内的计息周期数 m 所得到的年利率。即:

$$r = i \times m \tag{2-31}$$

若年利率为 12%,按月计息,则月实际利率为 1%,年利率 12% 就是名义利率,如果直接按名义利率计算,很显然,就忽略了前面各期利息再生的因素,所以此时就应该计算出年实际利率。

二、实际利率

实际利率包括计息周期实际利率和年实际利率。

1. 计息周期实际利率的计算

计息周期实际利率 i,其计算公式为:

$$i=\frac{r}{m} \tag{2-32}$$

2. 年实际利率的计算

若期初有一笔资金 P，计息周期短于 1 年，年名义利率为 r，一年内计息 m 次，则计息周期实际利率为 $i=\frac{r}{m}$。根据一次支付终值公式，可得该年的本利和 F，其计算公式为：

$$F=P\times(1+\frac{r}{m})^m \tag{2-33}$$

根据利息的定义可得该年的利息为：

$$I=F-P=P\left[(1+\frac{r}{m})^m-1\right] \tag{2-34}$$

再根据利率的定义可得该年的实际利率，即年实际利率 i_{eff} 为：

$$i_{\text{eff}}=\frac{I}{P}=(1+\frac{r}{m})^m-1 \tag{2-35}$$

在进行分析计算时，对名义利率一般有两种处理方法。
(1) 将其换算为实际利率后，再进行计算。
(2) 直接按单位计息周期利率来计算，但计息期数要作相应调整。

假设名义利率 $r=10\%$，则年、半年、季、月、日的实际利率见表 2-5。

表 2-5 名义利率和实际利率

名义利率 /r	计息期	年计息次数 /m	计息周期实际利率 /($i=\frac{r}{m}$)	年实际利率 /i_{eff}
10%	年	1	10%	10%
	半年	2	5%	10.25%
	季	4	2.5%	10.38%
	月	12	0.833%	10.46%
	日	365	0.0274%	10.51%

需要注意的是，在我国，房贷的计息就是按月计算的，信用卡透支的计息是按天计算的。从上表可以看出，一年中计息周期 m 越多，名义利率和年实际利率就会相差越大。进行经济评价时，一般要换算成年实际利率进行计算。

在【例 2-11】中，中国银行的年实际利率为：$i_{\text{eff}}=(1+\frac{6\%}{2})^2-1=6.09\%$，招商银行的年实际利率为：$i_{\text{eff}}=(1+\frac{5.85\%}{12})^{12}-1=6.01\%$。

由于招商银行的年实际利率更低，所以应向招商银行贷款。

【课外知识】

金融危机的成因

(1) 次级房地产按揭贷款。按照国际惯例，购房按揭贷款金额是 20%~30% 的首付，然后按月还本付息。但美国为了刺激房地产消费，在过去 10 年里购房实行"零首付"，半年内不用还本付息，5 年内只付息不还本，甚至允许购房者将房价增值部分再次向银行抵押贷款。这种购房按揭贷款制度,让美国人超前消费、超能力消费,穷人都住上大房子,造就了美国经济辉煌的10年。但这辉煌背后潜伏了巨大的房地产泡沫及其关联的坏账隐患。

(2)房贷证券化。出于流动性和分散风险的考虑,美国的银行金融机构将购房按揭贷款包括次级按揭贷款打包证券化,通过投资银行卖给社会投资者。巨大的房地产泡沫就转嫁到资本市场,并进一步转嫁到全社会投资者——股民、企业以及全球各种银行和机构投资者。

(3)投资银行的异化。投资银行本是金融中介,但美国的投资银行为房贷证券化交易的巨额利润所惑而角色异化。在通过承销债券赚取中介费用的同时,大举买卖次级债券获取收益。形象地说,是从赌场的发牌者变为赌徒甚至庄家。角色的异化不仅使中介者失去公正,也将自己拖入泥潭不能自拔。

(4)金融杠杆率过高。金融市场要稳定,金融杠杆率一定要合理。美国金融机构片面追逐利润过度扩张,用极小比例的自有资金通过大量负债实现规模扩张,杠杆高达20~30倍。在2003年至2007年这5年里,美国金融机构以过高过大的杠杆率,炮制了一个巨大的虚假的繁荣市场。比如雷曼兄弟就用40亿美元自有资金,形成2000亿美元左右的债券投资。

(5)信用违约掉期(CDS)。美国的金融投资杠杆能达到40~50倍,是因为CDS制度的存在,信用保险机构为这些风险巨大的融资活动提供担保。若融资方出现资金问题,由提供保险的机构赔付。但是,在没有发生违约行为时,保险机构除了得到风险补偿外,还可将CDS在市场公开出售。由此形成一个巨大的规模超过33万亿美元的CDS市场。CDS的出现,在规避局部风险的同时却增大了金融整体风险,使分散的可控制的违约风险向信用保险机构集中,变成高度集中的不可控制的风险。

(6)对冲基金缺乏监管。以上五个环节相互作用,已经形成美国金融危机的源头,而"追涨杀跌"的对冲基金又加速了危机的发酵、爆发。美国有大量缺乏政府监管的对冲基金,当美国经济快速发展时,对冲基金大肆做多大宗商品市场,比如把石油推上每桶147美元的天价。次贷危机爆发后,对冲基金又疯狂地做空美国股市,加速了整个系统的崩盘。

这六大环节一环扣一环,形成美国金融泡沫的螺旋体和生长链。其中一环的破灭,就会产生多米诺骨牌效应,最终演变成金融危机。

第五节 等值计算公式的应用

一、计息周期短于1年

实际中经常会遇到计息周期短于1年的情况,同时现金流量发生的时间(即支付期)又与计息周期不一致,可分为以下3种情况。

1. 计息期与支付期相同

【例2-12】 甲向乙借款,年利率为6%,每半年计息一次,甲从现在起连续3年每半年期末等额借入2万元,问与其等值的第0年的现值是多少?

【解】 计息期为半年的实际利率为 $i=\dfrac{6\%}{2}=3\%$,1年中计息期数为2,3年的计息期数为6,则:

$$P = 2 \times (P/A, 3\%, 6) = 2 \times 5.4172 = 10.8344(万元)$$

2. 计息期短于支付期

【例 2-13】 甲向乙借款，年利率为 6%，每半年计息一次，甲从现在起连续 3 年每年年末等额借入 2 万元，问与其等值的第 0 年的现值是多少？

【解】 方法一：先求出支付期的实际利率，支付期为 1 年，则年实际利率为：

$$i_{\text{eff}} = (1 + \frac{r}{m})^m - 1 = (1 + \frac{6\%}{2})^2 - 1 = 6.09\%$$

$$P = A \cdot \frac{(1+i_{\text{eff}})^n - 1}{i_{\text{eff}}(1+i_{\text{eff}})^n} = 2 \times \frac{1 - (1+6.09\%)^{-3}}{6.09\%} = 5.337(万元)$$

方法二：可把等额支付的每一次支付看作一次单独支付，利用一次支付现值公式，分多次求出现值再求和，结果与上述方法一致。

方法三：因计息期数是半年，支付期是 1 年，可以把支付期转化为半年，利用等额支付终值年金公式，把每年年末的资金分摊到半年中去。

$$A = 2 \times (A/F, \frac{6\%}{2}, 2) = 2 \times 0.4926 = 0.9852(万元)$$

$$P = 0.9852 \times (P/A, 3\%, 6) = 5.337(万元)$$

3. 计息期长于支付期

当计息期长于支付期时，一般情况是将计息期内发生的现金流量进行合并，使其与计息期的时间长度相等。按照惯例，存款必须存满整个计息期时才计算利息，而借款或贷款没有满一个计息期也计算利息。这就是说，在计息期间存入的款项在该计息期不计算利息，要到下一个计息期才计算利息；在计息期间的借款或贷款，在该计息期计算利息。因此，在对现金流量进行合并时，计息期间的存款应放在期末，而在计息期间的取款、借款或贷款应放在期初。

【例 2-14】 某公司去年在银行的存款、取款现金流量图如图 2-13 所示（箭头向上表示取款，箭头向下表示存款）。银行年存款利率为 2%，但每季度计息一次。去年年底该企业能从银行取出多少钱？

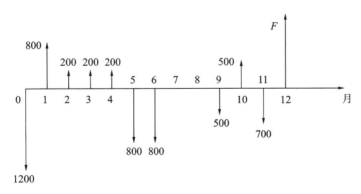

图 2-13 现金流量图

【解】 由于计息期是按季度的，因此，将图中的现金流量进行合并，合并到每个季度的期末。合并整理后的现金流量图如图 2-14 所示。

每季度的利率为： $i = 2\%/4 = 0.5\%$

$$F = (1200-1000) \times (1+0.5\%)^4 - 400 \times (1+0.5\%)^3 + 1600 \times (1+0.5\%)^2 + (500-500) \times (1+0.5\%) + 700 = 2114.04(元)$$

即去年年底该企业能从银行取出 2114.04 元钱。

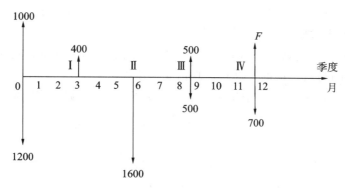

图 2-14 现金流量图

二、等值计算案例

1. 预付年金的等值计算

【例 2-15】 某人每年年初存入银行 5000 元,年利率为 10%,8 年后的本利和是多少?

【解】 $F=5000(F/A,10\%,8)(1+10\%)=62897.45$(元)

则 8 年后的本利和是 62897.45 元。

【例 2-16】 某施工企业租一仓库,租期 5 年,每年年初需付租金 12000 元,贴现率为 8%,问该公司现在应筹集多少资金?

【解】 现金流量图如图 2-15 所示。

方法一:$P=12000(P/A,8\%,5)(1+8\%)=51745.39$(元)

方法二:$P=12000+12000(P/A,8\%,4)=51745.39$(元)

方法三:$P=12000(F/A,8\%,5)(P/F,8\%,4)=51745.39$(元)

则现在应筹集 51745.39 元。

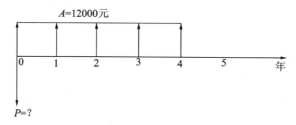

图 2-15 现金流量图

2. 延期年金的等值计算

【例 2-17】 设利率为 10%,现存入多少钱,才能正好从第 4 年到第 8 年的每年年末等额提取 2 万元?

【解】 $P=2(P/A,10\%,5)(P/F,10\%,3)=5.7$(万元)

3. 计息周期小于资金收付周期的等值计算

【例 2-18】 每半年存款 1000 元,年利率 8%,每季计息一次,复利计息。问第 5 年年末存款金额为多少?

【解】 方法一:按收付周期实际利率计算。

半年期实际利率为:$i'_{\text{eff}}=(1+\dfrac{8\%}{4})^2-1=4.04\%$

$$F=1000(F/A,4.04\%,2\times5)=1000\times12.029=12029(元)$$

方法二：按计息周期利率，且把每一次收付看作一次支付来计算。

$$F=1000\times(1+\frac{8\%}{4})^{18}+1000\times(1+\frac{8\%}{4})^{16}+\cdots+1000=12028.4(元)$$

方法三：按计息周期利率，且把每一次收付变为等值的计息周期期末的等额年金来计算。

$$A=1000\times(A/F,2\%,2)=495(元)$$
$$F=495\times(F/A,2\%,20)=12028.5(元)$$

【习题】

一、历年执业资格考试单选题。

扫码看答案

1. 某施工单位拟投资一项目，在投资总额和年收益不变的情况下，四个备选方案各年投资比例如下表（投资时点均相同），则对该单位较为有利的方案是（　　）。（2019年一建真题）

备选方案	第一年	第二年	第三年	合计
方案一	50%	40%	10%	100%
方案二	40%	40%	20%	100%
方案三	30%	40%	30%	100%
方案四	10%	40%	50%	100%

A. 方案一　　　　B. 方案二　　　　C. 方案三　　　　D. 方案四

2. 某企业面对金融机构提供的四种存款条件，相关数据如下表，最有利的选择是（　　）。（2019年一建真题）

存款条件	年计息次数	年名义利率
条件一	1	5%
条件二	2	4%
条件三	4	3%
条件四	12	2%

A. 条件一　　　　B. 条件二　　　　C. 条件三　　　　D. 条件四

3. 某企业以单利计息的方式年初借款1000万元，年利率6%，每年年末支付利息，第五年年末偿还全部本金，则第三年年末应支付的利息为（　　）万元。（2019年一建真题）

A. 300.00　　　　B. 180.00　　　　C. 71.46　　　　D. 60.00

4. 某建设企业年初从银行借款1000万元，期限5年，年利率为8%，每年年末结息一次，到期一次还本，企业所得税率为25%。则该笔借款的年资金成本率为（　　）。（2019年一建真题）

A. 1.60%　　　　B. 8.00%　　　　C. 8.24%　　　　D. 6.00%

5. 某建筑企业的现金流量表中，承包工程生产的现金流量属于（　　）产生的现金流量。（2019年一建真题）

A. 投资活动　　　B. 资产处置活动　　　C. 经营活动　　　D. 筹资活动

6. 某新建项目,建设期2年,第1年向银行借款2000万元,第2年向银行借款3000万元,年利率为6%,则该项目估算的建设期利息为( )万元。(2019年监理真题)

   A. 213.6   B. 247.2   C. 273.6   D. 427.2

7. 某银行给企业贷款100万元,年利率为4%,贷款年限3年,到期后企业一次性还本付息,利息按复利每半年计息一次,到期后企业应支付给银行的利息为( )万元。(2019年监理真题)

   A. 12.000   B. 12.616   C. 24.000   D. 24.973

8. 已知年名义利率为8%,每季度复利计息一次,则年有效利率为( )。(2018年一建真题)

   A. 8.8%   B. 8.24%   C. 8.16%   D. 8.00%

9. 某施工企业每年年末存入银行100万元,用于3年后的技术改造,已知银行存款年利率为5%,按年复利计息,则到第3年年末可用于技术改造的资金总额为( )万元。(2018年一建真题)

   A. 331.01   B. 330.75   C. 315.25   D. 315.00

10. 关于利率及其影响因素的说法,正确的是( )。(2018年造价真题)

    A. 借出资本承担的风险越大,利率就越高   B. 社会借贷资本供过于求时,利率就上升
    C. 社会平均利润率是利率的最低界限   D. 借出资本的借款期限越长,利率就越低

11. 企业从银行借入资金500万元,年利率6%,期限1年,按季复利计息,到期还本付息,该项借款的年有效利率是( )。(2018年造价真题)

    A. 6.00%   B. 6.09%   C. 6.121%   D. 6.136%

12. 某施工企业向银行借款5000万元,借款期限2年,借款年利率4%,每年计算并支付利息,到期一次偿还本金,企业适用的所得税率25%,则该笔资金的资金成本率为( )。(2017年一建真题)

    A. 1%   B. 3%   C. 4%   D. 8%

13. 某施工企业欲借款500万元,借款期限2年,到期一次还本。现有甲、乙、丙、丁四家银行都提供贷款,年名义利率均为7%。其中,甲要求按月计息并支付利息,乙要求按季度计息并支付利息,丙要求按半年计息并支付利息,丁要求按年计息并支付利息。若其他条件相同,则该企业应选择的银行是( )。(2017年一建真题)

    A. 丁   B. 丙   C. 乙   D. 甲

14. 某施工企业年初从银行借款200万元,按季度计息并支付利息,季度利率为1.5%,则该企业一年支付的利息总计为( )万元。(2017年一建真题)

    A. 6.00   B. 6.05   C. 12.00   D. 12.27

15. 某施工企业需要从银行借款200万元,期限1年,有甲、乙、丙、丁四家银行愿意提供贷款,年利率为7%,但利息支付方式不同:甲要求采用贴现法;乙要求采用收款法;丙、丁均要求采用加息法,并且丙要求12个月内等额还本利息,丁要求12个月内等额本金偿还,利息随各期的本金一起支付,其他贷款条件都相同,则该企业借款应选择的银行是( )。(2016年一建真题)

    A. 甲   B. 乙   C. 丙   D. 丁

16. 某企业前3年每年年初借款1000万元,按年复利计息,年利率为8%,第5年年末还款3000万元,剩余本息在第8年年末全部还清,则第8年年末应还本付息( )万元。

(2017年造价真题)

A.981.49　　　　B.990.89　　　　C.1270.83　　　　D.1372.49

17.某项借款,名义利率10%,计息周期为月,则有效利率是(　　)。(2017年造价真题)

A.8.33%　　　　B.10.38%　　　　C.10.47%　　　　D.10.52%

18.某企业年初从金融机构借款3000万元,月利率1%,按季复利计息,年末一次性还本付息,则该企业年末需要向金融机构支付的利息为(　　)万元。(2017年监理真题)

A.360.00　　　　B.363.61　　　　C.376.53　　　　D.380.48

19.某常规投资方案,当贷款利率为12%时,净现值为150万元;当贷款利率为14%时,净现值为100万元,则该方案财务内部收益率的取值范围为(　　)。(2017年监理真题)

A.<12%　　　　B.12%~13%　　　　C.13%~14%　　　　D.>14%

20.某施工企业拟从银行借款500万元,期限为5年,年利率8%,下列还款方式中,施工企业支付本利和最多的还款方式是(　　)。(2016年一建真题)

A.每年年末偿还当期利息,第5年年末一次还清本金

B.第5年年末一次还本付息

C.每年年末等额本金还款,另付当期利息

D.每年年末等额本息还款

21.某施工企业从银行借款100万元,期限为3年,年利率8%,按年计息并于每年年末付息,则第3年年末企业需偿还的本利和为(　　)万元。(2016年一建真题)

A.100　　　　B.124　　　　C.126　　　　D.108

22.某企业年初借款2000万元,按年复利计息,年利率为8%。第3年年末还款1200万元,剩余本息在第5年年末全部还清,则第5年年末需还本付息(　　)万元。(2016年造价真题)

A.1388.80　　　　B.1484.80　　　　C.1538.98　　　　D.1738.66

23.某项借款,年名义利率10%,按季复利计息,则季有效利率为(　　)。(2016年造价真题)

A.2.41%　　　　B.2.50%　　　　C.2.52%　　　　D.3.32%

24.下列影响因素中,用来确定基准收益率的基础因素是(　　)。(2016年造价真题)

A.资本成本和机会成本　　　　B.机会成本和投资风险

C.投资风险和通货膨胀　　　　D.通货膨胀和资本成本

25.某企业第1年年初和第1年年末分别向银行借款30万元,年利率均为10%,复利计息,第3~5年年末等额本息偿还全部借款。则每年年末应偿还金额为(　　)万元。(2015年一建真题)

A.20.94　　　　B.23.03　　　　C.27.87　　　　D.31.57

26.某施工企业向银行借款250万元,期限2年,年利率6%,半年复利计息一次,第二年还本付息,则到期企业需支付给银行的利息为(　　)万元。(2013年一建真题)

A.30.00　　　　B.30.45　　　　C.30.90　　　　D.31.38

27.某施工企业投资200万元购入一台施工机械,计划从购买之日起的未来6年等额收回投资并获取收益。若基准收益率为10%,复利计息,则每年年末应获得的净现金流入为(　　)万元。(2013年一建真题)

A. 200×(A/P,10%,6)　　　　　　　B. 200×(F/P,10%,6)
C. 200×(A/P,10%,7)　　　　　　　D. 200×(A/F,10%,7)

28. 考虑资金时间价值,两笔资金不能等值的情形有( )。(2013年一建真题)
　　A. 金额相等,发生在相同时点　　　B. 金额不等,发生在不同时点
　　C. 金额不等,但分别发生在期初和期末　　D. 金额相等,发生在不同时点

29. 某公司以单利方式一次性借入资金2000万元,借款期限3年,年利率8%,到期一次还本付息,则第3年年末应当偿还的本利和为( )万元。(2012年一建真题)
　　A. 2160　　　　B. 2240　　　　C. 2480　　　　D. 2519

30. 关于现金流量图的绘制规则的说法,正确的是( )。(2012年一建真题)
　　A. 对投资人来说,时间轴上方的箭线表示现金流出
　　B. 箭线长短与现金流量的大小没有关系
　　C. 箭线与时间轴的交点表示现金流量发生的时点
　　D. 时间轴上的点通常表示该时间单位的起始时点

31. 某企业从金融机构借款100万元,月利率1%,按月复利计息,每季度付息一次,则该企业一年需向金融机构支付利息( )万元。(2011年一建真题)
　　A. 12.00　　　B. 12.12　　　C. 12.55　　　D. 12.68

32. 某施工企业从银行取得一笔借款500万元,银行手续费为0.5%,借款年利率为7%,期限2年,每年计算并支付利息,到期一次还本,企业所得税率为25%,则在财务上这笔借款的资金成本率为( )。(2011年一建真题)
　　A. 5.25%　　　B. 7.00%　　　C. 5.28%　　　D. 7.04%

33. 将租赁资产价值按动态等额分摊到未来各租赁期间的租金计算方法是( )。(2011年一建真题)
　　A. 附加率法　　B. 消耗率法　　C. 低劣化值法　　D. 年金法

34. 甲施工企业年初向银行贷款流动资金200万元,按季计算并支付利息,季度利率1.5%,则甲施工企业一年应支付的该项流动资金贷款利息为( )万元。(2010年一建真题)
　　A. 6.00　　　B. 6.05　　　C. 12.00　　　D. 12.27

35. 某人连续5年每年年末存入银行20万元,银行年利率6%,按年复利计算,第5年年末一次性收回本金和利息,则到期可以回收的金额为( )万元。(2010年一建真题)
　　A. 104.80　　B. 106.00　　C. 107.49　　D. 112.74

36. 年利率8%,按季度复利计息,则半年期实际利率为( )。(2010年一建真题)
　　A. 4.00%　　　B. 4.04%　　　C. 4.07%　　　D. 4.12%

37. 对于完全由投资者自有资金投资的项目,确定基准收益率的基础是( )。(2010年一建真题)
　　A. 资金成本　　B. 通货膨胀　　C. 投资机会成本　　D. 投资风险

二、历年执业资格考试多选题。

1. 某人向银行申请住房按揭贷款50万元,期限10年,年利率为4.8%,还款方式为按月等额本息还款,复利计息。关于该项贷款的说法,正确的有( )。(2019年造价真题)
　　A. 宜采用偿债基金系数直接计算每月还款额
　　B. 借款年名义利率为4.8%

C. 借款的还款期数为 120 期
D. 借款期累计支付利息比按月等额本金还款少
E. 该项借款的月利率为 0.4%

2. 关于投资方案基准收益率的说法，正确的有（　　）。（2019 年造价真题）
A. 所有投资项目均应使用国家发布的行业基准收益率
B. 基准收益率反映投资资金应获得的最低盈利水平
C. 确定基准收益率不应考虑通货膨胀的影响
D. 基准收益率是评价投资方案在经济上是否可行的依据
E. 基准收益率一般等于商业银行贷款基准利率

3. 关于投资回收期的说法，正确的有（　　）。（2019 年监理真题）
A. 静态投资回收期就是方案累计现值等于零时的时间（年份）
B. 静态投资回收期是在不考虑资金时间价值的条件下，以项目的净收益回收其全部投资所需要的时间
C. 静态投资回收期可以从项目投产年开始算起，但应予以注明
D. 静态投资回收期可以从项目建设年开始算起，但应予以注明
E. 动态投资回收期一般比静态投资回收期短

4. 关于现金流量图绘制规则的说法，正确的有（　　）。（2017 年一建真题）
A. 横轴为时间轴，向右延伸表示时间的延续
B. 对投资人而言，横轴上方的箭线表示现金流出
C. 垂直箭线代表不同时点的现金流量情况
D. 箭线长短应体现各时点现金流量数值的差异
E. 箭线与时间轴的交点即为现金流量发生的时点

5. 下列影响因素中，属于确定基准收益率基础因素的有（　　）。（2017 年造价真题）
A. 资金成本　　　B. 投资风险　　　C. 周转速度　　　D. 机会成本
E. 通货膨胀

6. 关于利率高低影响的说法，正确的有（　　）。（2015 年一建真题）
A. 利率的高低首先取决于社会平均利润率的高低，并随之变动
B. 借出资本所承担的风险越大，利率越低
C. 资本借出期间的不可预见因素越多，利率越高
D. 社会平均利润率不变的情况下，借贷资本供过于求会导致利率上升
E. 借出资本期限越长，利率越高

7. 关于年有效利率的说法，正确的有（　　）。（2014 年一建真题）
A. 当每年计息周期数大于 1 时，名义利率大于年有效利率
B. 年有效利率比名义利率更能准确反映资金的时间价值
C. 名义利率一定，计息周期越短，年有效利率与名义利率差异越小
D. 名义率为 r，一年内计息 m 次，则计息周期利率为 $r-m$
E. 当每年计息周期数等于 1 时，年有效利率等于名义利率

8. 关于现金流量绘图规则的说法，正确的有（　　）。（2013 年一建真题）
A. 箭线长短要能适当体现各时点现金流量数值大小的差异
B. 箭线与时间轴的交点表示现金流量发生的时点
C. 横轴是时间轴，向右延伸表示时间的延续

D. 现金流量的性质对不同的人而言是相同的

E. 时间轴上的点通常表示该时间单位的起始时点

三、问答题。

1. 什么是现金流量？简述现金流量图的特点。

2. 什么是资金的时间价值？其衡量指标有哪些？

3. 什么是名义利率和实际利率？两者有什么关系？

4. 什么是资金等值？运用资金时间价值公式时需要注意哪些条件？

四、计算题。

1. 某公司于年初向银行借款 1200 万，其年名义利率为 6%，若按月复利计息，计算该年第三季度末借款本利和。

2. 某施工企业 5 年后需要更换一批运输设备，预计费用为 40 万元，如果年利率为 3%，那么从现在开始每年年末应存款多少元？

3. 某房地产公司希望在未来 5 年中每年年末拿出 20 万元作为员工的福利发放，在年利率为 3% 的情况下，现在需要存入银行多少钱？

4. 某工程预计 5 年建成，总投资额 15 万元，每年年初投资 3 万元，年利率为 6%，求到第 5 年年末的实际累计投资额。

5. 假设你毕业 5 年后要买房，首付 30 万后，向银行贷款 60 万，贷款年利率为 5%，还款期限为 20 年，还款方式有等额本息和等额本金。以列表的形式计算出你每个月应该还多少本金和利息？

6. 某在校大学生连续 4 年每年年初申请助学贷款 8000 元（在校期间不计息），毕业 2 年后开始等额还款，每年应还多少？

7. 图中是某工程项目的现金流，利用复利计算公式，求未知项。

(1) 已知 P、A_1、A_2，求 F；

(2) 已知 F、P、A_1，求 A_2。

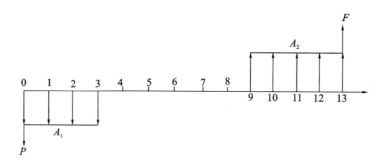

第三章 工程项目经济评价基本方法

第一节 工程经济评价概述

工程经济分析的任务就是要根据所考察工程的预期目标和所拥有的资源条件,分析该工程的现金流量情况,选择合适的工程项目或技术方案,以获得最佳的经济效果。

一、工程经济评价的内容

工程经济评价的内容应根据项目的性质、目标、投资者、财务主体以及项目对经济与社会的影响程度等具体情况确定,一般包括财务评价、国民经济评价和社会评价,其中财务评价包括评价项目的盈利能力、偿债能力和财务生存能力。

1. 项目的盈利能力

项目的盈利能力是指分析和测算项目计算期的盈利能力和盈利水平。主要分析指标包括财务内部收益率和财务净现值、资本金财务内部收益率、投资回收期、总投资收益率和资本金净利润率等,可以根据项目的特点及经济效果分析的目的和要求等选用。

2. 项目的偿债能力

项目的偿债能力是指分析和判断财务主体的偿债能力,主要指标包括利息备付率、偿债备付率和资产负债率等。

3. 项目的财务生存能力

项目的财务生存能力是根据项目的财务计划现金流量表,通过考察项目计算期内各年的投资、融资和经营活动所产生的各项现金流入和流出,计算净现金流量和累计盈余资金,分析项目是否有足够的净现金流量维持正常运营,以实现财务可持续性。足够的经营净现金流量是财务可持续的基本条件,允许个别年份的净现金流量出现负值,如果出现短期借款,应把其利息计入财务费用。

根据国家现行财政、税收制度和现行市场价格,计算项目的投资费用、成本与收入、税金等财务数据,通过编制财务分析报表,计算财务指标,分析项目的盈利能力、偿债能力和财务生存能力,据此考察项目的财务可行性和经济效果。

二、工程经济评价的方法

工程经济评价的目的在于确保决策的正确性和科学性,避免或最大限度地减小项目的投资风险。

(一)工程经济评价的基本方法

工程经济评价的基本方法包括确定性评价方法与不确定性评价方法两类。同一个方案必须同时进行确定性评价和不确定性评价。

(二)按评价方法的性质分类

按评价方法性质的不同工程经济评价分为定量分析和定性分析。

1. 定量分析

定量分析是指对可度量因素进行分析的方法。可度量因素指资产价值、资本成本、有关销售额等一系列可以以货币表示的费用和收益。

2. 定性分析

定性分析是指对无法精确度量的重要因素实行的估量分析。

在工程经济评价中,应坚持定量分析与定性分析相结合,以定量分析为主的原则。

(三)按评价方法是否考虑资金的时间价值分类

对定量分析,按其是否考虑资金的时间价值可分为静态分析和动态分析。

1. 静态分析

静态分析不考虑资金的时间价值,而对现金流量进行直接汇总来计算分析指标。

2. 动态分析

动态分析要考虑资金的时间价值,不同时间点上的现金流量应进行等值换算后再计算分析指标。

在工程经济分析中,应坚持动态分析与静态分析相结合,以动态分析为主的原则。

(四)按评价是否考虑融资分类

工程经济评价分析可分为融资前分析和融资后分析。一般宜先进行融资前分析,在融资前分析结论满足要求的情况下,初步确定融资方案,再进行融资后分析。

1. 融资前分析

融资前分析应考虑方案整个计算期内的现金流入和现金流出,编制方案投资现金流量表,计算方案投资内部收益率、净现值和静态投资回收期等指标。融资前分析减小了融资方案变化带来的风险,并从获利能力的角度,考察方案的合理性,应作为方案初步投资决策与融资方案研究的依据和基础。融资前分析应以动态分析为主,静态分析为辅。

2. 融资后分析

融资后分析是在融资前分析的基础上,考察方案在拟定融资条件下的盈利能力、偿债能力和财务生存能力,判断方案在融资条件下的可行性。融资后的分析用于筛选备选融资方案,帮助投资者作出融资决策。融资后的盈利能力分析包括动态分析和静态分析。

(1)动态分析包括以下两个层次。

一是方案资本金现金流量分析。分析应在拟定的融资方案下,从技术方案资本金出资这一整体的角度,计算方案资本金财务内部收益率指标,考察方案资本金可获得的收益水平。

二是投资各方现金流量分析。分析应从投资各方实际收入和支出的角度,计算投资各方的财务内部收益率指标,考察投资各方可能获得的收益水平。

(2)静态分析是指不采取折现方式处理数据,依据利润与利润分配表计算方案资本金净利润率和总投资收益率指标。静态分析可根据方案的具体情况选做。

(五)按方案评价的时间分类

按项目方案评价的时间不同分为事前评价、事中评价和事后评价。

1. 事前评价

事前评价是指在方案实施前为决策所进行的评价。事前评价都有一定的预测性,因此也就有一定的不确定性和风险性。

2. 事中评价

事中评价,即跟踪评价,是指在方案实施过程中所进行的评价。这是由于在方案实施前所做的评价结论及评价所依据的外部条件(市场条件、投资环境等)产生变化而需要进行修改,或因事前评价时考虑问题不周、失误,甚至根本未作事前评价,在建设中遇到困难,而不得不反过来重新进行评价,以决定原决策有无全部或局部修改的必要性。

3. 事后评价

事后评价是在方案实施完成后,总结评价方案决策的正确性、方案实施过程中项目管理的有效性等。

三、工程经济评价的程序

(一)熟悉建设项目的基本情况

熟悉建设项目的基本情况,包括投资目的、意义、要求,建设条件和投资环境,做好市场调查研究和预测、项目技术水平研究和方案设计。

(二)收集、整理和计算技术经济基础数据与参数

技术经济基础数据与参数是进行技术经济评价的基本依据,必须先对其进行收集、整理和计算。主要包括以下几点。

(1)方案投入物和产出物的价格、费率、税率、汇率、计算期及基础收益率等。

(2)方案建设期分年度投资支出额和投资总额。包括建设投资和流动资金需求量。

(3)方案资金来源方式、数额、利率、偿还时间,以及分年还本付息数额。

(4)方案生产期间的分年产品成本。分别计算出总成本、经营成本、单位产品成本、固定成本和变动成本。

(5)方案生产期间的分年产品销售数量、营业收入、营业税金及附加、营业利润及其分配额。

根据以上技术经济基础数据与参数分别估测出技术方案整个计算期(包括建设期和生产期)的财务数据。

(三)根据基础财务数据资料编制各基本财务报表

各基本财务报表包括资产负债表、利润表、现金流量表、所有者权益(或股东权益)变动表和附注。

(四)工程经济效果评价

运用财务报表的数据与相关参数,计算工程项目方案的各经济效果分析指标值,并进行经济可行性分析,得出结论。具体步骤如下。

(1)首先进行融资前的盈利能力分析,其结果体现项目方案本身设计的合理性,用于初步投资决策以及方案的比选。也就是说用于考察项目方案是否可行,是否值得去融资。这对项目方案投资者、债权人和政府管理部门都十分重要。

(2)如果第一步分析的结论是可行的,那么进一步去寻求适宜的资金来源和融资方案,就需要借助于对项目方案的融资后分析,及资本金盈利能力分析和偿债能力分析,投资者和债权人可据此作出最终的投融资决策。

第二节 工程项目经济评价指标

工程项目经济性评价的核心内容是经济效果的评价,由于工程项目的复杂性,项目实施的经济效果体现在多个方面,为了系统全面地反映项目的经济效果,必须正确选择经济评价指标,这是项目经济评价工作成功的关键。

按是否考虑资金的时间价值,工程项目经济评价指标可以划分为静态评价指标和动态评价指标两大类,如图 3-1 所示。静态评价指标的特点是计算简便、直观,因而广泛用于投资效果的粗略估计。项目进行经济性评价时应以动态评价指标为主。

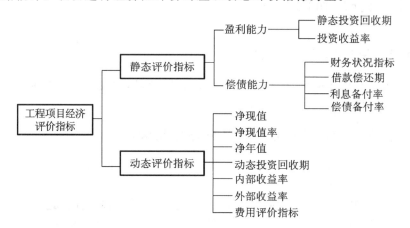

图 3-1 工程项目经济评价指标

一、静态评价指标

(一)盈利能力分析指标

1. 静态投资回收期(P_t)

静态投资回收期是指不考虑资金时间价值的情况下,用年净收益回收全部投资所需的时间,一般以年为单位。对工程项目来说,投资回收期一般自项目开工建设开始年算起。

静态投资回收期应满足下式要求:

$$\sum_{t=0}^{P_t}(CI-CO)_t = 0 \qquad (3-1)$$

式中:P_t——静态投资回收期;
  　CI——现金流入量;
  　CO——现金流出量;

$(CI-CO)_t$——第 t 年的净现金流量。

静态投资回收期可根据项目现金流量表计算,其具体计算分以下两种情况。

(1)项目建成投产后各年的净收益均相同时,计算公式如下:

$$P_t = \frac{I}{A} \tag{3-2}$$

式中:I——项目投入的全部资金;

A——每年的净现金流量,$A=(CI-CO)_t$。

(2)项目建成投产后各年的净收益不相同时,计算公式为:

$$P_t = 累计净现金流量开始出现正值的年份数 - 1 + \frac{上一年累计净现金流量的绝对值}{当年的净现金流量} \tag{3-3}$$

评价准则:当 $P_t \leqslant P_c$(基准投资回收期),方案可行;反之,方案不可行。

投资收益率指标经济意义明确、直观、计算简便,在一定程度上反映了投资效果的优劣,但是没有考虑资金时间价值。因此,在投资收益率指标不宜作为主要的评价指标。此类指标还有资本金净利润率=(项目资本金净利润/项目资本金)×100%。

【例 3-1】 某投资项目期初一次性投资 1000 万元,估计投产后各年的平均收益为 100 万元,求该项目的静态投资回收期。

【解】
$$P_t = \frac{1000}{100} = 10(年)$$

【例 3-2】 某投资项目的现金流量表见表 3-1,计算该项目的静态投资回收期。

表 3-1 现金流量表 (单位:万元)

年末	0	1	2	3	4	5	6
净现金流量	-150	-80	60	80	80	80	80
累计净现金流量	-150	-230	-170	-90	-10	70	150

【解】 $P_t = (累计净现金流量开始出现正值的年份数 - 1) + \dfrac{上一年累计净现金流量的绝对值}{当年的净现金流量}$

$= 5 - 1 + \dfrac{|-10|}{80} = 4.125(年)$

2. 投资收益率(R)

投资收益率是指项目达到设计生产能力后的正常年份的年息税前利润(或运营期年平均息税前利润)与项目总投资的比率,是一个静态分析指标。

计算公式:
$$R = \frac{NB}{K} \times 100\% \tag{3-4}$$

式中:K——项目总投资;

NB——息税前利润,指支付利息和所得税之前的利润,剔除了融资方案对利润的影响。

(1)当 NB 为正常年份的利润总额,则 R 称为投资利润率。
(2)当 NB 为正常年份的利税总额,则 R 称为投资利税率。

评价准则:当 $R \geqslant R_c$(基准投资收益率),方案可行;反之,方案不可行。

投资收益率指标经济意义明确、直观、计算简便,在一定程度上反映了投资效果的优劣,但是没有考虑资金时间价值,因此,投资收益率指标不宜作为主要的评价指标,此类指标还有资本金净利润率=(项目资本金净利润/项目资本金)×100%。

【例 3-3】 某项目经济数据见表 3-2,假定全部投资中没有借款,现已知基准投资收益率为 15%,试以投资收益率指标判断项目取舍。

表 3-2 某项目的投资及年净收入表 （单位:万元）

年份	0	1	2	3	4	5	6	7	8	9
(1)建设投资	180	240	80							
(2)流动资金			250							
(3)总投资	180	240	330							
(4)收入				300	400	500	500	500	500	500
(5)总成本				250	300	350	350	350	350	350
(6)折旧				50	50	50	50	50	50	50
(7)净收入				100	150	200	200	200	200	200
(8)累计净现金流量	−180	−420	−750	−650	−500	−300	−100	100	300	500

由表中数据可得:

$$R = 200/750 = 0.27 = 27\%$$

由于 $R \geqslant R_c$,故项目可以考虑接受。

(二)偿债能力分析指标

1. 财务状况指标

(1)资产负债率。

资产负债率是指各期期末负债总额与同期资产总额的比率,它既能反映企业利用债权人提供的资金进行经营活动的能力,也能反映企业经营风险的程度,是综合反映企业偿债能力的重要指标。其计算公式为:

$$\text{资产负债率} = \frac{\text{负债总额}}{\text{资产总额}} \times 100\% \tag{3-5}$$

式中:负债总额——企业的全部负债,不仅包括长期负债,而且包括流动负债及其短期负债;

资产总额——企业的全部资产总额,包括固定资产、流动资产、无形资产和递延资产。

判断资产负债率是否合理,需要选择考虑问题的角度。

①从债权人的角度。

债权人最关心的是贷出款项的安全程度,也就是能否按期收回本金和利息。如果股东提供的资本与资本总额相比,只占较小的比例,则经营风险将主要由债权人负担,这对债权人来讲是不利的。因此,债权人希望债务比例越低越好。

②从股东的角度。

通过举债筹资的资金与股东提供的资金在经营中发挥同样的作用,股东关心的是全部资本利润率是否超过借入款项的利率。当全部资本利润率超过借款利率时,股东所得到的利润就会加大;相反,当全部资本利润率低于借款利率时,则对股东不利,因为借入资本的多余的利息要用股东所得到的利润份额来弥补。因此,从股东的角度看,在全部资本利润率高于借款利率时,负债比例越大越好;否则,负债比例越低越好。

③从经营者的角度。

如果举债很大,超出债权人的心理承受能力,企业就借不到钱。如果企业不举债,或负债比例很小,说明企业畏缩不前,对前途信心不足,利用债权人的资本进行经营活动的能力很差。从财务管理的角度看,企业应当审时度势,全面考虑,在利用资产负债率制订借入资本决策时,必须充分估计预期的利润和增加的风险,在两者之间权衡利害得失,作出正确的决策。

不同的国家,资产负债率有不同的标准。如中国传统上认为,理想化的资产负债率在40%左右。欧美国家认为理想化的资产负债率是60%左右,东南亚国家认为其可以达到80%。

(2)流动比率。

流动比率是企业一定时期流动资产总额同流动负债总额的比值,是衡量企业短期风险的指标。其计算公式为:

$$流动比率 = \frac{流动资产总额}{流动负债总额} \times 100\% \tag{3-6}$$

流动比率的经济含义是每一单位货币的流动负债有多少流动资产来作为偿债担保,通常取120%~200%较为合适。国际公认的标准流动比率是200%,表明每1元的流动负债都有2元的流动资产作担保。因为在流动资产中,变现能力最差的存货金额,一般占到流动资产总额的一半左右,其余流动性较大的流动资产则至少要与流动负债相等。若此比率过低,则表明企业对到期的负债难以偿清;但若此比例过高,则又说明大量的流动资产还没有得到充分的利用,可能造成浪费。同时,流动比率还应与同行业的平均水平相比较才能分辨高低。对于不同行业和不同销售季节所需的流动比率的取值也是各不相同的。另外,企业的经营和理财方式也影响流动比率。影响流动比率的主要因素有营业周期、流动资产中的应收账款和存货的周转速度三项内容。

(3)速动比率。

速动比率是企业一定时期流动资产总额减去存货金额后,再除以流动负债总额的比值。其计算公式为:

$$速动比率 = \frac{流动资产总额 - 存货金额}{流动负债总额} \times 100\% \tag{3-7}$$

把存货金额从流动资产中剔除的主要原因有:一是在流动资产中存货的变现速度最慢;二是由于种种原因,部分存货可能已损坏或报废还没作处理;三是部分存货已抵押给某债权人;四是存货估价存在着成本与合理市价相差悬殊等问题。一般在不考虑企业用变卖存货的办法还债,以及排除各种误解因素的情况下,把存货金额从流动资产总额中减去而计算出的速动比率反映的短期偿债能力更加令人信服。

该指标越高,说明偿还流动负债的能力越强。与流动比率一样,该指标过高,说明企业资金利用效率低,对企业的运营也不利。国际公认的标准比率为100%。同样,不同行业间该指标也有较大差异,实践中应结合行业特点分析判断。

2. 借款偿还期(P_d)

借款偿还期是指在国家财政规定及项目具体的财务条件下,项目投产后以用作还款的利润、折旧以及其他收益来偿还建设投资借款本金和利息所需要的时间,它是反映项目财务清偿能力的重要指标。流动资金借款在生产经营期内并不偿还,每年只支付利息,直到项目计算期末才把回收的流动资金归还借出一方,因此,在计算借款偿还期时不考虑流动资金借款。

原理公式:
$$I_d = \sum_{t=0}^{P_d} R_t \tag{3-8}$$

式中：I_d——固定资产投资国内借款本金和建设期利息；

R_t——第 t 年可用于还款的资金，包括税后利润、折旧、摊销及其他还款额。

在实际工作中，借款偿还期可直接根据资金来源与运用表或借款偿还计划表推算，其具体推算公式如下：

$$P_d = 借款偿还开始出现盈余年份数 - 1 + \frac{盈余当年应偿还借款额}{盈余当年可用于还款的余额} \tag{3-9}$$

借款偿还期指标适用于那些计算最大偿还能力以尽快还款的项目，不适用于那些预先给定借款偿还期的项目。对于预先给定借款偿还期的项目，应采用利息备付率和偿债备付率指标分析项目的偿债能力。

评价准则：当指标值满足贷款机构的期限要求时，方案可行；反之，方案不可行。

3. 利息备付率

利息备付率也称已获利息倍数，指项目在借款偿还期内各年可用于支付利息的息税前利润与当期应付利息的比值。其计算公式为：

$$利息备付率 = \frac{息税前利润}{当期应付利息} \times 100\% \tag{3-10}$$

式中：息税前利润——指利润总额与计入总成本费用的利息费用之和；

当期应付利息——指计入总成本费用的全部利息。

评价准则：一般利息备付率应当大于1。否则，表示项目的付息能力保障程度不足。

4. 偿债备付率

偿债备付率指项目在借款偿还期内，各年可用于还本付息的资金与当期应还本付息金额的比值。其计算公式为：

$$偿债备付率 = \frac{可用于还本付息的资金}{当期应还本付息金额} \times 100\% \tag{3-11}$$

可用于还本付息的资金 = 息税前利润加折旧和摊销 - 企业所得税

式中：可用于还本付息的资金——包括可用于还款的折旧和摊销，成本中列支的利息费用，可用于还款的税后利润等；

当期应还本付息金额——包括当期应还贷款金额及计入总成本费用的利息。

评价准则：正常情况偿债备付率应当大于1，且越高越好。当指标小于1时，表示当年资金来源不足以偿付当期债务，需要通过短期借款偿付已到期债务。

二、动态评价指标

动态评价指标不仅考虑了资金的时间价值，而且考虑了项目在整个寿命期内的全部经济数据，因此比静态评价指标更全面、更科学。

1. 净现值（Net Present Value，NPV）

净现值是将投资方案在整个计算期内各年所发生的净现金流量按预定的基准收益率都折算到计算期起点的现值代数和。

（1）计算公式和评价准则。

计算公式：
$$NPV = \sum_{t=0}^{n}(CI - CO)_t(1 + i_c)^{-t} \tag{3-12}$$

评价准则：NPV>0，说明该方案在满足基准收益率要求的盈利之外还能得到超额收益，也说明项目的盈利能力超过其投资收益期望水平。故方案可行。

NPV=0,说明该方案基本能满足基准收益率要求的盈利能力,即其盈利能力达到所期望的最低财务盈利水平。方案勉强可行或有待改进。

NPV<0,说明该方案不能满足基准收益率要求的盈利水平,故该方案不可行。

对多方案进行优选时,NPV越大的方案相对优势更大。

净现值(NPV)考虑了资金的时间价值,全面考虑了项目在整个计算期内的经济状况,经济意义明确、直观,能够直接量化项目的盈利水平。

【例 3-4】 某项目的现金流量表见表 3-3,基准收益率为 10%,试用净现值指标来判断项目的可行性。

表 3-3　现金流量表　　　　　　　　　　（单位:万元）

年末	0	1	2	3	4	5
净现金流量	-700	200	200	200	200	200

【解】 NPV=$-700+200(P/A,10\%,5)=-700+200\times3.7908=58.16$(万元)$>0$

该项目实施后的经济效益除达到 10% 以外,还有 58.16 万元的收益现值,所以在经济上该项目是可以接受的。

【Excel 应用】 在 WPS 表格中点击主菜单栏上的"公式"命令,选择"财务函数"命令,然后在"函数名"栏中选择"NPV",在"NPV"函数对话框中键入相应值,点击"确定"按钮。

(2)基准折现率。

基准折现率是指使投资项目可以被接受的最低的期望收益率,是投资者进行投资时可以接受的一个最低界限标准,也称基准收益率,用 i_c 表示。它是进行项目经济性决策时的一个重要参数。

基准折现率的确定既受到客观条件的限制,又受到投资者的主观愿望的影响。设定基准折现率一般应综合考虑以下几个因素。

①加权平均资金成本和投资的机会成本。

资金成本是为取得资金使用权所支付的费用,主要包括筹资费和资金的使用费。筹资费是指在筹集资金过程中发生的各种费用,如委托金融机构代理发行股票、债券而支付的注册费和代理费,向银行贷款而支付的手续费等。资金的使用费是指因使用资金而向资金提供者支付的报酬。项目方案实施后所获利润额必须能够补偿资金成本,然后才会有收益,因此基准折现率最低限度不应小于资金成本。

投资的机会成本是指投资者将有限的资金用于拟实施项目方案而放弃的其他投资机会所能获得的最大收益。

项目投资设定的基准折现率应不低于单位资金成本和单位投资的机会成本,这样才能使资金得到最有效的利用。可用下式表达:

$$i_c \geqslant r_1 = \max\{单位资金成本,单位投资机会成本\} \tag{3-13}$$

②风险贴补率(风险报酬率)。

在投资项目建设期和生产运营期,内外经济环境可能会发生难以预料的变化,从而使项目的投入和产出偏离原先预期。其中,不利的变化会给投资决策带来风险,为了补偿可能发生的风险损失,投资者要考虑以一个适当的风险贴补率 r_2 来提高 i_c 值。也就是说,以一个较高的收益水平补偿投资者所承担的风险,风险越大,补贴率越高。

③通货膨胀率。

在经济分析中,通货膨胀对项目经济性的影响不容忽视。在预期未来存在通货膨胀的情况下,如果项目的投入和产出按预期的各年时价计算,项目资金的收益率中包含有通货膨胀率。为使被选项目的收益率不低于实际预期水平,就应以年通货膨胀率 r_3 修正 i_c 值。

因此,基准折现率按以下方式来确定:

当按时价计算项目收支时: $i_c=(1+r_1)(1+r_2)(1+r_3)-1\approx r_1+r_2+r_3$ （3-14）

当按不变价格计算项目收支时: $i_c=(1+r_1)(1+r_2)-1\approx r_1+r_2$ （3-15）

正确确定基准折现率,其基础是分析资金成本、机会成本,另外,投资风险、通货膨胀和资金限制也是必须考虑的影响因素。

在设定基准折现率时,可能出现两种极端情况:一是基准折现率定得太高,可能会使许多经济效益好的项目被拒绝;二是设定的基准折现率太低,则可能会使一些经济效益不好的项目被采纳。

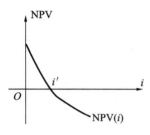

图 3-2　NPV 与 i 的函数关系

（3）NPV 与 i 的关系(对常规现金流量)。

净现值函数 $NPV(i)$ 是关于折现率 i 的递减函数,如图 3-2 所示,公式如下:

$$NPV(i) = \sum_{t=0}^{n}(CI-CO)_t(1+i)^{-t}$$

NPV 随着 i 的增大而减小,故 i 定得越高,可接受的方案越少;当 $i=i'$ 时,$NPV=0$;当 $i<i'$ 时,$NPV>0$;当 $i>i'$ 时,$NPV<0$。

（4）净现值最大准则与最佳经济规模。

最佳经济规模就是盈利总和最大的投资规模。考虑到资金的时间价值,也就是净现值最大的投资规模。所以,最佳经济规模可以通过净现值最大准则来选择。

（5）净现值指标的不足之处。

①必须先确定一个符合经济现实的基准收益率,而基准收益率的确定往往比较复杂。

②在互斥方案评价时,净现值的评价必须慎重考虑互斥方案的寿命,如果互斥方案寿命不等,必须构造一个相同的研究期,才能进行各个方案之间的比选。

③净现值不能反映项目投资中单位投资的使用效率,不能直接说明在项目运营期间各年的经营成果。

【课外知识】

通　货　膨　胀

通货膨胀是指在信用货币制度下,流通中的货币数量超过经济实际需要而引起的货币贬值和物价水平全面而持续的上涨。定义中的物价上涨不是指一种或几种商品的物价上升,也不是物价水平一时的上升,一般指物价水平在一定时期内持续普遍的上升过程,或者是说货币价值在一定时期内持续的下降过程。物价总水平或一般物价水平是指所有商品和劳务交易价格总额的加权平均数。这个加权平均数就是价格指数。衡量通货膨胀率的价格指数一般有三种:居民消费价格指数、生产者价格指数、国内生产总值价格折算指数。简单地说,当政府发行过多货币时,物价就会上升。

居民消费价格指数(Consumer Price Index,CPI)是一个反映居民家庭一般所购买的消费商品和服务价格水平变动情况的宏观经济指标。它是度量一组代表性消费商品及服务项目的价格水平随时间而变动的相对数,是用来反映居民家庭购买消费商品及服务的价格水平的变动情况。

生产价格指数(Producer Price Index,PPI)是衡量工业企业产品出厂价格变动趋势和变动程度的指数,是反映某一时期生产领域价格变动情况的重要经济指标,也是制定有关经济政策和国民经济核算政策的重要依据。生产价格指数共调查八大类商品:①燃料、动力类。②有色金属类。③有色金属材料类。④化工原料类。⑤木材及纸浆类。⑥建材类,如钢材、木材、水泥等。⑦农副产品类。⑧纺织原料类。

造成通货膨胀的直接原因是国家货币发行量的增加。政府通常为了弥补财政赤字,或刺激经济增长(如2008年四万亿刺激计划),或平衡汇率(如中国的输入型通货膨胀)等增发货币。通货膨胀可能会造成社会财富转移到富人阶层,但一般情况下的通货膨胀都是国家为了有效影响宏观经济运行采取措施后而产生的无法避免的后果。许多经济学家认为,温和良性的通货膨胀有利于经济的发展。

通货膨胀对居民收入和居民消费的影响有:①实际收入水平下降。②价格上涨的收入效应和替代效应导致福利减少。③通货膨胀的收入分配效应。具体表现为:低收入者福利受损,高收入者却可以获益;以工资和租金、利息为收入者,在通货膨胀中会遭受损害;而以利润为主要收入者,却可能获利。

改革开放以来,中国经历了三次比较严重的通货膨胀,分别发生在1980年、1988年和1994年。

通货膨胀以发生的剧烈程度可分为:①低通货膨胀,它的特点是价格上涨缓慢且可以预测。我们或许可以将其定义为年通货膨胀率为1位数的通货膨胀。此时的物价相对来说比较稳定,人们对货币比较信任。②急剧通货膨胀,当总价格水平以每年20%、100%甚至200%的2位数或3位数的比率上涨时,即产生了这种通货膨胀。这种通货膨胀局面一旦形成并稳固下来,便会出现严重的经济扭曲。③恶性通货膨胀,最恶性的通货膨胀发生时货币几乎无固定价值,物价时刻在增长,其灾难性的影响会使市场经济变得一无是处。

思考题:国家在应对通货膨胀方面采取了哪些措施?个人应该如何理财从而抵抗通货膨胀呢?

2. 净现值指数(Net Present Value Index,NPVI)或净现值率(Net Present Value Rate,NPVR)

净现值率(NPVR)是项目净现值与项目总投资现值之比。其经济含义是单位投资现值所取得的净现值,或单位投资现值所取得的超额收益现值,或单位投资现值所取得的超额收益现值。由于净现值不直接考查投资额的大小,故为了反映投资资金的利用效率,常把净现值率作为净现值指标的辅助指标。净现值率的最大化,有利于实现有限投资取得净贡献的最大化。

$$\text{NPVR} = \frac{\text{NPV}}{I_\text{P}} = \frac{\text{NPV}}{\sum_{t=0}^{k} I_t (1+i_\text{c})^{-t}} \tag{3-16}$$

式中:I_P——投资现值;

I_t——第 t 年投资额；

k——投资年份数。

评价准则：对于独立方案或单一方案，当 NPVR≥0 时方案可行。多方案比选时，max{NPVR$_j$≥0} 的方案最好。

若投资没有限制，进行方案比较时，原则上以净现值为判别依据。当投资有限制时，更要追求单位投资效率，辅以净现值率指标。净现值率常用于多方案的优劣排序。

【例 3-5】 某工程有 A、B 两种方案可行，现金流量见表 3-4，设基准折现率为 10%，试用净现值法和净现值率法择优。

表 3-4 A、B 方案的现金流量　　　　　　　　（单位：万元）

项目年份	0		1		2		3		4		5	
	A	B	A	B	A	B	A	B	A	B	A	B
投资	−2000	−3000										
现金流入			1000	1500	1500	2500	1500	2500	1500	2500	1500	2500
现金流出			400	1000	500	1000	500	1000	500	1000	500	1000

【解】 NPV 指标：

$$\text{NPV}_A = -2000 + (1000-400)(P/F,10\%,1) + (1500-500)(P/A,10\%,4)(P/F,10\%,1)$$
$$= 1427 (万元)$$

$$\text{NPV}_B = -3000 - 1000(P/A,10\%,5) + 1500(P/F,10\%,1) + 2500(P/A,10\%,4)(P/F,10\%,1)$$
$$= 1777 (万元)$$

$\text{NPV}_A < \text{NPV}_B$，所以方案 B 优于方案 A。

对于投资额不同的多个方案，应用净现值率指标进行方案比选。

NPVR 指标：

$$\text{NPVR}_A = \frac{1427}{2000} = 0.7135, \quad \text{NPVR}_B = \frac{1777}{3000} = 0.5923$$

$\text{NPVR}_A > \text{NPVR}_B$，所以方案 A 优于方案 B。

3. 净年值 (Net Annual Value, NAV)

净年值又称年值或年金，是将方案计算期内的净现金流量按基准收益率换算到各年的等额年值。

计算公式： $$\text{NAV} = \text{NPV}(A/P, i_c, n) \tag{3-17}$$

评价准则：对单个方案，当 NAV≥0 时，方案可行；当 NAV<0 时，方案不可行。多方案比选时，NAV 越大的方案相对越优。NAV 评价与 NPV 评价是等效的，但在处理某些问题时（如寿命期不同的多方案比选），用 NAV 评价就简便得多。

【例 3-6】 某投资方案的现金流量图如图 3-3 所示，设基准收益率为 10%，求该方案的净年值。（单位：万元）

【解】 用现值求净年值：

$$\text{NAV} = [-5000 + 2000(P/F,10\%,1) + 4000(P/F,10\%,2) - 1000(P/F,10\%,3)$$
$$+ 7000(P/F,10\%,4)](A/P,10\%,4)$$

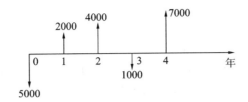

图 3-3 现金流量图

$$=1311(万元)$$

用终值求净年值：

$$NAV = [-5000(F/P,10\%,4) + 2000(F/P,10\%,3) + 4000(F/P,10\%,2) \\ -1000(F/P,10\%,1) + 7000](A/F,10\%,4)$$

$$=1311(万元)$$

4. 动态投资回收期(P'_t)

动态投资回收期是指考虑资金时间价值，在给定基准收益率 i_c 的情况下，用方案各年收益的现值来回收全部投资的现值所需要的时间。

原理公式：

$$\sum_{t=0}^{P'_t}(CI-CO)_t(1+i_c)^{-t} = 0 \tag{3-18}$$

通常采用下面的实用公式来计算：

$$P'_t = 累计净现金流量现值开始出现正值的年份数 - 1 + \frac{上一年累计净现金流量现值的绝对值}{当年的净现金流量现值} \tag{3-19}$$

评价准则：将动态投资回收期与方案的计算寿命期进行比较，判断项目的可行性。

当 $P'_t \leq P'_c$ 时，表明方案在计算寿命期内可以收回投资并取得预定的收益率，所以可认为方案在经济上是可行的；当 $P'_t > P'_c$ 时，表明方案在计算寿命期内不能收回投资，所以可认为方案在经济上是不可行的。

动态投资回收期考虑了资金时间价值，但计算较为复杂。在实际应用中，由于动态投资回收期与其他动态盈利性指标在方案评价方面是等价的，所以，在实际项目评价中可以选择使用。

【例 3-7】 某项目的现金流量见表 3-5，试计算其动态投资回收期。

表 3-5 现金流量表　　　　　　　　　　　　　　　　　　　（单位：万元）

年末	0	1	2	3	4	5	6	7
净现金流量	−20	−500	−100	150	250	250	250	250
折现系数 ($i_c=10\%$)	1	0.909	0.826	0.751	0.683	0.621	0.564	0.513
净现金流量现值	−20	−454.5	−82.6	112.7	170.8	155.3	141	128.3
累计净现金流量现值	−20	−474.5	−557	−444.3	−273.5	−118.2	22.8	151.1

【解】
$$P'_t = 6 - 1 + \frac{118.2}{141} = 5.84(年)$$

5. 内部收益率(Internal Rate of Return, IRR)

内部收益率是方案在寿命期内各年净现金流量的现值累计等于零时对应的收益率。对于一般投资项目,同一净现金流量的现值随着折现率的增大而减小。正的现金流入总是发生在负的现金流出之后,由于正的现金流入折现到期初的时间长,而负的现金流出折现到期初的时间短,使得随着折现率的增加,正的现金流入的现值增大量大于负的现金流出的现值减小量,这样现值的代数和就会减小。NPV 函数曲线与横坐标的交点,即当 NPV=0 时的收益率就为内部收益率。因此,以净现值为零作为条件,反求出净现值为零时的 i 值,就可得出项目的内部收益率。

内部收益率可通过下式求得:

$$\sum_{t=0}^{n}(CI-CO)_t(1+IRR)^{-t} = 0 \tag{3-20}$$

评价准则:若 $IRR \geqslant i_c$,则项目在经济效果上可以接受;若 $IRR < i_c$,则项目在经济效果上应予以拒绝。

(1)内部收益率的经济含义。

如果按利率 $i=IRR$ 计算,在项目整个计算期内,始终存在未回收投资,且仅在计算期结束时,投资才恰被完全收回。这样,内部收益率的经济含义就是使未回收投资余额及其利息恰好在项目计算期期末完全收回的一种利率。

(2)内部收益率的计算。

求解内部收益率是解以折现率为未知数的多项高次方程。当各年的净现金流量不等且计算期较长时,求解内部收益率相当烦琐,通常采用线性内插法求解内部收益率的近似值。即根据净现值函数曲线的特点,经过试算求得。

内部收益率的计算步骤(采用试算法)如下。

① 初步估算 IRR 的试算初值。

② 试算,找出 i_1 和 i_2 及其相对应的 NPV_1 和 NPV_2,如图 3-4 所示。需要注意的是为保证 IRR 的精度,i_2 与 i_1 之间的差距一般以不超过 2% 为宜,最大不宜超过 5%。

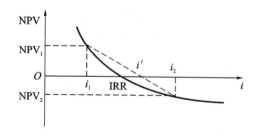

图 3-4 内部收益率线性内插法示意图

③ 用线性内插法计算 IRR 的近似值,公式如下:

$$IRR \approx i' = i_1 + \frac{NPV_1}{NPV_1 + |NPV_2|} \times (i_2 - i_1)$$

【例 3-8】 计算例题中项目的内部收益率,并判断项目的可行性,现金流量表见表 3-6。

(基准折现率＝10%)

表 3-6 现金流量表 （单位：万元）

年末	0	1	2	4	5	6
净现金流量	−700	200	200	200	200	200

该项目的净现值为： $\text{NPV}=-700+200(P/A,i,5)$

a. 令 $i_1=13\%$。

$$\text{NPV}_1=-700+200(P/A,13\%,5)$$
$$=-700+200\times3.5172=3.44\,(万元)>0$$

b. 令 $i_2=14\%$。

$$\text{NPV}_2=-700+200(P/A,14\%,5)$$
$$=-700+200\times3.4331=-13.38\,(万元)<0$$

c. $\text{IRR}=i_1+\dfrac{\text{NPV}_1}{\text{NPV}_1+|\text{NPV}_2|}(i_2-i_1)=13\%+\dfrac{3.44}{3.44+13.38}(14\%-13\%)$
$=13.20\%>10\%$

IRR＝13.20%，大于基准折现率，所以，该项目在经济上认为是可以接受的。

【Excel 应用】 点击主菜单栏上的"财务函数"命令，然后在"函数名"栏中选择"IRR"，在"IRR"函数对话框中，点击"现金流"栏右端的复选框，然后选择表格当中要计算的数据，再点击复选框，回到"IRR"函数对话框，最后点击"确定"按钮。

内部收益率反映的是项目全部投资所能获得的实际最大收益率，也是项目借入资金利率的临界值，也就是项目对贷款利率的最大承受能力。

(3)内部收益率的特点如下：

①该指标考虑了资金的时间价值，并全面考虑了项目在整个计算期内的经济情况；能够直接衡量项目未回收投资的收益率；不需要事先确定一个基准收益率，而只要知道基准收益率的大致范围即可。

②计算时需要大量与投资项目有关的数据，计算比较麻烦；对于非常规现金流量的项目来说，其内部收益率往往不是唯一的，在某些情况下（如非常规投资项目，现金流量全为负或全为正，或净现金流量正负号变换不止一次）甚至不存在。

(4)关于内部收益率解的讨论。

内部收益率方程是一个一元 n 次方程，有 n 个复数根（包括重根），故其正数根的个数可能不止一个。借助笛卡儿的符号规则，内部收益率的正实数根的个数不会超过净现金流量序列正负号变化的次数。

①常规项目：净现金流量序列符号只变化一次的项目。该类项目只要累计净现金流量大于零，其计算方程就有唯一解，该解就是项目的内部收益率。

②非常规项目：净现金流量序列符号变化多次的项目。该类项目的计算方程的解可能不止一个，需根据内部收益率的经济含义检验这些解是否是项目的内部收益率。

【例 3-9】 某项目净现金流量见表 3-7，试判断其有无内部收益率。

表 3-7　净现金流量　　　　　　　　　　　　　　　　　　（单位：万元）

年末	0	1	2	3
净现金流量	−100	470	−720	360

【解】 计算结果如图 3-5 所示。

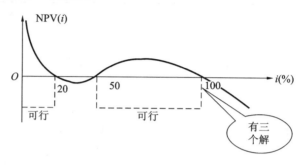

图 3-5　NPV 函数曲线

由于在第一年年末初始投资就已完全收回，与内部收益率要求寿命期内始终存在未被回收的投资且只在寿命期末才完全收回矛盾，所以 20% 不是项目的内部收益率。

经过同样的计算会发现，$i_2=50\%$ 和 $i_3=100\%$ 也不符合内部收益率的含义，所以它们也不是内部收益率。

因此，该例中内部收益率无解，这样的项目不能使用内部收益率指标考察经济效果，即内部收益率法失效。

6. 外部收益率(ERR)

外部收益率是指方案在寿命期内各年支出的终值（按 ERR 折算）与各年收入的终值（按基准收益率 i_c 折算）累计相等时的折现率。

计算公式：

$$\text{NFV} = \sum_{t=0}^{n} \text{CF}'_t (1+\text{ERR})^{n-t} = \sum_{t=0}^{n} \text{CF}''_t (1+i_c)^{n-t} \tag{3-21}$$

式中：NFV——净终值；
　　　CF'_t——第 t 年的负现金流量；
　　　CF''_t——第 t 年的正现金流量；
　　　ERR——外部收益率。

外部收益率的经济含义与内部收益率的相似，都是反映项目在寿命期内的盈利能力。只不过外部收益率假设所回收的资金是以基准收益率 i_c 进行再投资的，而内部收益率假设所回收的资金仍以内部收益率进行再投资。

评价准则：若 $\text{ERR} \geqslant i_c$，项目在经济上是可行的；若 $\text{ERR} < i_c$，项目在经济上是不可行的。

外部收益率的特点是不会出现存在多个解的情况，可以用代数方法直接求解。外部收益率目前使用不普遍，但对于存在非常规现金流量项目的评价有优越之处。

7. 费用评价指标

前面介绍了六个指标，每个指标的计算均考虑了现金流入、流出，即采用净现金流量进行计算。实际工作中，在进行多方案比较时，往往会遇到各方案的收入相同或收入难以用货币计量的情况。在此情况下，可省略收入，只计算支出。这就出现了经常使用的两个指标：

费用现值和费用年值。

(1)费用现值(Present Cost,PC)。

计算公式：
$$PC = \sum_{t=0}^{n} CO_t(1+i_c)^{-t} + S(1+i_c)^{-n} \qquad (3-22)$$

式中：CO_t——第 t 年的费用支出,取正号;

S——期末(第 n 年年末)回收的残值,取负号。

评价准则：PC 越小,方案越优。

【例 3-10】 某项目的三个方案 A、B、C 均能满足同样的需要,其费用数据见表 3-8,基准折现率为 10%,试用费用现值法确定最优方案。

表 3-8 三个方案的费用数据 （单位:万元）

方案	总投资(第 0 年年末)	年运营费用(第 1 年到第 10 年)
A	200	60
B	240	50
C	300	35

$PC_A = 200 + 60(P/A, 10\%, 10) = 569.64(万元)$

$PC_B = 240 + 50(P/A, 10\%, 10) = 547.2(万元)$

$PC_C = 300 + 35(P/A, 10\%, 10) = 515.04(万元)$

根据费用最小的选优原则,C 方案最优,B 方案次之。

所以,C 方案费用最小,为最优方案;A 方案最差。

(2)费用年值(Annual Cost,AC)。

计算公式： $AC = PC(A/P, i_c, n)$

评价准则：AC 越小,方案越优。

第三节 工程项目经济评价方法

一、工程项目的方案类型

工程项目方案的类型较多,常见的有以下几种类型。

1. 独立型方案

独立型方案是指在技术上互不干扰、在经济上互不相关的项目方案,即这些项目方案是彼此独立无关的,选择或放弃其中一个项目方案,并不影响其他方案的选择。对独立型方案的评级选择,其实质就是在做与不做之间进行选择。因此,独立型方案在经济上是否可接受,取决于项目方案自身的经济性,即项目方案的经济指标是否达到或超过了预定的评价标准或水平。为此,只需通过计算项目方案的经济指标,并按照指标的判别准则加以检验。

2. 互斥型方案

互斥型方案是指在若干备选项目方案中,各个项目方案彼此可以相互代替,因此项目具有排他性,选择其中任何一个项目方案,则其他项目方案必然被排斥。互斥方案比选是工程经济评价工作的重要组成部分,也是寻求合理决策的必要手段。

3. 混合方案

在方案众多的情况下,方案间的相互关系可能包括多种类型,称为混合方案。如独立方案之下有互斥方案,互斥方案里又包含独立方案;在资金有限的情况下,独立方案变为互斥方案。

在进行经济效果评价前,分清工程项目方案属于何种类型是非常重要的,因为方案类型不同,其评价方法、选择和判断的尺度就不同,否则会带来错误的评价结果。

二、独立方案的经济效果评价

独立方案的采纳与否,只取决于方案自身的经济效果,因此独立方案的评价与单一方案的评价方法相同。只要资金充裕,凡是能通过自身效果检验(绝对效果检验)的方案都可采纳。常用的方法有:

(1)净现值法;
(2)净年值法;
(3)内部收益率法。

只需按上面的指标进行检验,如果可行,独立方案都可以采纳。

三、互斥方案的经济效果评价

在进行建设项目工程技术方案的经济分析中,遇到较多的是互斥方案的比较和选择的问题。由于技术的进步,为实现某种目标可能形成众多的工程技术方案。当这些方案在技术上都可行,经济上也合理的时候,项目经济评价的任务就是从中选出最好的方案。

互斥方案的经济效果评价包括:一是考察各个方案自身的经济效果,即进行绝对效果检验,考察备选方案中各方案自身的经济效果是否满足评价准则的要求;二是考察方案的相对最优性,即进行相对效果检验,考察备选方案中哪个方案相对最优。

两种检验方法的目的和作用不同,通常缺一不可,这样才能确保所选方案不但最优而且可行。在进行互斥方案相对经济效果检验时,一般按投资多少由低到高进行两个方案的比选,然后淘汰较差的方案,以保留较好方案再与其他方案比较,直至所有的方案都经过比较,最终选出经济性最优的方案。

该类型方案的经济效果评价的特点是要进行多方案比选,故应遵循方案间的可比性。为了遵循可比性原则,下面分方案寿命期相等、方案寿命期不等和无限寿命期三种情况讨论互斥方案的经济效果评价。

(一)寿命期相等的互斥方案经济效果评价

1. 净现值法与净年值法

(1)操作步骤。
①绝对效果检验:计算各方案的 NPV 或 NAV,并加以检验。
②相对效果检验:计算通过绝对效果检验的两方案的 ΔNPV 或 ΔNAV。
③选最优方案:绝对检验以 NPV 或 NAV 最大为最优;相对效果检验以最后保留的方案为最优方案。

(2)评价准则。
可用下面的判别准则进行方案选优。

$$\begin{cases} NPV_i \geqslant 0 \text{ 且 } \max(NPV_i) \text{ 所对应的方案为最优方案} \\ NAV_i \geqslant 0 \text{ 且 } \max(NAV_i) \text{ 所对应的方案为最优方案} \end{cases}$$

【例 3-11】 三个寿命期相等的互斥方案的现金流量及寿命见表 3-9。i_c 为 15%，试用净现值法选择最佳方案。

表 3-9　三个寿命期相等的互斥方案的现金流量及寿命表

方　案	初始投资/元	年净收益/元	寿命/年
A	10000	2800	10
B	16000	3800	10
C	20000	5000	10

【解】 计算各方案的绝对效果并检验。

$$NPV_A = 4053.2(元)$$
$$NPV_B = 3072.2(元)$$
$$NPV_C = 5095(元)$$

由于 $NPV_A > 0$，$NPV_B > 0$，$NPV_C > 0$，且 $NPV_C > NPV_A > NPV_B$，故三种方案都通过了绝对经济效果检验。即三个方案均可行，且方案 C 为最佳方案。

2. 费用现值法与费用年值法

当多个互斥方案的收益难以估算或收益相同，进行选优时可以只比较方案的费用，当方案实现的目标相同，以方案所花费的费用最少为最优方案。

评价准则：以费用现值最小所对应的方案为最优方案；以费用年值最小所对应的方案为最优方案。

【例 3-12】 两种设备方案的费用数据及寿命见表 3-10，设折现率为 10%，应选哪种设备？

表 3-10　两种设备方案的费用数据及寿命表

设备型号	初始投资/万元	年运营费/万元	残值/万元	寿命/年
A	20	2	3	5
B	30	1	5	5

【解】 $PC_A = 20 + 2(P/A, 10\%, 5) - 3(P/F, 10\%, 5) = 25.72(万元)$
$PC_B = 30 + 1(P/A, 10\%, 5) - 5(P/F, 10\%, 5) = 30.69(万元)$

因为 $PC_A < PC_B$，所以应选 A 设备。

3. 差额净现值法

在比较分析多方案时，有时每个方案的现金流量情况较难确定，但方案之间存在差异的相关数据却较容易获得，如施工企业的设备更新问题，新、老设备各自的现金流量（如投入、维修费用等），特别是方案的收益较难确定，但可以较容易地确定用新设备代替老设备而引起的现金流量的变化。对于这类方案可以采用差额净现值法分析。

$$\Delta NPV = \sum_{t=0}^{n} (A_{1t} - A_{2t})(1 + i_c)^{-t} \qquad (3-23)$$

式中：ΔNPV——差额净现值；

A_{1t}——初始投资大的方案第 t 年年净现金流量，$A_{1t} = (CI - CO)_{1t}$

A_{2t}——初始投资小的方案第 t 年年净现金流量，$A_{2t} = (CI - CO)_{2t}$。

差额净现值就是两个方案现金流量之差的现金流量净现值，用 ΔNPV_{B-A} 表示。具体计算步骤通过[例 3-13]来介绍。

【例 3-13】 有三个方案的现金流量见表 3-11,当折现率为 15％时,试用差额净现值法选出最优方案。

表 3-11 现金流量表 （单位:元）

年 份	方 案		
	A_1	A_2	A_3
0	−5000	−10000	−8000
1~10	1400	2500	1900

【解】 第一步:先把方案按照初始投资的递升顺序排列,见表 3-12。

表 3-12 按照初始投资递升顺序排列的现金流量表 （单位:元）

年 份	方 案			
	A_0	A_1	A_3	A_2
0	0	−5000	−8000	−10000
1~10	0	1400	1900	2500

注:A_0 为不投资方案。

第二步:选择初始投资最小的方案作为临时的最优方案,这里选定不投资方案作为最优方案。

第三步:选择初始投资较高的方案 A_1 作为比较方案。计算两个方案的现金流量之差,如图 3-6 所示,并按基准贴现率计算现金流量增额的净现值。假定 $i_c=15\%$,则:

$$\text{NPV}(15\%)_{A_1-A_0}=-5000+1400(P/A,15\%,10)=2026.32(元)>0$$

则方案 A_1 优于方案 A_0,可将方案 A_1 作为临时最优方案。(否则方案 A_0 仍为临时最优方案)

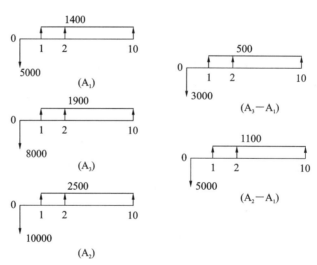

图 3-6 现金流量图

第四步:将上述步骤反复进行,直到所有方案都比较完毕,最后可以找到最优的方案。

$$\begin{aligned}\text{NPV}(15\%)_{A_3-A_1}&=[-8000-(-5000)]+(1900-1400)\times(P/A,15\%,10)\\&=-3000+500\times5.0188\end{aligned}$$

$$=-490.6(元)<0$$

所以，A_1 可作为临时最优方案，又：

$$\text{NPV}(15\%)_{A_2-A_1}=-5000+1100(P/A,15\%,10)=520.68(元)>0$$

所以，方案 A_2 优于方案 A_1，方案 A_2 是最终的最优方案。

很容易证明，按方案的净现值的大小直接进行比较，得到的结果和上述用差额净现值比较的结论完全一致。实际直接用净现值的大小来比较更为方便。

$\text{NPV}(15\%)_{A_0}=0$

$\text{NPV}(15\%)_{A_1}=2026.32(元)$

$\text{NPV}(15\%)_{A_2}=2547.00(元)$

$\text{NPV}(15\%)_{A_3}=1535.72(元)$

故选 NPV 最大的方案 A_2 为最优方案。

4. 差额内部收益率法

差额内部收益率是指使两个互斥方案的差额净现金流量的差额净现值为零时的折现率，用 ΔIRR 表示。内部收益率是项目经济评价中经常使用的指标之一，也是衡量项目综合能力的重要指标。但是在进行多方案比选时，直接按各个方案内部收益率的高低来评选方案，有时会得出错误的结论。通过[例 3-14]就可以说明互斥方案的比选不能直接用内部收益率来对比，必须把绝对效果评价和相对效果评价结合起来进行。

【例 3-14】 某建设项目有三个设计方案，其寿命期均为 10 年，$i_c=10\%$，各方案的初始投资和年净收益见表 3-13，试选出最佳方案。

表 3-13　现金流量表　　　　　　　　　　　（单位：万元）

年　份	方　案		
	A	B	C
0	−170	−260	−300
1～10	44	59	68

【解】 先用净现值法对方案进行比选。

根据各个方案的现金流量情况，可计算出 NPV 分别为：

$$\text{NPV}_A=-170+44\times(P/A,10\%,10)=100.34(万元)$$
$$\text{NPV}_B=-260+59\times(P/A,10\%,10)=102.50(万元)$$
$$\text{NPV}_C=-300+68\times(P/A,10\%,10)=117.79(万元)$$

由于 C 方案的 NPV 最大，因此根据净现值的评价准则，以 C 方案为最佳方案。对于此例，如果采用内部收益率指标来进行比选，结果又会如何呢？

根据 IRR 的定义及各个方案的现金流量情况，有：

A 方案：$-170+44(P/A,\text{IRR}_A,10)=0$

$(P/A,\text{IRR}_A,10)=4.023$

查复利系数表得：$\text{IRR}_A=22.47\%$。

B 方案：$-260+59(P/A,\text{IRR}_B,10)=0$

$(P/A,\text{IRR}_B,10)=4.407$

查复利系数表得：$\text{IRR}_B=18.49\%$。

C 方案：$-300+68(P/A,\text{IRR}_C,10)=0$

$(P/A, \text{IRR}_C, 10) = 4.412$

查复利系数表得：$\text{IRR}_C = 18.52\%$。

可见，$\text{IRR}_A > \text{IRR}_C > \text{IRR}_B$，且 IRR_A、IRR_B、IRR_C 均大于 i_c。即 A 方案为最佳方案。这个结论与采用净现值法计算得出的结论是矛盾的。

类似上面的问题，可以采用差额内部收益率法选出最优方案，具体步骤如下。

(1) 将方案按投资额由小到大排序。

(2) 进行绝对效果评价：计算各方案的 IRR（或 NPV 或 NAV），淘汰 IRR<i_c（或 NPV<0 或 NAV<0）的方案，保留通过绝对效果检验的方案。

(3) 进行相对效果评价：依次计算第二步保留方案间的 ΔIRR。有关示意图如图 3-7 所示。若 ΔIRR≥i_c，则保留投资额大的方案；反之，则保留投资额小的方案，最后一个被保留的方案即为最优方案。

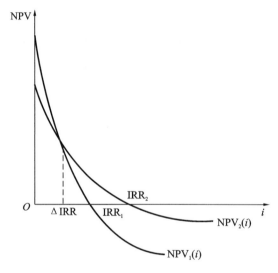

图 3-7　两个投资方案的 NPV 函数曲线图

【例 3-15】 假定 $i_c = 15\%$，现金流量见表 3-14，试用差额内部收益率法对方案进行比较。

表 3-14　现金流量表　　　　　　　　　　　　　　　　（单位：元）

年份	方案		
	A_1	A_2	A_3
0	−5000	−10000	−8000
1~10	1400	2500	1900

【解】 绝对效益检验：$\text{IRR}_{A_1} = 25.0\%$，$\text{IRR}_{A_2} = 21.4\%$，$\text{IRR}_{A_3} = 19.9\%$，均大于 15%。

第一步：按投资额由小到大排序为 A_1、A_3、A_2；选择初始投资最少方案作为临时的最优方案，即选定 A_1；选择初始投资较高的方案 A_3 作为比较方案。

第二步：相邻方案投资增量 $\Delta K = -3000$ 元，效益增量 $\Delta B = 500$ 元。

第三步：使投资增额 $(A_3 - A_1)$ 的净现值等于零，以求出其内部收益率 $\Delta \text{IRR}_{A_3 - A_1}$。

$$\text{NPV} = -3000 + 500(P/A, i, 10) = 0$$

查复利系数表可得：$i_1 = 10\%$，$\text{NPV}_1 = 72.3$；$i_2 = 12\%$，$\text{NPV}_2 = -174.9$；$\Delta \text{IRR}_{A_3 - A_1}$ 落在

10%和12%之间,用直线内插法可求得:
$$\Delta IRR_{A_3-A_1}=10.6\%<15\%$$
所以,A_1仍然作为临时最优方案。

再拿方案 A_2 同方案 A_1 比较,投资增额 $A_2-A_1=\Delta K=-5000$ 元,效益增量 $\Delta B=1100$ 元,则有:
$$NPV=-5000+1100(P/A,i,10)=0$$
查复利系数表可得:$i_1=15\%$,$NPV_1=250.68$;$i_2=18\%$,$NPV_2=-56.5$;$\Delta IRR_{A_2-A_1}$ 落在18%和15%之间,用直线内插法可求得:
$$\Delta IRR_{A_2-A_1}=17.7\%>15\%$$
所以,A_2 是最终的最优方案。

若采用净现值法,可得:
$$NPV_1=2026.32 \text{元}$$
$$NPV_2=2547.00 \text{元}$$
$$NPV_3=1535.72 \text{元}$$

所以,A_2 是最终的最优方案。

对于仅有费用现金流量的互斥方案比选也可用差额内部收益率法,这时要把增额投资所导致的对其他费用的节约看成是增额收益。

5. 差额投资回收期法

用投资额大的方案的现金流量减去投资额小的方案的现金流量,得到增量投资的现金流量,求其回收期,称为差额投资回收期。根据是否考虑资金时间价值可将其分为静态差额投资回收期和动态差额投资回收期。具体评价步骤如下。

(1)将方案按投资额由小到大排序。

(2)进行绝对效果评价:计算各方案的 P'_t,淘汰 $P'_t \leqslant P'_c$ 的方案,保留通过绝对效果检验的方案。

(3)进行相对效果评价:依次计算第二步保留方案间的 $\Delta P'_t$。若 $\Delta P'_t < P'_c$,则保留投资额大的方案;反之,则保留投资额小的方案。最后一个被保留的方案即为最优方案。

(二)寿命期不等的互斥方案经济效果评价

1. 年值法

由于寿命期不等的互斥方案在时间上不具备可比性,因此为使方案有可比性,通常宜采用年值法(净年值或费用年值法)。

评价准则:$NAV_i \geqslant 0$ 且 NAV_i 最大所对应的方案为最优方案;当仅需计算费用时,AC_i 最小所对应的方案为最优方案。

2. 现值法

若采用现值法(净现值或费用现值法),则需对各备选方案的寿命期作统一处理(即设定一个共同的分析期),使方案满足可比性的要求。处理的方法通常有以下两种:

(1)最小公倍数法(重复方案法)。

最小公倍数法就是取各备选方案寿命期的最小公倍数作为方案比选时共同的分析期,即将寿命期短于最小公倍数的方案按原方案重复实施,直到其寿命期等于最小公倍数为止。

(2)分析期法。

分析期法就是根据对未来市场状况和技术发展前景的预测直接取一个合适的共同分析期。一般情况下,取备选方案中最短的寿命期作为共同分析期。这就需要采用以下三种方法来估算寿命期长于共同分析期的方案在共同分析期期末回收的资产余值:账面净值估价法、市场估价法、重置成本法。其中,账面净值估价法是用账面原值减去以前各年折旧费后的余额来评估资产价值的一种方法;市场估价法是通过市场询价,对资产价值进行评估的一种方法;重置成本法就是在现有条件下重新购置或建造一个全新状态的评估对象,用所需的全部成本减去评估对象的实体性陈旧贬值、功能性陈旧贬值和经济性贬值后价值的差额,以其作为评估对象现实价值的一种评估方法。即:

评估价值＝重置成本－实体性陈旧贬值－功能性陈旧贬值－经济性贬值

评价准则:$NPV_i \geqslant 0$ 且 NPV_i 最大所对应的方案为最优方案;当仅需计算费用时,PC_i 最小所对应的方案为最优方案。

【例 3-16】 互斥方案 A、B 的初始投资、年现金流量和服务寿命见表 3-15,设 $i_c = 10\%$,试比较出最优方案。

表 3-15 方案 A、B 的现金流量表　　　　　　　　　　(单位:万元)

年末	方案 A	方案 B
0	−100	−200
1	50	70
2	50	70
3	50	70
4	50	70
5	—	70
6	—	70

【解】 取两个方案服务寿命的最小公倍数 $t = 12$ 年作为共同服务期,假定方案在其寿命期终结时重复更替,见表 3-16。

表 3-16 $t = 12$ 时方案 A、B 的初始投资、年现金流量表　　　　(单位:万元)

年末	方案 A	方案 B
0	−100	−200
1	50	70
2	50	70
3	50	70
4	50　−100	70
5	50	70
6	50	70　−200
7	50	70
8	50　−100	70
9	50	70
10	50	70
11	50	70
12	50	70

方法一:净现值法。

$NPV_{A(12)} = -100 + 50(P/A, 10\%, 12) - 100(P/A, 10\%, 4) - 100(P/F, 10\%, 8)$

$$= -100 + 50 \times 6.8137 - 100 \times 0.6830 - 100 \times 0.4665 = 125.74(万元)$$
$$\text{NPV}_{B(12)} = -200 + 70(P/A, 10\%, 12) - 200(P/A, 10\%, 6)$$
$$= -200 + 70 \times 6.8137 - 200 \times 0.5645 = 164.06(万元)$$

因为 $\text{NPV}_{A(12)} > 0$，$\text{NPV}_{B(12)} > 0$，且 $\text{NPV}_{B(12)} > \text{NPV}_{A(12)}$，所以方案 B 优于方案 A。

方法二：净年值法。

$$\text{NAV}_A = -100(A/P, 10\%, 4) + 50 = -100 \times 0.3155 + 50 = 18.45(万元)$$
$$\text{NAV}_B = -200(A/P, 10\%, 6) + 70 = -200 \times 0.2296 + 70 = 24.08(万元)$$

因为 $\text{NAV}_A > 0$，$\text{NAV}_B > 0$，且 $\text{NAV}_B > \text{NAV}_A$，所以方案 B 优于方案 A。

两种方法结果相同。

(三) 无限寿命期的互斥方案经济效果评价

在实践中，有些工程项目的寿命期很长（寿命期大于 50 年），例如桥梁、铁路、公路、涵洞、水库、机场等。一般而言，经济分析对长远未来的现金流量是不敏感的，例如，当 $i = 6\%$ 时，30 年后的 1 元现值为 0.174 元，50 年后的 1 元现值仅为 0.141 元。对于服务寿命期很长的工程方案，可以近似地当作具有无限服务寿命期的方案来处理。

按无限期计算现值，其公式可简化为：

$$P = \frac{A}{i} \tag{3-24}$$

因为由等额序列现值公式：

$$P = A\left[\frac{(1+i)^n - 1}{i(1+i)^n}\right] = A(P/A, i, n) \tag{3-25}$$

当 n 趋近于无穷大时，有：

$$P = A\lim_{n \to \infty}\left[\frac{(1+i)^n - 1}{i(1+i)^n}\right] = A\lim_{n \to \infty}\left[\frac{1}{i} - \frac{1}{i(1+i)^n}\right] = \frac{A}{i} \tag{3-26}$$

式中，各符号意义与上文相同。

在这种情形下，现值一般称为资金成本或资本化成本。资本化成本的含义是指与一笔永久发生的年金等值的现值。资本化成本从经济意义上可以解释为一项生产资金需要现在全部投入并以某种投资效果系数获利，以便取得一笔费用来维持投资项目的持久性服务。这时只消耗创造的资金，而无需消耗最初投放的生产资金，因此该项生产资金在下一周期内可以继续获得同样的利润，用以维持所需的费用，如此不断循环下去。

对无限寿命期互斥方案进行比选时，可选择净现值大于或等于零且净现值最大的方案为最优方案。

对于仅有或仅需计算费用现金流量的互斥方案，可以比照净现值法，用费用现值法进行比选。评价准则是费用现值最小的方案为最优方案。

显然，也可以用净年值法，这时无限寿命期方案的净年值计算公式为：

$$\text{NAV} = P \times i \tag{3-27}$$

评价准则：$\text{NAV} \geq 0$ 且净年值最大的方案为最优方案。

【例 3-17】 某河上方需建大桥，有 A、B 两处选点方案，见表 3-17，若基准折现率为 10%，试对两个方案进行比较选择。

表 3-17 A 与 B 两个方案的净现金流量表　　　　　　　　　　（单位:万元）

方　案	一次投资	年维护费	再投资
A	3080	1.5	5(每 10 年一次)
B	2230	0.8	4.5(每 5 年一次)

【解】 (1)绘制两个方案的现金流量图,如图 3-8 所示。
(2)费用现值法比选:

$$PC_A = 3080 + \frac{A}{i} = 3080 + \frac{1.5 + 5(A/F,10\%,10)}{10\%} = 3098.13(万元)$$

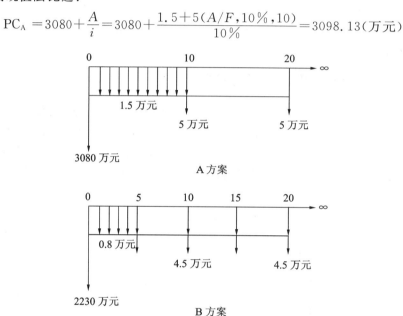

图 3-8 现金流量图

$$PC_B = 2230 + \frac{A}{i} = 2230 + \frac{0.8 + 4.5(A/F,10\%,5)}{10\%} = 2245.37(万元)$$

由于 $PC_B < PC_A$,故 B 方案优于 A 方案。

(3)费用年值法比选:

$$AC_A = P \times i + 1.5 + 5(A/F,10\%,10)$$
$$= 3080 \times 10\% + 1.5 + 5(A/F,10\%,10) = 309.8(万元)$$
$$AC_B = P \times i + 0.8 + 4.5(A/F,10\%,5)$$
$$= 2230 \times 10\% + 0.8 + 4.5(A/F,10\%,5) = 224.54(万元)$$

由于 $AC_B < AC_A$,故 B 方案优于 A 方案。

四、混合方案选择

(一)现金流量相关型方案的选择

对于现金流量相关型的混合方案应先用互斥方案组合法将各方案组合成互斥方案,计算各互斥方案的现金流量,然后再按互斥方案的评价方法进行比选。

【例 3-18】 国家拟在中部地区和西部地区之间修建一条铁路或一条公路,也可能两个项目都立项。经过测算,只实现一个项目和两个项目都实现时的现金流量见表 3-18,若基准收益率为 10%,应如何决策?

表 3-18 方案的现金流量表 （单位:万元）

方 案	年 份			
	0	1	2	3~32
铁路	−200	−200	−200	100
公路	−100	−100	−100	60
铁路+公路	−300	−300	−300	115

【解】 如果铁路项目和公路项目都立项修建,由于货运分流的原因,两个项目的收益都将减少。实际上,两个项目的现金流相关。可将两个相关方案组合成三个互斥方案,决策时即对三个互斥方案进行比选。

$$NPV_{铁路} = -200 - 200(P/A, 10\%, 2) + 100(P/A, 10\%, 30)(P/F, 10\%, 2)$$
$$= 281.65(万元)$$
$$NPV_{公路} = -100 - 100(P/A, 10\%, 2) + 60(P/A, 10\%, 30)(P/F, 10\%, 2)$$
$$= 218.73(万元)$$
$$NPV_{铁路+公路} = -300 - 300(P/A, 10\%, 2) + 115(P/A, 10\%, 30)(P/F, 10\%, 2)$$
$$= 149.8(万元)$$

根据净现值最大的评价标准,修建一条铁路的项目为最佳方案。

(二)资金有限相关型方案的选择

这是针对独立方案来讲的,由于资金有限,不可能把通过绝对效果检验的方案都选上,所以只能选其中一些可行方案,从而使这些独立方案之间具有了相关性。

1. 互斥方案组合法

该方法的具体步骤如下。

(1)对备选的 m 个独立方案,列出全部相互排斥的组合方案,共 $(2^m - 1)$ 个。

(2)初选方案。评价准则：(投资额)$_i$ ≤ 资金限额,保留;反之,淘汰。

(3)选优。对第二步保留的方案运用互斥方案的评价方法进行选优。

【例 3-19】 某房地产公司目前有三个投资项目,投资和收益见表 3-19,公司融资到的资金只有 4500 万元,试选择最优组合方案。

表 3-19 项目投资与净现值 （单位:万元）

项 目	投 资	净 现 值
A	1000	543.3
B	3000	891.8
C	2500	787.9

【解】 三个投资项目是相互独立的关系,净现值均大于零。但受限于资金供应,公司不能在三个项目上全部投资,故只能运用互斥组合法选用。在资金总量允许的情况下,根据利润最大化挑选组合项目。

首先,列出全部互斥的组合项目。根据排列组合知识,本例有三个独立方案,互斥组合项目有七个,见表 3-20。

表 3-20 组合项目表 （单位：万元）

互斥组合项目序号	组合内容	总投资	总净现值
1	A	1000	543.3
2	B	3000	891.8
3	C	2500	787.9
4	A＋B	4000	1435.1（最优组合）
5	A＋C	3500	1331.2
6	B＋C	5500	投资超限，舍去
7	A＋B＋C	6500	投资超限，舍去

其次，舍去不满足资金约束的项目组合。在本例中，第6种和第7种组合投资超过了资金限额，应舍去。

最后，运用互斥方案的比较选择方法，选择最佳项目组合。在本例中，第4种组合项目的净现值总额最大，因此，最佳方案为A项目和B项目的组合。

2. 净现值率排序法

按NPVR由大到小排序，然后根据资金限额依次选择方案。这种方法简便易行，但不能保证限额资金的充分利用。

【**例 3-20**】 案例同[例3-19]。试用净现值率排序法选出最优组合方案。

【**解**】 三个项目的净现值率分别为：

$NPVR_A = 54.33\%$， $NPVR_B = 29.72\%$， $NPVR_C = 31.51\%$

按净现值率大小排序为 $NPVR_A > NPVR_C > NPVR_B$，按此排序挑选方案组合的过程见表3-21。

表 3-21 项目排序组合

项目排序	净现值率/(％)	投资额/万元	累计投资额/万元
A	54.33	1000	1000
C	31.51	2500	3500
B	29.72	3000	6500（超过限额）

由表3-21可知，按净现值率排序法挑选项目组合的结果为：A项目和C项目为最优组合方案。

这个结论与运用互斥方案组合法的结论不一样，原因在于上述挑选过程只是满足了投资总额尽可能地接近投资限度，而没有同时满足另外一个条件：组合项目的净现值也要达到最大。一般而言，前者只能挑选到较优的组合项目，后者可以确保挑选到最优的组合项目。

运用净现值率排序法时，只有当方案投资占总投资比例很小或者入选方案正好分配完总投资时才能保证获得最佳组合方案。

3. 内部收益率排序法

内部收益率排序法是以各项目的内部收益率为基准，在一定的资金约束条件下，寻求能使加权内部收益率最高的项目组合的方法。

该方法的具体步骤如下。

(1)计算出各方案的内部收益率，将内部收益率小于基准收益率的方案舍去。

(2)将可行方案按内部收益率由大到小排序。

(3)根据资金约束条件,选择加权内部收益率 IRR_P 最大的项目组合,即为最佳组合。

加权内部收益率 IRR_P 的计算公式为:

$$IRR_P = \frac{\left[\sum_{j=1}^{m} C_j \times IRR_j + (C_{max} - \sum_{j=1}^{m} C_j) \times i_c\right]}{C_{max}} \quad (3-28)$$

式中:m——独立方案的数目;

C_{max}——投资限额;

C_j——第 j 个方案的投资额度;

IRR_j——第 j 个方案的内部收益率。

公式中,分子的第二项表示约束投资与组合投资方案投资的差额,并假定这笔资金被投向基准收益率为 i_c 的其他投资机会。

【例 3-21】 有六个独立方案,基准收益率为 14%,投资限额为 350000 元,用内部收益率排序法选择组合方案。

【解】 首先,求出六个方案的内部收益率见表 3-22。由于 B 方案的内部收益率小于基准内部收益率,因此舍去。

其次,按内部收益率大小顺序选择方案,在投资限额为 350000 元的条件下,应选择 F、C、A 三个方案。此时的总投资为 240000,有 110000 元资金没有利用。若这些剩余资金投向基准收益率为 14% 的其他投资机会,则这些方案的加权平均内部收益率为:

$$IRR_P = \frac{60000 \times 0.25 + 80000 \times 0.2 + 100000 \times 0.18 + 110000 \times 0.14}{350000} = 18.4\%$$

另外,为了充分利用现有投资额,在五个可行性方案之间还可以有其他的组合形式。它们的总投资额和加权内部收益率见表 3-23。

表 3-22 六个独立方案经济相关参数

独立方案名称	投资额/元	寿命期/年	年净收益/元	内部收益率/(%)	按内部收益率排序
A	100000	6	28700	18	3
B	150000	9	29300	13	舍去(小于14%)
C	80000	5	26800	20	2
D	210000	3	95000	17	4
E	130000	10	26000	15	5
F	60000	4	25400	25	1

表 3-23 不同组合方案的总投资额和加权内部收益率

组合方案	总投资额/元	加权内部收益率/(%)
F、C、D	350000	19.1
F、C、A	240000	18.4
C、A、E	310000	16.9
F、A、E	290000	17.4
C、E、F	270000	17.6

为使加权内部收益率最大,应选 F、C、D 组合方案。

(三)相互依存型方案的选择

对于相互依存型的方案可采用互斥方案组合法进行选优。

【例 3-22】 有 A、B、C、D 四个方案,各方案的现金流量见表 3-24,其中 A、B、C、D 方案互斥,D 方案采用与否取决于是否采用 C 方案,基准收益率为 8%,试选出最优方案。

表 3-24 方案的现金流量表 (单位:万元)

方案	A	B	C	D
投资($t=0$)	−10	−13	−14	−15
收入($t=1\sim4$)	3.8	4.5	4.6	5.0

【解】 由于 D、C 方案是相互依存型方案,可以将它们合并,方案组的总投资为 29 万元,年收入是 9.6 万元。这样就可将问题转化为在 A、B、C、CD 四个互斥方案中选优。计算净现值:

$$NPV_A = 2.5856(万元)$$
$$NPV_B = 1.904(万元)$$
$$NPV_C = 1.2352(万元)$$
$$NPV_{CD} = 2.7952(万元)$$

根据净现值最大为最优的原则,应当选择方案组 CD。

扫码看答案

【习题】

一、历年执业资格考试单选题。

1.某技术方案的现金流量如下表,设基准收益率(折现率)为 8%,则静态投资回收期为( )年。(2019 年一建真题)

计算期/年	0	1	2	3	4	5	6	7
现金流入/万元	—	—	—	800	1200	1200	1200	1200
现金流出/万元	—	600	900	500	700	700	700	700

A.2.25 B.3.58 C.5.40 D.6.60

2.某常规技术方案进行现金流量分析,当折现率为 10% 时,财务净现值为 900 万元,当折现率为 12% 时,财务净现值为 16 万元,则该方案财务内部收益率可能的范围是( )。(2019 年一建真题)

A.大于 10% B.大于 10%,小于 11%
C.大于 11%,小于 12% D.大于 12%

3.根据投资现金流量表计算技术方案的财务内部收益率时,若要提高所得税后的财务内部收益率指标值,通常可以采用的做法是( )。(2019 年一建真题)

A.提高资本金比例 B.提高借款比例
C.缩短建设工期 D.降低借款利率

4.某技术方案现金流量表如下,基准收益率为 8%,该技术方案的财务净现值为( )万元。(2019 年一建真题)

计算期/年	0	1	2	3	4
现金流入/万元	—	300	400	400	300
现金流出/万元	500	100	150	150	150

A.208.23　　　　B.58.23　　　　C.192.81　　　　D.347.12

5.关于技术方案总投资收益率的说法,正确的是( )。(2019年一建真题)

A.总投资收益率高于同期银行贷款利率时,举债不利于提高技术方案收益

B.总投资收益率指标充分体现了资金的时间价值

C.总投资收益率越高,说明技术方案获得的收益越多

D.总投资收益率指标作为主要的决策依据比较客观,不受人为因素影响

6.在流动资产总额一定的情况下,关于速动比率的说法,正确的是( )。(2019年一建真题)

A.预付账款占流动资产比例越低,速动比率越高

B.存货占流动资产比例越低,速动比率越高

C.应收账款占流动资产比例越高,速动比率越低

D.交易性金融资产占流动资产比例越高,速动比率越低

7.下列方案经济评价指标中,属于偿债能力评价指标的是( )。(2019年监理真题)

A.净年值　　　B.利息备付率　　　C.内部收益率　　　D.总投资收益率

8.关于净现值指标的说法,正确的是( )。(2019年监理真题)

A.该指标能够直观地反映项目在运营期内各年的经营成果

B.该指标可直接用于不同寿命期互斥方案的比选

C.该指标小于零时,项目在经济上可行

D.该指标大于等于零时,项目在经济上可行

9.某项目估计建设投资为1000万元,全部流动资金为200万元,建设当年即投产并达到设计生产能力,各年净收益均为270万元。则该项目的静态投资回收期为( )年。(2018年一建真题)

A.2.13　　　　B.3.70　　　　C.3.93　　　　D.4.44

10.某技术方案的净现金流量见下表。若基准收益率为6%,则该方案的财务净现值为( )万元。(2018年一建真题)

计算期/年	0	1	2	4
净现金流量/万元	−1000	200	400	800

A.147.52　　　　B.204.12　　　　C.216.37　　　　D.400.00

11.某技术方案的净现金流量见下表。若基准收益率大于0,则该方案的财务净现值可能的范围是( )。(2017年一建真题)

计算期/年	0	1	2	3	4	5
净现金流量/万元	—	−300	−200	200	600	600

A.等于1400万元　　　　　　　　B.大于900万元,小于1400万元

C.等于900万元　　　　　　　　D.小于900万元

12.下列投资方案经济效果评价指标中,属于动态评价指标的是( )。(2018年造价

真题)

　　A. 总投资收益率　　B. 内部收益率　　C. 资产负债率　　D. 资金净利润率

13. 某项目建设期1年,总投资900万元,其中流动资金100万元。建成投产后每年净收益为150万元。自建设开始年起该项目的静态投资回收期为(　　)年。(2018年造价真题)

　　A. 5.3　　　　　　B. 6.0　　　　　　C. 6.34　　　　　　D. 7.0

14. 某项目预计投产后第5年的息税前利润为180万元,应还借款本金为40万元,应付利息为30万元,应缴企业所得税为37.5万元,折旧和摊销为20万元,该项目当年偿债备付率为(　　)。(2018年造价真题)

　　A. 2.32　　　　　B. 2.86　　　　　C. 3.31　　　　　D. 3.75

15. 采用全寿命期费用法进行设计方案评价时,宜选用的费用指标是(　　)。(2018年造价真题)

　　A. 正常生产年份总成本费用　　　　　B. 项目累计净现金流量
　　C. 年度等值费用　　　　　　　　　　D. 运营期费用现值

16. 某项目建设投资为8250万元,建设期利息为620万元,全部流动资金700万元,其中铺底流动资金210万元,项目投产后正常年份的年平均息税前利润为500万元,则该项目的总投资收益率为(　　)。(2017年一建真题)

　　A. 6.06%　　　　B. 5.64%　　　　C. 5.51%　　　　D. 5.22%

17. 现有甲和乙两个项目,静态投资回收期分别为4年和6年,该行业的基准投资回收期为5年。关于这两个项目的静态投资回收期的说法,正确的是(　　)。(2017年一建真题)

　　A. 甲项目的静态投资回收期只考虑了前4年的投资效果
　　B. 乙项目考虑全寿命周期各年的投资效果确定静态投资回收期为6年
　　C. 甲项目投资回收期小于基准投资回收期,据此可以准确判断甲项目可行
　　D. 乙项目的资本周转速度比甲项目更快

18. 利用投资回收期指标评价投资方案经济效果的不足是(　　)。(2017年造价真题)

　　A. 不能全面反映资本的周转速度
　　B. 不能全面考虑投资方案整个计算期内的现金流量
　　C. 不能反映投资回收之前的经济效果
　　D. 不能反映回收全部投资所需要的时间

19. 投资方案经济效果评价指标中,利息备付率是指投资方案在借款偿还期内的(　　)的比值。(2017年造价真题)

　　A. 息税前利润与当期应付利息金额
　　B. 息税前利润与当期应还本付息金额
　　C. 税前利润与当期应付利息金额
　　D. 税前利润与当期应还本付息金额

20. 对于效益基本相同、但效益难以用货币直接计量的互斥投资方案,在进行比选时常用(　　)替代净现值。(2017年造价真题)

　　A. 增量投资　　　B. 费用现值　　　C. 年折算费用　　　D. 净现值率

21. 利用经济评价指标评判项目的可行性时,说法错误的是(　　)。(2017年监

理真题)

A. 财务内部收益率≥行业基准收益率,方案可行

B. 静态投资回收期>行业基准投资回收期,方案可行

C. 财务净现值≥0,方案可行

D. 总投资收益率≥行业基准投资收益率,方案可行

22. 某项目总投资4400万元,年平均息税前利润595.4万元,项目资本金1840万元,利息及所得税191.34万元,则该项目的总投资收益率为( )。(2017年监理真题)

A. 9.18%　　　　B. 13.53%　　　　C. 21.96%　　　　D. 32.55%

23. 某技术方案具有常规现金流量,当基准收益率为12%时,财务净现值为一67万元;当基准收益率为8%时,财务净现值为242.67万元;当基准收益率为6%时,财务净现值为341.76万元,则该技术方案的内部收益率最可能的范围为( )。(2016年一建真题)

A. 小于6%

B. 大于6%,小于8%

C. 大于12%

D. 大于8%,小于12%

24. 某投资方案建设期为1年,第一年年初投资8000万元,第二年年初开始盈利,运营期为4年,运营期每年年末净收益为3000万元,净残值为零。若基准率为10%,则该投资方案的财务净现值和静态投资回收期分别为( )。(2016年一建真题)

A. 1510万元和3.67年

B. 1510万元和2.67年

C. 645万元和2.67年

D. 645万元和3.67年

25. 项目建设投资为5000万元(不含建设期贷款利息),建设期贷款利息为550万元,全部流动资金为450万元,项目投产期年息税前利润为900万元,达到设计生产能力的正常年份年息税前利润为1200万元,则该项目的总投资收益率为( )。(2016年一建真题)

A. 24.00%　　　　B. 17.50%　　　　C. 20.00%　　　　D. 15.00%

26. 下列投资方案经济效果评价指标中,能够在一定程度上反映资本周转速度的指标是( )。(2016年造价真题)

A. 利息备付率　　B. 投资收益率　　C. 偿债备付率　　D. 投资回收期

27. 用来评价投资方案的净现值率指标是指项目净现值与( )的比值。(2016年造价真题)

A. 固定资产投资总额

B. 建筑安装工程投资总额

C. 项目全部投资现值

D. 建筑安装工程全部投资现值

28. 采用增量投资内部收益率(△IRR)法比选计算期不同的互斥方案时,对于已通过绝对效果检验的投资方案,确定优先方案的准则是( )。(2016年造价真题)

A. △IRR大于基准收益率时,选择初始投资额小的方案

B. △IRR大于基准收益率时,选择初始投资额大的方案

C. 无论△IRR是否大于基准收益率,均选择初始投资额小的方案

D. 无论△IRR是否大于基准收益率,均选择初始投资额大的方案

29. 进行工程项目财务评价时,可用于判断项目偿债能力的指标是( )。(2016年造价真题)

A. 基准收益率　　B. 财务内部收益率　　C. 资产负债率　　D. 项目资本金净利润率

30. 某项目建筑安装工程费,设备施工器具购置费合计为7000万元,建设期2年,分期投入4000万元和3000万元。建设期内预计年平均价格总水平上浮率为5%,建设期贷款利

息为735万元。工程建设其他费用为400万元。基本预备费率为10%,流动资金为800万元,则该项目的静态投资为( )万元。(2015年一建真题)

A.8948.5　　　　B.8140　　　　C.8940　　　　D.9748.5

31. 某项目各年净现金流量如下表,设基准收益率为10%,则该项目的财务净现值和静态投资回收期分别为( )。(2015年一建真题)

年份	0	1	2	3	4	5
净现金流量/万元	−160	50	50	50	50	50

A.32.02万元,3.2年　　　　　　B.32.02万元,4.2年
C.29.54万元,4.2年　　　　　　D.29.54万元,3.2年

32. 某借款年利率为8%,半年复利计息一次,则该借款年有效利率比名义利率高( )。(2015年一建真题)

A.0.16%　　　　B.1.25%　　　　C.4.16%　　　　D.0.64%

33. 某项目建设投资3000万元,全部流动资金450万元。项目投产期年息税前利润总额500万元,运营期正常年份的年平均息税前利润总额800万元,则该项目的总投资收益率为( )。(2015年一建真题)

A.18.84%　　　　B.26.67%　　　　C.23.19%　　　　D.25.52%

34. 某生产性企业若对原工艺方案进行改造需要投资100万元,改造后年运行成本50万元;若采用全新工艺方案需要投资200万元,年运行成本40万元,设基准投资收益率为12%。则两方案相比较的增量投资收益率为( )。(2015年一建真题)

A.5%　　　　B.10%　　　　C.15%　　　　D.20%

35. 关于财务内部收益率的说法,正确的是( )。(2014年一建真题)

A. 财务内部收益率大于基准收益率时,技术方案在经济上可以接受
B. 财务内部收益率是一个事先确定的基准折现率
C. 财务内部收益率受项目外部参数的影响较大
D. 独立方案用财务内部收益率评价与财务净现值评价,结论通常不一致

36. 某企业拟新建一项目,有两个备选方案技术均可行。甲方案投资5000万元,计算期15年,财务净现值为200万元;乙方案投资8000万元,计算期20年,财务净现值为300万元。则关于两方案比选的说法,正确的是( )。(2014年一建真题)

A. 甲乙方案必须构造一个相同的分析期限才能比选
B. 甲方案投资少于乙方案,净现值大于零,故甲方案较优
C. 乙方案净现值大于甲方案,且都大于零,故乙方案较优
D. 甲方案计算期短,说明甲方案的投资回收速度快于乙方案

37. 下列工程经济效果评价指标中,属于盈利能力分析动态指标的是( )。(2013年一建真题)

A. 财务净现值　　B. 投资收益率　　C. 借款偿还期　　D. 流动比率

38. 对于特定的投资方案,若基准收益率增大,则投资方案评价指标的变化规律是( )。(2013年一建真题)

A. 财务净现值与内部收益率均减小
B. 财务净现值与内部收益率均增大

C. 财务净现值减小,内部收益率不变
D. 财务净现值增大,内部收益率减小

39.某工程施工有两个技术方案可供选择,甲方案投资 180 万元,年生产成本为 45 万元,乙方案需投资 220 万元,年生产成本为 40 万元,设基准投资收益率为 12%,若采用增量投资收益率评价两方案,则( )。(2013 年一建真题)

A.甲方案优于乙方案
B.甲、乙两个方案的效果相同
C.乙方案优于甲方案
D.甲、乙两个方案的折算费用相同

40.将技术方案经济效果评价分为静态分析和动态分析的依据是( )。(2011 年一建真题)

A.评价方法是否考虑主观因素　　B.评价指标是否能够量化
C.评价方法是否考虑时间因素　　D.经济效果评价是否考虑融资的影响

41.反映技术方案资本金盈利水平的经济效果评价指标是( )。(2011 年一建真题)

A.财务内部收益率　　B.总投资收益率
C.资本积累率　　D.资本金净利润率

42.关于静态投资回收期特点的说法,正确的是( )。(2011 年一建真题)

A.静态投资回收期只考虑了方案投资回收之前的效果
B.静态投资回收期可以单独用来评价方案是否可行
C.若静态投资回收期大于基准投资回收期,则表明该方案可以接受
D.静态投资回收期越长,表明资本周转速度越快

43.某工程有甲、乙、丙、丁四个实施方案可供选择。四个方案的投资额依次是 60 万元、80 万元、100 万元、120 万元。年运行成本依次是 16 万元、13 万元、10 万元和 6 万元,各方案应用环境相同。设基准投资率为 10%。则采用折算费用法选择的最优方案为( )。(2011 年一建真题)

A.丁　　B.甲　　C.乙　　D.丙

44.某技术方案在不同收益率 i 下的净现值为:$i=7\%$ 时,FNPV=1200 万元;$i=8\%$ 时,FNPV=800 万元;$i=9\%$ 时,FNPV=430 万元。则该方案的内部收益率的范围为( )。(2011 年一建真题)

A.小于 7%　　B.大于 9%　　C.7%~8%　　D.8%~9%

45.可用于评价项目财务盈利能力的绝对指标是( )。(2010 年一建真题)

A.价格临界点　　B.财务净现值
C.总投资收益率　　D.敏感度系数

46.某项目财务现金流量表的数据如下表,则该项目的静态投资回收期为( )年。(2010 年一建真题)

计算期/年	0	1	2	3	4	5	6	7	8
净现金流量/万元	—	-800	-1000	400	600	600	600	600	600
累计净现金流量/万元	—	-800	-1800	-1400	-800	-200	400	1000	1600

A.5.33　　B.5.67　　C.6.33　　D.6.67

二、历年执业资格考试多选题。

1. 某常规技术方案：当折现率为10%时，财务净现值为－360万元；当折现率为8%时，财务净现值为30万元。则关于该方案经济效果评价的说法，正确的有（　　）。（2018年一建真题）
   A. 内部收益率在8%～9%之间
   B. 当行业基准收益率为8%时，方案可行
   C. 当行业基准收益率为9%时，方案不可行
   D. 当折现率为9%时，财务净现值一定大于0
   E. 当行业基准收益率为10%时，内部收益率小于行业基准收益率

2. 技术方案的偿债能力评价指标有（　　）。（2018年一建真题）
   A. 资产负债率　　B. 投资回收期　　C. 财务净现值　　D. 生产能力利用率
   E. 速动比率

3. 关于项目财务内部收益率的说法，正确的有（　　）。（2018年造价真题）
   A. 内部收益率不是初始投资在整修计算期内的盈利率
   B. 计算内部收益率需要事先确定基准收益率
   C. 内部收益率是使项目财务净现值为零的收益率
   D. 内部收益率的评价准则是IRR≥0时方案可行
   E. 内部收益率是项目初始投资在寿命期内的收益率

4. 下列评价方法中，用于互斥投资方案静态分析评价的有（　　）。（2017年造价真题）
   A. 增量投资内部收益率法　　　　B. 增量投资收益率法
   C. 增量投资回收期法　　　　　　D. 净年值法
   E. 年折算费用法

5. 技术方案经济效果评价中的计算期包括技术方案的（　　）。（2016年一建真题）
   A. 投资建设期　　B. 投产期　　C. 投资前策划期　　D. 达产期
   E. 后评价期间

6. 投资方案经济效果评价指标中，既考虑了资金的时间价值，又考虑了项目在整个计算期内经济状况的指标有（　　）。（2016年造价真题）
   A. 净现值　　B. 投资回收期　　C. 净年值　　D. 投资收益率
   E. 内部收益率

7. 采用净现值法评价计算期不同的互斥方案时，确定共同计算期的方法有（　　）。（2016年造价真题）
   A. 最大公约数法　　B. 平均寿命期法　　C. 最小公倍数法　　D. 研究期法
   E. 无限计算期法

三、计算题。

1. 某工程项目各年净现金流量如表3-25所示，如果基准折现率为10%，试计算该项目的静态投资回收期及动态投资回收期。

表 3-25　净现金流量表

年份	1	2	3～10
净现金流量/万元	－60	－30	25

2. 某工程总投资（期初）为1500万元，投产后每年（从第一年年末开始）经营成本为200

万元,每年收益 600 万元,产品的经济寿命期为 10 年,在第 10 年年末还能回收资金 100 万元,基准收益率为 10%,试用净现值法确定投资方案是否可行?

3. 若 $i_c=12\%$,现金流量如表 3-26 所示,用净年值法比选下列方案。

表 3-26 方案 A、B 的净现金流量

方案	期初一次性投资/万元	年均收益/万元	残值/万元	寿命期/年
A	40	9	2	9
B	60	12	0	10

4. 一个工程项目的期初总投资 1000 万元,寿命期 10 年,每年净收益 250 万元,残值 60 万元,基准收益率为 8%,求该项目的 IRR,并判断项目是否可行。

5. 某建设单位有 6 个可供选择的方案,每个方案期末均无残值,寿命期 10 年。各方案的数据如表 3-27 所示。

表 3-27 现金流量表　　　　　　　　　　　　　　　　　单位:元

方案	A	B	C	D	E	F
投资	8000	4000	1000	3000	1500	9000
年净现金流量	1100	800	200	715	250	1400

(1) 若建设单位仅有 9000 元的投资资本,应如何选择?

(2) 若仅有 9000 元的投资资本,在这些独立方案中选择投资收益率最高的方案,并将其没有用完的资本投资于其他机会取得 15% 的收益率,则该项投资组合与(1)中确定的方案相比,孰优孰劣?

6. 某房地产开发公司投资休闲度假项目,调研结果表明有三处地址 A、B、C 符合建造度假村。若只建一个度假村,其现金流量如表 3-28 所示;若建 A、B 两个,则除了投资不变,A 的年收入将减少 2/3,B 的年收入将减少 1/3;若建 B、C 两个,投资不变,B 的年收入将减少 1/3,C 的年收入将减少 2/3;若同时建 3 个,则 A、B、C 的年收入都将减少 2/3;若基准收益率为 10%,应如何决策?

表 3-28 不同建造地址经济参数

方案	A	B	C
投资/万元	100	120	140
第 2 年至第 21 年年末净收益/万元	20	30	35
计算期/年	10	10	10

第四章 不确定性分析

在前面介绍第三章内容时,我们有一个重要的假设前提,即不存在不确定因素,方案评价时能得到完整信息。但是,未来实际发生的情况与事先的估算、预测很可能有相当大的出入。为了提高经济评价的准确度和可信度,尽量避免和减少投资决策的失误,有必要对投资方案作不确定性分析,为投资决策提供客观、科学的依据。

第一节 不确定性分析概述

不确定性不同于风险,风险是指不利事件发生的可能性,其中不利事件发生的概率是可以计量的;而不确定性是指人们在事先只知道所采取行动的所有可能后果,而不知道他们出现的可能性或者两者均不知道,只能对两者做粗略的估计,因此不确定性是难以计量的。

不确定性分析是指研究和分析当影响项目或技术方案经济效果的各项主要因素发生变化时,拟实施项目或技术方案的经济效果会发生什么样的变化,以便为正确决策服务的一项工作。不确定性分析是方案经济效果评价中的一项重要工作,在拟实施方案未作出最终决策之前均应进行方案不确定性分析,再借助风险分析(概率分析),可进一步得知这种不确定性因素发生的可能性以及给项目带来的损失程度。

一、不确定性因素产生的原因

产生不确定性因素的原因很多,一般情况下,产生不确定性因素的主要原因有以下几点。

(1)所依据的基本数据不足或者统计产生偏差,这是由于原始统计上的误差,统计样本点的不足,公式或模型的套用不合理等造成的误差。比如说方案的建设投资和流动资金是经济效果评价中重要的基础数据,但在实际中往往会由于各种原因而高估或低估它的数额,从而影响到方案经济效果评价的结果。

(2)预测方法的局限,预测的假设不准确。

(3)未来经济形势的变化。由于通货膨胀会使物价产生波动,从而影响方案经济效果评价中所用的价格,进而导致诸如年营业收入、年经营成本等数据与实际发生偏差;同样,由于市场供求结构的变化,会影响到产品的市场供求状况,进而对某些指标值产生影响。

(4)技术进步。技术进步会引起产品和工艺的更新替代,这样根据原有技术条件和生产水平所估算出的年营业收入、年经营成本等数据就会与实际值发生偏差。

(5)无法以定量来表示的定性因素的影响。

(6)其他外部影响因素,如政府政策的变化、新的法律法规的颁布、国际政治经济形势的变化等,均会对方案的经济效果产生一定的甚至是难以预料的影响。

在评价中,如果我们想全面分析这些因素的变化对方案经济效果的影响是十分困难的,因此在实际工作中,我们往往要着重分析和把握那些对方案影响大的关键因素,以期取得较好的效果。

二、不确定性分析的内容

由于上述种种原因,方案经济效果计算和评价所使用的计算参数和数据,诸如投资额、产量、价格、成本、利率、汇率、收益、建设期限、经济寿命等等,总是不可避免地带有一定程度的不确定性。不确定性的直接后果是使方案经济效果的实际值与评价值相偏离,从而给决策者带来风险。

假定某方案的基准收益率 i_c 定为 8%,根据方案基础数据求出的方案财务内部收益率为 10%,由于内部收益率大于基准收益率,因此根据方案评价准则,自然认为方案是可行的,但如果凭此就做出决策则是不够的,因为我们还没有考虑到不确定性问题,比如说如果在方案实施的过程中存在投资超支、建设工期延长、生产能力达不到设计要求、原材料价格上涨、劳务费用增加、产品售价波动、市场需求量变化、贷款利率变动等,都可能使方案达不到预期的经济效果,导致财务内部收益率下降。当内部收益率下降大于 2%,方案就变成不可行,则方案就会有风险,如果不对这些进行分析,仅凭一些基础数据所做的确定性分析为依据来取舍方案就可能会导致决策的失误,因此,为了有效地减少不确定性分析对方案经济效果的影响,提高方案的风险防范能力,进而提高方案决策的科学性和可靠性,除对方案进行确定性分析以外,还很有必要对方案进行不确定性分析。

为此应根据拟实施方案的具体情况,分析各种内外部条件发生变化或者测算数据误差对基础方案经济效果的影响程度,以估计方案可能承担不确定性的风险及其承受能力,确定方案在经济上的可行性,并采取相应的对策力争把风险降低到最小限度,这种对影响方案经济效果的不确定性因素进行的分析称为不确定性分析。

三、不确定性分析的方法

常用的不确定性分析方法有盈亏平衡分析和敏感性分析。

1. 盈亏平衡分析

盈亏平衡分析也称量本利分析,就是将方案投产后的产销量作为不确定性因素,通过计算方案的盈亏平衡点的产销量,据此分析判断不确定性因素对方案经济效果的影响程度,并说明方案实施的风险大小及方案承担风险的能力,为决策提供科学依据。根据生产成本及销售收入与产销量之间是否呈线性关系,盈亏平衡分析又可进一步分为线性盈亏平衡分析和非线性盈亏平衡分析。

2. 敏感性分析

敏感性分析则是分析各种不确定性因素发生增减变化时,对方案经济效果评价指标的影响,并计算敏感度系数和临界点,找出敏感因素,在具体应用时要综合考虑技术方案的类型特点和决策者的要求,相应的人力、财力以及方案对经济的影响程度等来选择具体的分析方法。

第二节 盈亏平衡分析

各种不确定性因素的变化会影响投资方案的经济效果,当这些因素的变化达到某一临界值时,就会影响某一方案的取舍。盈亏平衡分析的目的就是找出这些因素变化的临界值,即盈利与亏损的转折点,称为盈亏平衡点,或称保本点。盈亏平衡点越低,说明项目盈利的可能性越大,亏损的可能性越小,因而项目有较大的抗风险能力。通过盈亏平衡分析找出不发生亏损的经济界限,以便判断投资方案对不确定因素变化的承受能力,为投资者决策提供依据。

盈亏平衡分析又称损益平衡分析,它是根据投资项目或企业的产品产量、成本和利润间相互关系来对投资方案进行的技术经济分析。它可以用数学公式和图解法确定盈亏平衡点,从而拟定企业盈利和亏损时产品数量和价格的界限,即确定投资方案的盈亏临界规模和最优规模,它是经济效果评价方法的一种辅助手段。

一、独立方案的盈亏平衡分析

(一)线性盈亏平衡分析

线性盈亏平衡分析是分析项目的成本费用、销售收入与产销量间线性函数关系的分析方法。

假定条件如下。

(1)单位产品的价格稳定,且与产品的销售量无关。

(2)产品的年销售量与年生产量相等。

(3)年生产总成本中,一部分为可变成本,即随产量的增减变动而成正比例变化的成本,如原材料、燃料、动力的消耗等;一部分为固定成本,即在一定的产量范围内不随产量的增减变动而变化的成本,如辅助人员的工资、折旧费、摊销费、维修费等。

(4)产品的产量变化时,单位产品的可变成本不变。

(5)只生产单一产品,或者生产多种产品但可以换算为单一产品计算,即不同产品负荷率的变化是一致的。

设 Q_0 为年设计生产能力,Q 为年产量或销量,P 为单位产品售价,F 为年固定成本,V 为单位变动成本,t 为单位产品销售税金,R 为年销售收入,C 为年总成本。线性盈亏平衡分析图如图 4-1 所示。可建立以下方程:

年销售收入方程: $$R = PQ \tag{4-1}$$

年总成本支出方程: $$C = F + VQ + tQ \tag{4-2}$$

故利润方程为: $$B = R - C = (P - V - t)Q - F \tag{4-3}$$

令 $B=0$,解出的 Q 即为 BEP(Q):

$$\text{BEP}(Q) = \frac{F}{P - V - t} \tag{4-4}$$

进一步解出生产能力利用率的盈亏平衡点为:

$$\mathrm{BEP}(f) = \frac{\mathrm{BEP}(Q)}{Q_0} \times 100\% \tag{4-5}$$

经营安全率的盈亏平衡点为：
$$\mathrm{BEP}(S) = 1 - \mathrm{BEP}(f)$$

需要注意的是盈亏平衡点的生产能力利用率一般不应大于 75%，经营安全率一般不应小于 25%。

同理，还可求出其他因素的 BEP。当达到设计生产能力时，产品销售价格的盈亏平衡点为：

$$\mathrm{BEP}(P) = \frac{F}{Q_0} + V + t \tag{4-6}$$

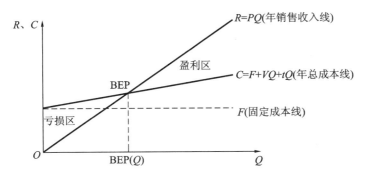

图 4-1 线性盈亏平衡分析图

【例 4-1】 某房地产开发公司拟开发一栋商住楼，商住楼总建筑面积为 3000 m²，销售税金及附加为 5.5%，预计每平方米建筑面积的可变成本为 2400 元，假定开发期间的固定成本为 450 万元，计算每平方米售价的盈亏平衡点。

【解】 $$\mathrm{BEP}(P) = \frac{450 \times 10^4 + 2400 \times 3000}{3000 \times (1 - 5.5\%)} = 4127 (元/m^2)$$

计算结果表明，当平均实际销售单价小于 4127 元/m² 时，项目处于亏损状态；当平均实际销售单价大于 4127 元/m² 时，项目就有盈利。

线性盈亏平衡分析方法简单明了，但存在局限性。经验表明，销售收入和总成本费用与产品的销售量或产量之间的关系不是直线关系，而是曲线关系。此时就需要用到非线性盈亏平衡分析方法。

(二)非线性盈亏平衡分析

在不完全竞争的条件下，销售收入和成本与产(销)量间可能是非线性的关系。非线性盈亏平衡分析的原理同线性盈亏平衡分析。

若销售收入、总成本费用和产品销售量或产量之间的关系曲线如图 4-2 所示，有两个产量盈亏平衡点，分别为 BEP_1 和 BEP_2，实际产量在 Q_1 和 Q_2 之间时，项目才会盈利。

【例 4-2】 已知固定成本为 66000 元，单位可变成本为 28 元，产品单价为 55 元。由于成批采购材料，单位产品可变成本可减少 1‰；由于成批销售产品，单价可降低 3.5‰。求产品产量的盈亏平衡点和利润最大时的产量。

【解】 总成本随产量的函数表达式为：
$$C(Q) = 66000 + (28 - 0.001Q)Q = 66000 + 28Q - 0.001Q^2$$
收入随产量的函数表达式为：

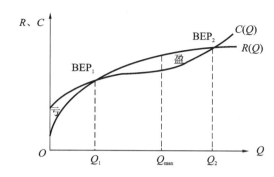

图 4-2 非线性盈亏平衡分析图

$$R(Q)=(55-0.0035Q)Q=55Q-0.0035Q^2$$

令 $C(Q)=R(Q)$，求得产量的盈亏平衡点分别为：

$$Q_1=3740（单位）；\quad Q_2=7060（单位）$$

利润随产量的函数关系为：

$$I(Q)=R(Q)-C(Q)=-0.0025Q^2+27Q-66000$$

求利润最大值，即求 $I(Q)$ 的最大值。根据数学知识，求 $I(Q)$ 的一阶导数，并令其为零，可求得利润最大时的产量。

$$\frac{\mathrm{d}I(Q)}{\mathrm{d}Q}=0$$

即

$$-0.0025\times 2Q+27=0$$

解得最佳产量 $Q=5400$（单位）。

二、互斥方案的盈亏平衡分析

当有某个共同的不确定性因素影响互斥方案的取舍时，可先求出两种方案的盈亏平衡点（BEP），再根据 BEP 进行取舍。

【例 4-3】 某产品有两种生产方案（寿命期为共同的不确定性因素），方案 A 初始投资为 70 万元，预期年净收益 15 万元；方案 B 初始投资为 170 万元，预期年净收益 35 万元。该项目产品的市场寿命具有较大的不确定性，如果给定基准折现率为 15%，不考虑期末资产残值，试就项目寿命期分析两种方案的临界点。

【解】 设项目寿命期为 n。

$$\mathrm{NPV}_A=-70+15(P/A,5\%,n)$$
$$\mathrm{NPV}_B=-170+35(P/A,5\%,n)$$

当 $\mathrm{NPV}_A=\mathrm{NPV}_B$ 时，有

$$-70+15(P/A,5\%,n)=-170+35(P/A,5\%,n)$$
$$(P/A,5\%,n)=5$$

查复利系数表得 $n\approx 10$ 年。

这就是以项目寿命期为共同的不确定性因素时方案 A 与方案 B 的盈亏平衡点，如图 4-3 所示。由于方案 B 年净收益比较高，项目寿命期延长对方案 B 有利。故可知：如果根据市场预测项目寿命期小于 10 年，应采用方案 A；如果寿命期在 10 年以上，则应采用方案 B。

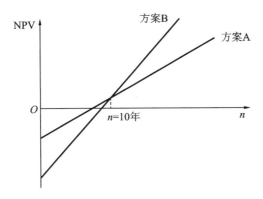

图 4-3 盈亏平衡图

【例 4-4】 某公司拟建一建筑面积为 3000~4000 m² 的多层仓库,仓库结构形式拟选用框架结构或砖混结构,其费用数据见表 4-1。基准收益率为 8%,试进行决策。

表 4-1 两方案的费用数据

方案	造价/(元/m²)	寿命期/年	年维修费用/元	残值/元
框架结构	1700	30	20000	0
砖混结构	1400	20	60000	造价×10%

【解】 若所盖仓库的面积为 S,则两种结构形式的年度费用为:

$AC_{框架结构}=1700 \times S(A/P,8\%,30)+20000=151S+20000$

$AC_{砖混结构}=1400 \times S(A/P,8\%,20)+60000-1400 \times S \times 10\%(A/F,8\%,20)$
$\quad\quad\quad\quad =140S+60000$

运用图解法求盈亏平衡点,如图 4-4 所示。当建筑面积不足 3636 m² 时,选择框架结构的年度费用更低,当建筑面积超过 3636 m² 时,选择砖混结构的年度费用更低。

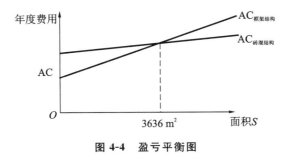

图 4-4 盈亏平衡图

第三节 敏感性分析

一、敏感性分析概述

1. 敏感性分析概念

敏感性分析是分析当经济要素发生变化时,经济效果随之变动的程度。若某一要素变化很小引起的经济效果变化很大,就认为该因素是敏感的;反之,若某一要素变化很大而经济效果变化很小,那么该因素是不敏感的。

敏感性分析就是研究拟建项目中的各个影响因素(如售价、销售量、成本、投资等),在所指定的范围内变动,而引起的项目经济效果指标(如财务净现值、财务内部收益率等)的变化。

2. 敏感性分析目的

敏感性分析的目的为:一是通过敏感性分析,确定敏感性因素;二是对各影响因素的敏感性排序,选择敏感性最小的投资方案,即风险最小的投资方案;三是对敏感性较大的投资方案,事先采取某些控制措施或寻找替代方案。

3. 敏感性分析种类

敏感性分析有单因素敏感性分析和多因素敏感性分析。

二、敏感性分析的步骤

1. 确定敏感性分析指标

在敏感性分析过程中,一般根据项目特点、研究阶段、实际需求情况和指标的重要程度来选择分析指标。

在项目规划阶段或机会研究阶段,可用静态分析指标,常选用投资收益率和投资回收期进行分析;在初步可行性研究阶段或可行性研究阶段,可以动态分析指标为主,静态分析指标为辅,常选用净现值、内部收益率、投资回收期进行分析。

2. 选择主要的不确定因素

选择不确定因素的原则有:一是该因素的变动对经济分析指标影响较大;二是该因素的预测不能保证基础经济数据的准确性。

3. 设定不确定因素的变动幅度,计算其对分析指标的影响程度

首先,确定不确定因素的变动范围,一般不确定因素的变动范围用变动幅度表示,如 $\pm 5\%$、$\pm 10\%$、$\pm 20\%$ 等。其次,按照单因素或多因素敏感性分析的计算方法,计算不确定因素的变化对分析指标的影响程度,画出敏感性分析表或敏感性分析图。

4. 确定敏感性因素

对敏感性分析表或敏感性分析图进行分析,找出敏感性因素并予以排序。

5. 综合评价,优选方案

根据分析结果,综合评价各方案,选择最优方案。

三、单因素敏感性分析

假设某一不确定因素变化时,其他因素不变,即各因素之间是相互独立的。下面通过例题来说明单因素敏感性分析的具体步骤。

(1)确定研究对象(选最有代表性的经济效果评价指标,如 IRR、NPV)。

(2)选取不确定因素(如 R、C、K、n 等关键因素)。

(3) 设定不确定因素的变动幅度(如-20%~+20%)。
(4) 计算某个因素变动时对经济效果评价指标的影响。
① 计算敏感度系数并对敏感性因素进行排序。敏感度系数的计算公式为：

$$\beta = \frac{\Delta A}{\Delta F} \tag{4-7}$$

式中：β——评价指标 A 对于不确定因素 F 的敏感度系数；

ΔA——不确定因素 F 发生 ΔF 变化率时，评价指标 A 的相应变化率(%)；

ΔF——不确定因素 F 的变化率(%)。

② 计算不确定因素的临界点。临界点是指项目允许不确定因素向不利方向变化的极限值。超过极限，项目的效益指标将不可行。

(5) 绘制敏感性分析图，作出分析。

【例 4-5】 某项目基本方案的基本数据估算值见表 4-2，试就年销售收入 B、年经营成本 C 和建设投资 I 对内部收益率进行单因素敏感性分析(基准收益率 $i_c=8\%$)。

表 4-2 基本方案的基本数据估算值

因素	建设投资 I/万元	年销售收入 B/万元	年经营成本 C/万元	期末残值 L/万元	寿命 n/年
估算值	1500	600	250	200	6

【解】 (1) 计算基本方案的内部收益率 IRR：

$$-I + (B-C)\sum_{t=1}^{5}(1+\text{IRR})^{-t} + (B+L-C)(1+\text{IRR})^{-6} = 0$$

$$-1500 + 350\sum_{t=1}^{5}(1+\text{IRR})^{-t} + 550(1+\text{IRR})^{-6} = 0$$

采用试算法得：

$$\text{NPV}(i=8\%) = 31.08(万元) > 0$$
$$\text{NPV}(i=9\%) = -7.92(万元) < 0$$

采用线性内插法可求得：

$$\text{IRR} = 8\% + \frac{31.08}{31.08+7.92}(9\%-8\%) = 8.79\%$$

(2) 计算年销售收入、年经营成本和建设投资变化对内部收益率的影响，结果见表 4-3。

表 4-3 不确定因素变化对内部收益率的影响

不确定因素 \ 变动幅度 内部收益率	-10%	-5%	0	+5%	+10%
年销售收入 B	3.01%	5.94%	8.79%	11.58%	14.30%
年经营成本 C	11.12%	9.96%	8.79%	7.61%	6.42%
建设投资 I	12.70%	10.67%	8.79%	7.06%	5.45%

内部收益率的单因素敏感性分析图如图 4-5 所示。

(3) 计算方案对各因素的敏感度。

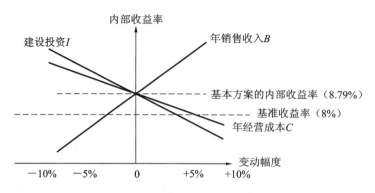

图 4-5 单因素敏感性分析图

敏感度系数的计算公式如下：

$$\beta = \frac{\text{评价指标变化的幅度}(\%)}{\text{不确定因素变化的幅度}(\%)}$$

$$\text{年销售收入敏感度系数} = \frac{14.30 - 3.01}{20} = 0.56$$

$$\text{年经营成本敏感度系数} = \frac{|6.42 - 11.12|}{20} = 0.24$$

$$\text{建设投资敏感度系数} = \frac{|5.45 - 12.70|}{20} = 0.36$$

四、双因素敏感性分析

双因素敏感性分析是研究两个不确定因素同时发生变化的情况下，对分析指标的影响程度。

【例 4-6】 某项目有关数据见表 4-4，可变因素为投资、寿命和年收入，考虑因素间同时变动，试对该项目进行敏感性分析。

表 4-4 项目数据

指标	投资/元	寿命/年	年收入/元	年支出/元	残值/元	折现率/(%)
估算值	10000	5	5000	2200	2000	8

【解】（1）以净年值 NAV 为分析指标。

（2）不确定因素为投资和年收入。

（3）设 x 表示初始投资变化的百分率，y 表示年收入变化的百分率，寿命为 5 年，则净年值可由下式算出：

$$\text{NAV}_n = -10000(1+x)(A/P, 8\%, 5) + 5000(1+y) - 2200 + 2000(A/F, 8\%, 5) \geq 0$$

即 $\qquad 636.32 - 2504.6x + 5000y \geq 0$

可得： $\qquad y \geq -0.1273 + 0.5009x$

将此不等式作图，如图 4-6 所示。

在图 4-6 中，直线 $y = 0.1273 + 0.5009x$ 右下方的区域所对应的项目净年值小于零，左上方的区域所对应的项目净年值大于零，直线上的点所对应的项目净年值等于零。因此，若

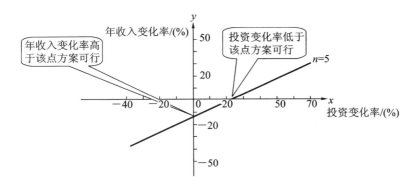

图 4-6 净年值敏感性分析图(双因素)
注:线上方 NAV 为正,线下方 NAV 为负。

初始投资与年收入同时变化,只要变动范围不越过临界直线下方的区域(包括直线上的点),方案都是可行的。

五、三因素敏感性分析

要建立敏感性曲面的三维图示比较困难,但将其中一个参数作一次改变,就可得出其他两个参数同时变化构成的一组临界线簇。

【例 4-7】 在[例 4-6]中,设除投资额和年收入外,项目寿命也是一个敏感性因素,对这三个因素做敏感性分析。

【解】 设净年值 NAV 是项目寿命 n 的函数,则:
$$\text{NAV}(n) = -10000(1+x)(A/P, 8\%, n) + 5000(1+y) - 2200 + 2000(A/F, 8\%, n) \geq 0$$

该不等式中含有三个未知数,无法用平面表示,可假定某个量为定值,将其转化为二维不等式。

令 $n=2$ 得: $\quad \text{NAV}_2 = -1846.62 - 5607.7x + 5000y \geq 0$
即 $\quad y \geq 0.369 + 1.12x$
令 $n=3$ 得: $\quad y \geq 0.0928 + 0.776x$
令 $n=4$ 得: $\quad y \geq 0.0449 + 0.6038x$
令 $n=5$ 得: $\quad y \geq 0.1273 + 0.5009x$
令 $n=6$ 得: $\quad y \geq 0.1819 + 0.4326x$

根据上面的不等式可绘制一组三因素敏感性分析图,如图 4-7 所示。每条线代表一个寿命方案,线上方 NAV 为正,线下方 NAV 为负。即针对不同寿命期的项目,只要年收入变化率高于(或投资变化率低于)临界线上的点,方案都是可行的。

六、敏感性分析的局限性

敏感性分析有助于决策者了解项目面临的风险情况,有助于在决策过程中及方案实施过程中确定需重点研究与控制的因素,对提交方案经济评价的可靠性具有重要意义。但是,敏感性分析也有局限性,它只考虑了各个不确定因素对方案经济效果的影响程度,而没有考

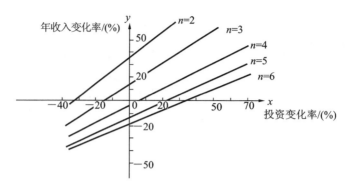

图 4-7　净年值敏感性分析图（多因素）

虑各个确定因素在未来发生变动的概率，这可能会影响分析结论的准确性。实际上，各不确定因素在未来发生变动的概率一般是不同的，有些因素非常敏感，一旦发生变动，对方案的经济效果影响很大，但它发生变动的可能性很小，以至于变动可以忽略不计，而另一些因素可能不是很敏感，但它发生变动的可能性很大，实际所带来的风险比那些敏感性因素的更大。这是敏感性分析所无法解决的，必须借助于概率分析。

第四节　概　率　分　析

概率分析也称风险分析。作为对敏感性分析的补充，概率分析是根据主客观经验，估算某些主要参数或评价指标可能变动的概率，然后运用概率论和数理统计等数学方法，来评价方案的经济效果和风险。概率分析的目的是提高项目经济效果预测值的精确性，从而对项目的风险情况作出比较准确的判断。

一般来说，影响项目方案经济效果的大多数参数都是随机变量，可以通过一定的手段预测这些随机变量未来可能的取值范围，并估算各种取值发生的概率。投资方案的现金流量序列是由这些参数的取值决定的，所以方案的现金流量序列也是一个随机变量，称为随机现金流量。

要完整地描述一个随机变量，需要确定其分布的类型和主要参数。在经济分析和决策中使用最普遍的是均匀分布和正态分布。一般工业投资项目的随机现金流量在多数情况下近似正态分布，描述随机变量主要的参数有期望值和标准差（或方差）。

一、工程项目经济效果的概率分析参数

1. 经济效果的期望值

投资方案经济效果的期望值，是指在一定的概率分布下，经济效果所能达到的概率平均值，它实质上是一个加权平均值，以概率为权数。表达式为：

$$E(X) = \sum_{i=1}^{n} X_i p_i \tag{4-8}$$

式中：$E(X)$——经济效果评价指标 X 的期望值；

p_i——变量 X 取值 X_i 时的概率。

2. 标准差

标准差反映了随机变量与其期望值之间的离散程度。标准差越大，表明随机变量与其期望值之间的平均离散程度越大，因而风险也越大。

标准差的计算公式如下：

$$\sigma(X) = \sqrt{\sum_{i=1}^{n} p_i [X_i - E(X)]^2} \qquad (4\text{-}9)$$

或

$$\sigma(X) = \sqrt{E(X^2) - [E(X)]^2} \qquad (4\text{-}10)$$

式中：$\sigma(X)$——变量 X 的标准差。

3. 离散系数

标准差是一个绝对指标，一般变量的期望值越大，其标准差也越大，因此，标准差往往不能反映期望值不同的方案风险程度的差异。此时，用离散系数可以更好地反映方案的风险程度。

离散系数的计算公式如下：

$$V(X) = \frac{\sigma(X)}{E(X)} \qquad (4\text{-}11)$$

式中：$V(X)$——离散系数。

当对两个投资方案进行比较时，如果期望值相同，则标准差较小的方案风险更低；如果两个方案的期望值和标准差均不相同，则离散系数较小的方案风险更低。

二、风险状态下的决策方法

1. 根据期望值、标准差、离散系数进行决策

期望值决策方法是指根据各备选方案损益值（用收益或费用表示）的期望值大小进行决策，选择收益期望值最大或费用期望值最小的方案。如果方案的期望值相等，则可利用离散系数来选优。

【例 4-8】 某项目在寿命期内可能出现的五种状态的发生概率和净现金流量见表 4-5，基准收益率为 10%，求方案的期望值、方差和标准差。

表 4-5 不同状态的发生概率及净现金流量 （单位：百万元）

概率 状态 年份	$p_1 = 0.1$ θ_1	$p_2 = 0.2$ θ_2	$p_3 = 0.4$ θ_3	$p_4 = 0.2$ θ_4	$p_5 = 0.1$ θ_5
0	−22.5	−22.5	−22.5	−24.75	−27
1	0	0	0	0	0
2～10	2.445	3.93	6.9	7.59	7.785
11	5.445	6.93	9.9	10.59	10.935

【解】 对应于状态 θ_1 有：

$\text{NPV}^{(1)} = -22.5 + 2.445(P/A, 10\%, 9)(P/F, 10\%, 1) + 5.445(P/F, 10\%, 11)$

$$= -22.5 + 2.445 \times 5.75 \times 0.9091 + 5.445 \times 0.3505$$
$$= -7.791(\text{百万元})$$

对应于状态 θ_2 有：
$$\text{NPV}^{(2)} = -22.5 + 3.93(P/A,10\%,9)(P/F,10\%,1) + 6.93(P/F,10\%,11)$$
$$= 0.504(\text{百万元})$$

对应于状态 θ_3 有：
$$\text{NPV}^{(3)} = -22.5 + 6.9(P/A,10\%,9)(P/F,10\%,1) + 9.9(P/F,10\%,11)$$
$$= 17.1(\text{百万元})$$

对应于状态 θ_4 有：
$$\text{NPV}^{(4)} = -24.75 + 7.59(P/A,10\%,9)(P/F,10\%,1) + 10.59(P/F,10\%,11)$$
$$= 18.699(\text{百万元})$$

对应于状态 θ_5 有：
$$\text{NPV}^{(5)} = -27 + 7.785(P/A,10\%,9)(P/F,10\%,1) + 10.935(P/F,10\%,11)$$
$$= 18.377(\text{百万元})$$

方案净现值的期望值为：
$$E(\text{NPV}) = \sum_{j=1}^{5} \text{NPV}^{(j)} \cdot p_j$$
$$= \text{NPV}^{(1)} \cdot p_1 + \text{NPV}^{(2)} \cdot p_2 + \text{NPV}^{(3)} \cdot p_3 + \text{NPV}^{(4)} \cdot p_4 + \text{NPV}^{(5)} \cdot p_5$$
$$= (-7.791) \times 0.1 + 0.504 \times 0.2 + 17.1 \times 0.4 + 18.669 \times 0.2 + 18.377 \times 0.1$$
$$= 11.733(\text{百万元})$$

方案净现值的方差为：
$$D(\text{NPV}) = \sum_{j=1}^{5} [\text{NPV}^{(j)} - E(\text{NPV})]^2 \cdot p_j = 88.977(\text{百万元})^2$$

方案净现值的标准差为：$\sigma(\text{NPV}) = \sqrt{D(\text{NPV})} = 9.433(\text{百万元})$

【例 4-9】 某房地产公司要开发一个楼盘，现有三个开发方案可供选择。各投资方案的净现值及其概率情况见表 4-6，试选出最优方案。

表 4-6 各方案的净现值及概率

销售情况	概　率	方案净现值/万元		
		A	B	C
差	0.25	2000	0	1000
一般	0.50	2500	2500	2800
好	0.25	3000	5000	3700

【解】 (1) 计算各方案的期望值和方差。
$$E(\text{NPV}_A) = 2000 \times 0.25 + 2500 \times 0.5 + 3000 \times 0.25 = 2500(\text{万元})$$
$$E(\text{NPV}_A^2) = 2000^2 \times 0.25 + 2500^2 \times 0.5 + 3000^2 \times 0.25 = 6375000(\text{万元})^2$$
$$\sigma(\text{NPV}) = \sqrt{6375000 - 2500^2} = 353.55(\text{万元})$$

同理：
$E(\text{NPV}_B) = 2500(万元)$
$E(\text{NPV}_B^2) = 9375000(万元)^2$
$\sigma(\text{NPV}_B) = 1767.77(万元)$
$E(\text{NPV}_C) = 2575(万元)$
$E(\text{NPV}_C^2) = 7592500(万元)^2$
$\sigma(\text{NPV}_C) = 980.75(万元)$

(2)根据方案的净现值和方差评价方案。

方案 A 和方案 B 的净现值的期望值相等，均为 2500 元，但方案 A 的方差更小，即方案 A 的风险较小，其经济效益实现的可靠度优于方案 B。因此，保留方案 A。

方案 C 和方案 A 比选。方案 C 的净现值的期望值大于方案 A，但方案 A 的净现值的方差小于方案 C。此时，需计算离散系数比选方案。

(3)计算离散系数，决策投资方案。

$$V_A = \frac{353.55}{2500} = 0.141$$

$$V_C = \frac{980.75}{2575} = 0.381$$

由于 $V_A < V_C$，A 方案较优。

通过逐一比较，方案 A 最优。

2. 概率树分析

风险决策问题可以利用一种树形决策网络进行描述与求解，这种方法称为概率树法。概率树由不同的节点和分枝组成。符号"□"表示节点为决策节点，由决策节点引出的每一分枝表示一个可供选择的方案。符号"○"表示的节点称为状态节点，由状态节点引出的每一分枝表示一种可能发生的状态，每一状态分枝的末端为结果节点，用符号"△"表示。

画概率树的顺序是从左到右，概率树画完后，应对每一节点进行编号，以便分析。根据各种状态发生的概率与相应的损益值分别计算每一种方案的损益期望值，计算顺序是从右至左，并将计算结果标在相应的节点上，这样就可以直观地判断出应选择哪个方案，并将余下的方案剪掉。

概率树常用于多级风险决策问题。所谓多级风险决策即需要进行两级或两级以上的决策，才能选出最优方案的决策问题。

概率树分析的一般步骤是：

(1)列出要考虑的各种风险因素，如投资、经营成本、销售价格等。

(2)设想各种风险因素可能发生的状态，即确定其数值发生变化的次数。

(3)分别确定各种状态可能出现的概率，并使可能发生的状态出现的概率之和等于1。

(4)分别求出各种风险因素发生变化时，方案各状态发生的概率和相应状态下的指标值。

(5)求出方案指标的期望值，如净现值期望值：

$$E(\text{NPV}) = \sum_{j=1}^{k} \text{NPV}^{(j)} \times P_j \qquad (4\text{-}12)$$

式中：P_j——各种状态下的概率。

(6) 求出方案指标值非负的累计概率。

(7) 对概率分析结果作说明。

【例 4-10】 某工程分两期进行，第一期工程完工后，由于某种原因，第二期工程要半年后才能开工，这样工地上的施工机械设备就面临着是否要搬迁的问题。如搬迁，半年后再搬回来，共需搬迁费 8000 元，如不搬迁，必须对工地上的设备采取保养性措施；遇到天气好的概率为 0.6，这时可采用一般性保养措施，需费用 3000 元。遇到天气经常下雨的概率为 0.4，这时若仍采取一般性保养措施，需费用 3000 元，且肯定会造成 10 万元经济损失，若采取特殊性保养措施，需费用 10000 元，同时有概率为 0.8 的可能性造成 1000 元损失，0.2 的可能性造成 4000 元损失，试用概率树选择方案。

【解】 第一步，从左到右逐步绘制概率树，如图 4-8 所示。

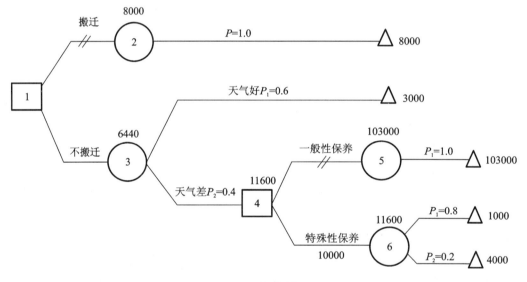

图 4-8 概率树图

第二步：从右向左逐步计算各个状态节点"○"的损益（P）期望值。

节点⑤：$E(P_5) = 1.0 \times (100000 + 3000) = 103000$（元）

节点⑥：$E(P_6) = 0.8 \times 1000 + 0.2 \times 4000 + 10000 = 11600$（元）

比较计算结果，应选择特殊性保养措施，"剪掉"一般性保养措施。因此，决策节点④的期望值为 11600 元。

节点③：$E(P_3) = 0.4 \times 11600 + 0.6 \times 3000 = 6440$ 元

节点②：$E(P_2) = 1.0 \times 8000 = 8000$ 元

比较计算结果，节点②的期望值大于节点③的期望值，故应选择不搬迁，"剪掉"搬迁方案。所以，最终的决策方案为不搬迁，若天气差，采用特殊性保养措施，该方案的损失期望值为 6440 元。

【习题】

一、历年执业资格考试单选题。

扫码看答案

1. 某技术方案年设计生产能力为10万台,单台产品销售价格(含税)为2000元,单台产品可变成本(含税)为1000元,单台产品税金及附加为150元。若盈亏平衡点年产量为5万台,则该方案的年固定成本为( )万台。(2019年一建真题)

A. 5000　　　　　　B. 4250　　　　　　C. 5750　　　　　　D. 9250

2. 关于敏感度系数的说法,正确的是( )。(2019年一建真题)

A. 敏感度系数可以用于对敏感性因素敏感性程度的排序

B. 敏感度系数大于零,表明评价指标与不确定因素反方向变化

C. 利用敏感度系数判别敏感性因素的方法是绝对测定法

D. 敏感度系数的绝对值越大,表明评价指标对于不确定因素越不敏感

3. 对某技术方案的财务净现值(FNPV)进行单因素敏感性分析,投资额、产品价格、经营成本以及汇率四个因素的敏感性分析如下图所示,则对财务净现值指标来说最敏感的因素是( )。(2018年一建真题)

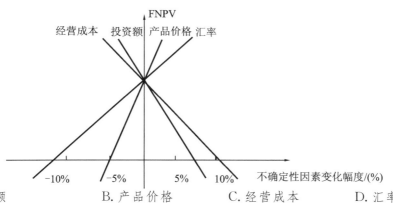

A. 投资额　　　　　B. 产品价格　　　　C. 经营成本　　　　D. 汇率

4. 以产量表示的项目盈亏平衡点与项目投资效果的关系是( )。(2018年造价真题)

A. 盈亏平衡点越低项目盈利能力越低

B. 盈亏平衡点越低项目抗风险能力越强

C. 盈亏平衡点越高项目风险越小

D. 盈亏平衡点越高项目产品单位成本越高

5. 某技术方案年设计产量为12万吨,已知单位产品的销售价格为700元(含税价格),单位产品税金为165元,单位可变成本为250元,年固定成本为1500万元,则以价格(含税价格)表示的盈亏平衡点是( )元/吨。(2018年一建真题)

A. 540　　　　　　B. 510　　　　　　C. 375　　　　　　D. 290

6. 某公司生产单一产品,年设计生产能力为3万件,单位产品售价为380元/件,单位产品可变成本为120元/件,单位产品税金及附加为70元/件,年固定成本为285万元。该公司盈亏平衡点的产销量为( )件。(2017年一建真题)

A. 20000　　　　　B. 19000　　　　　C. 15000　　　　　D. 7500

7. 在建设项目敏感性分析中,确定敏感性因素可以通过计算敏感度系数和(   )来判断。(2017年一建真题)

   A. 盈亏平衡点　　　　　　　　　　　B. 评价指标变动率
   C. 临界点　　　　　　　　　　　　　D. 不确定因素变动概率

8. 关于投资方案不确定性分析与风险分析的说法,正确的是(   )。(2017年造价真题)

   A. 敏感性分析只适用于财务评价
   B. 风险分析只适用于国民经济评价
   C. 盈亏平衡分析只适用于财务评价
   D. 盈亏平衡分析只适用于国民经济评价

9. 某技术方案,年设计生产能力为8万台,年固定成本为100万元,单位产品售价为50元,单位产品变动成本为售价的55%,单位产品销售税金及附加为售价的5%,则达到盈亏平衡点时的生产能力利用率为(   )。(2016年一建真题)

   A. 62.52%　　　　B. 55.50%　　　　C. 60.00%　　　　D. 41.67%

10. 工程项目盈亏平衡分析的特点是(   )。(2016年造价真题)

    A. 能够预测项目风险发生的概率,但不能确定项目风险的影响程度
    B. 能够确定项目风险的影响范围,但不能量化项目风险的影响效果
    C. 能够分析产生项目风险的根源,但不能提出应对项目风险的策略
    D. 能够度量项目风险的大小,但不能揭示产生项目风险的根源

11. 某项目设计年生产能力为50万件,年固定成本为300万元,单位产品可变成本为80元,单位产品营业税金及附加为5元。则以单位产品价格表示的盈亏平衡点是(   )元。(2015年一建真题)

    A. 91.00　　　　B. 86.00　　　　C. 95.00　　　　D. 85.00

12. 某技术方案的年设计产量为8万件,单位产品销售价格为100元/件,单位产品可变成本为20元/件,单位产品营业税金及附加为5元/件,按设计生产能力生产时,年利润为200万元,则该技术方案的盈亏平衡点产销量为(   )万件。(2014年一建真题)

    A. 5.33　　　　B. 5.00　　　　C. 4.21　　　　D. 4.00

13. 某项目采用净现金指标进行敏感性分析,有关数据见下表,则各因素的敏感程度由大到小的顺序是(   )。(2013年一建真题)

因素/变化幅度	-10%	0	+10%
建设投资(万元)	623	564	505
营业收入(万元)	393	564	735
经营成本(万元)	612	564	516

   A. 建设投资＞营业收入＞经营成本　　　B. 营业收入＞经营成本＞建设投资
   C. 经营成本＞营业收入＞建设投资　　　D. 营业收入＞建设投资＞经营成本

14. 采用ABC分析法进行存货管理,对A类存货应采用的管理方法是(   )。(2011年一建真题)

    A. 按总额灵活掌握　　　　　　　　　B. 分类别一般控制
    C. 凭经验确定进货量　　　　　　　　D. 分品种重点管理

15. 某技术方案年设计生产能力为20万吨,年固定成本为2200万元,产品销售单价为

1200 元/吨,每吨产品的可变成本为 800 元,每吨产品应纳营业税金及附加为 180 元,则该产品不亏不盈的年产销量是( )万吨。(2011 年一建真题)

A.10.00　　　　B.3.55　　　　C.5.50　　　　D.20.00

16.单因素敏感性分析过程包括:1.确定敏感性因素;2.确定分析指标;3.选择需要分析的不确定性因素;4.分析每个不确定因素的波动程度及其对分析指标可能带来的增减变化情况,正确的排列顺序是( )。(2011 年一建真题)

A.3241　　　　B.1234　　　　C.2431　　　　D.2341

17.某化工建设项目年设计生产能力为 5 万吨,预计年固定总成本为 800 万元,产品销售价格为 1500 元/吨,产品销售税金及附加为销售收入的 10%,产品变动成本为 1150 元/吨,则该项目用生产能力利用率表示的盈亏平衡点是( )。(2010 年一建真题)

A.100%　　　　B.40%　　　　C.80%　　　　D.55%

二、历年执业资格考试多选题。

1.某施工项目有甲乙两个对比工艺方案,均不需要增加投资。采用甲方案需年固定费用 120 万元,单位产量可变费用为 450 元;采用乙方案需年固定费用 100 万元,单位产量可变费用为 500 元。下列关于该对比方案决策的说法,正确的有( )。(2019 年一建真题)

A.年产量为 5000 单位时,应选择乙方案

B.两方案年成本相等时的临界点产量为 4000 单位

C.年产量为 3000 单位时,应选择甲方案

D.应该选择甲方案,因为其单位产量可变费用低

E.两个方案总成本相等时,甲方案的单位产量固定成本大于乙方案

2.某技术方案经济评价指标对甲、乙、丙三个不确定因素的敏感度系数分别为 -0.1、0.05、0.09,据此可以得出的结论有( )。(2014 年一建真题)

A.经济评价指标对于甲因素最敏感

B.甲因素下降 10%,方案达到盈亏平衡

C.经济评价指标与丙因素反方向变化

D.经济评价指标对于乙因素最不敏感

E.丙因素上升 9%,方案由可行转为不可行

3.项目盈亏平衡分析中,若其他条件不变,可以降低盈亏平衡点产量的途径有( )。(2014 年一建真题)

A.提高设计生产能力　　　　B.降低产品售价

C.提高营业税金及附加率　　　　D.降低固定成本

E.降低单位产品变动成本

4.项目盈亏平衡分析中,若其债务条件不变,可以降低盈亏平衡点产量的有( )。(2013 年一建真题)

A.提高设计生产能力　　　　B.降低固定成本

C.降低产品售价　　　　D.降低单位产品变动成本

E.提高营业税金及附加率

二.计算题。

1.某房地产公司拟开发一楼盘,预计售价为 11500 元/m²,其成本 y 是销售面积 x 的函数,即企业总成本为 $y=60000000+6500x$。试计算盈亏平衡点的销售量。

2. 某投资方案的现金流量基本数据见表 4-7,所采用数据是根据未来最可能出现的情况预测估算的。未来的投资额、经营成本和产品价格均有可能在±20%的范围内变动,若基准收益率为 10%,分别就上述三个不确定性因素作单因素敏感性分析。

表 4-7 某项目现金流量基本数据表 （单位:万元）

项目时间/年	0	1	2～10	11
投资	15000			
销售收入			22000	22000
经营成本			15200	15200
销售税金＝销售收入×10%			2200	2200
期末残值				2000
净现金流量	－15000		4600	6600

3. 某房地产开发商决定开发一地段,有以下三种方案可供选择:

A 方案:一次性投资开发多层住宅 5 万平方米建筑面积,需投入总成本费用(包括前期开发成本、施工建造成本、销售成本,下同)10000 万元,从建造到销售总开发时间为 18 个月。

B 方案:将该地段分为一区、二区两个部分分期开发。一期工程在一区开发高层住宅 3 万平方米建筑面积,需投入总成本 7000 万元,开发时间为 12 个月。二期工程开发时,若一期工程销路好,且预计二期工程销售率为 100%,则在二区继续投入总成本 9600 万元开发高层住宅 4 万平方米建筑面积,开发时间为 15 个月;若一期工程销路差,或将二区土地转让,可一次性获转让收入 3000 万元;或在二区开发多层住宅 3 万平方米建筑面积,需投入总成本费用 6500 万元,开发时间为 15 个月。

C 方案:一次性投资开发高层住宅 7 万平方米建筑面积,需投入总成本费用 16500 万元,从建造到销售总开发时间为 27 个月。

季利率为 2%,三种方案的售价与销售情况见表 4-9。

表 4-8 三个方案的售价与销售情况

开发方案			建筑面积/万平方米	销路好		销路差	
				售价/(元/m²)	销售率/(%)	售价/(元/m²)	销售率/(%)
A 方案		多层住宅	5.0	4800	100	4200	80
B 方案	一期	高层住宅	3.0	5500	100	4800	70
	二期	一期销路好 高层住宅	4.0	5700	100	—	—
		一期销路差 多层住宅	3.0	5000	100	4500	80
C 方案		高层住宅	7.0	5500	100	4800	70

根据经验,多层住宅销路好的概率为 0.7,高层住宅销路好的概率为 0.6。

问题:(1)三种方案在销路好和销路差的情况下,分期计算季平均销售收入(假设销售收入在开发期间内均摊)。

(2)绘制概率树。

(3)请帮助开发商进行决策,到底采用何种方案。

第五章　工程项目投资费用估算

项目的经济评价需要大量的财务基础数据,本章主要介绍项目各投入与产出基础数据的构成及估算方法。

第一节　工程项目总投资费用构成及其估算

一、工程项目总投资费用构成

工程项目总投资一般是指工程项目从建设前期的准备工作到工程项目全部建成竣工投产为止所发生的全部投资费用,包括建设投资、建设期利息和流动资金,具体内容如图 5-1 所示。

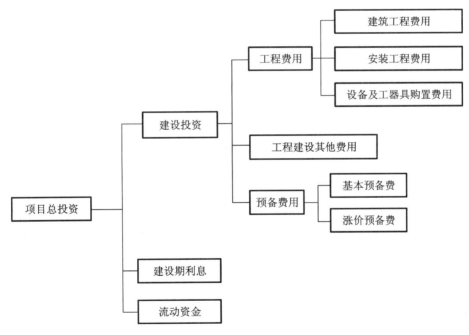

图 5-1　工程项目总投资费用构成

1. 建设投资

建设投资是指从工程项目确定建设投资意向开始直至竣工并投入使用为止,在整个建设过程中所需的总建设费用,是保证工程建设正常进行的必要资金。建设投资由建筑工程费用、安装工程费用、设备及工器具购置费用、工程建设其他费用和预备费用组成。

(1)建筑工程费用。

建筑工程费用通常指建筑物和构筑物的土建工程费用,包括房屋、桥梁、道路、堤坝、隧道工程的建造费用,建筑物内的给排水、电气照明、采暖通风等工程费用,以及农田水利、场地平整、厂区整理和绿化等工程费用。

(2)安装工程费用。

安装工程费用是各种需要安装的机电设备、专用设备、仪器仪表等设备的安装费,各专业工程的管道、管线、电缆等的材料费和安装费,以及设备和管道的保温、绝缘、防腐等的材料费和安装费。

(3)设备及工器具购置费用。

设备及工器具购置费用是指为工程建设购置或自制的达到固定资产标准的各种国产或进口设备、工具、器具的购置费用。

(4)工程建设其他费用。

工程建设其他费用是指从工程筹建起到工程竣工验收支付使用为止的整个期间,除建筑工程费用、安装工程费用、设备及工器具购置费用外,为保证工程建设顺利完成和交付使用后能够正常发挥效用而发生的各项费用的总和。

其内容包括三类。

①土地使用费。如土地使用权出让金、土地征用及拆迁补偿费等。

②与项目建设有关的费用。如建设单位管理费、勘察设计费、研究试验费、工程监理费、工程保险费、引进技术和进口设备其他费用、工程总承包管理费等。

③与未来企业生产和经营活动相关的费用。如联合试运转费、生产准备费、办公和生活家居购置费等。

(5)预备费用。

预备费用是指在投资估算时预留的费用,以备项目实际投资额超出估算的投资额。项目实施时,预备费用可能不使用,可能被部分使用,也可能被完全使用,甚至可能出现不足。预备费用包括:

①基本预备费。基本预备费弥补由于自然灾害等意外情况的发生以及在设计、施工阶段由于工程量增加等因素所导致的投资费用增加。

②涨价预备费。涨价预备费弥补建设期间物价上涨而引起的投资费用增加。

2. 建设期利息

在建设投资分年计划的基础上,可设定初步融资方案,对采用债务融资的项目应估算建设期利息。建设期利息是指筹措债务资金时,在建设期内发生并按规定允许在投产后计入固定资产原值的利息,即资本化利息。建设期利息包括银行借款和其他债务资金的利息,以及其他融资费用。其他融资费用是指某些债务融资中发生的手续费、承诺费、管理费、信贷保险费等融资费用,一般情况下应将其单独计算并计入建设期利息,分期建成投产的项目,应按各期投产时间分别停止借款费用的资本化,此后发生的借款利息应计入总成本费用。

3. 流动资金

流动资金是指项目运营期内长期占用并周转使用的运营资金,不包括运营中需要的临时性运营资金。流动资金的估算基础是营业收入、经营成本和商业信用等,因此流动资金估算应在营业收入和经营成本估算之后进行,它是流动资产与流动负债的差额。流动资产的构成要素一般包括存货、库存现金、应收账款和预付账款;流动负债的构成要素一般只考虑应付账款和预收账款。

投产第一年所需的流动资金应在项目投产前安排,为了简化计算,项目经济效果评价中,流动资金可从投产第一年开始安排,在项目寿命期结束后投入的流动资金应予以回收。

二、工程项目投资后形成的资产

工程项目在建成交付使用时,项目投入的全部资金分别形成固定资产、无形资产、递延资产和流动资产。

1. 固定资产

固定资产是指使用时间在一年以上,单位价值在规定标准以上,并且在使用过程中保留原有实物形态的资产,如房屋、设备、运输工具、构筑物等。

2. 无形资产

无形资产是指企业拥有或者控制的没有实物形态的可辨认非货币性资产,具有无实体性、专用性、收益不确定性和寿命不确定性等特点。可分为土地使用权、知识产权(包括专利权、商标权、版权、著作权),专有技术(包括非专利技术、技术诀窍)和其他无形资产(包括商誉、特许权)四类。

3. 递延资产

递延资产是指不能全部计入当期损益,而应当在今后若干年内分摊的各项费用,包括开办费、租入固定资产改良支出及摊销期在一年以上的其他长期待摊费用。

(1)开办费。开办费是工程项目在筹建期间实际发生的各项费用,包括筹建人员的工资、差旅费、办公费、职工培训费、印刷费、注册登记费、调研费、法律咨询费及其他开办费等。

(2)租入固定资产改良支出。对租入固定资产实施改良,因有助于提高固定资产的效用和功能,应当作为递延资产处理。

(3)长期待摊费用。如一次性预付的经营租赁款,向金融机构一次性支付的债券发行费用,以及摊销期在一年以上的固定资产大修理支出等。

4. 流动资产

流动资产是指在一年或超过一年的一个营业周期内变现或耗用的资产,包括存货、现金、应收账款及预付账款。

三、建设投资估算

建设投资估算方法有两种:分项指标估算法和扩大指标估算法。

1. 分项指标估算法

分项指标估算法是逐项估算建设投资当中的各分项投资,最后再汇总的方法。

(1)建筑工程费用估算。

根据行业或专门机构发布的土建工程定额、取费标准进行。在可行性研究阶段,建筑工程费用的估算采用单位建筑工程投资估算法和概算指标投资估算法。其中,单位建筑工程投资估算法是以单位建筑工程量投资额乘以建筑工程总量来计算的。一般工业与民用建筑以单位建筑面积(m^2)为单位,工业窑炉砌筑以单位容积(m^3)为单位,医院以单位病床为单位,铁路、道路以单位长度(km)为单位表示投资额。

(2)安装工程费用估算。

安装工程费用一般包括安装机械设备和电气设备等工程的安装费用,通常根据行业或专门机构发布的安装工程定额、取费标准和指标进行估算。具体计算可按照安装费费率、每吨设备安装费指标或每单位安装实物工程量费用指标进行估算。估算公式为：

安装工程费＝设备原价×安装费费率

安装工程费＝设备吨位×每吨设备安装费指标

安装工程费＝安装实物工程量总量×每单位安装实物工程量费用指标

（3）设备及工器具购置费用估算。

设备及工器具购置费用由设备购置费和工器具、生产用家具购置费组成。设备购置费包括一切安装与不需要安装的设备的购买原价和设备运杂费，应根据项目主要设备表及其价格、费用资料进行编制。工器具、生产家具购置费一般按占设备购置费用的一定比例计取。

工器具、生产用家具购置费＝设备购置费用×定额费率

进口设备可参考下面的公式计算：

进口设备抵岸价＝货价＋国外运费＋国外运输保险费＋银行财务费＋外贸手续费＋
进口关税＋消费税＋进口设备增值税＋海关监管手续费

进口设备购置费用＝进口设备抵岸价＋设备国内运杂费

进口设备国内运杂费是指引进设备从合同确定的我国到岸港口与我国接壤的陆地交货地点，到设备安装现场所发生的铁路、公路、水运及市内运输的运输费、保险费、装卸费、仓库保管费等。但不包括超限设备运输的特殊措施费。

（4）工程建设其他费用估算。

工程建设其他费用各分项费用应分别按有关计费标准和费率估算，各取费标准应根据政府有关部门规定并结合项目的具体情况确定。

（5）预备费用估算。

基本预备费是以工程费用（即建筑工程费用、安装工程费用、设备及工器具购置费用）、工程建设其他费用之和为计算基数，乘以一定的基本预备费率进行计算的。基本预备费率按国家有关规定计取。基本预备费的计算方法表示为：

基本预备费＝（工程费用＋工程建设其他费用）×基本预备费率

涨价预备费以工程费用（即建筑工程费用、安装工程费用、设备及工器具购置费用）为计算基数，按国家规定的投资综合价格指数采用复利法进行计算，具体公式如下：

$$P = \sum_{t=1}^{n} I_t [(1+f)^m (1+f)^{0.5} (1+f)^{t-1} - 1] \tag{5-1}$$

式中：P——涨价预备费；

I_t——建设期第 t 年的计划投资额，包括工程费用、工程建设其他费用及基本预备费，即第 t 年的静态投资计划额；

n——建设期年份数；

f——年平均价格上涨率；

t——建设期第 t 年；

m——建设前期年限（从编制概算到开工建设年数）。

涨价预备费中的年平均价格上涨率按国家颁布的计取。计算式中 $(1+f)^{0.5}$ 表示建设期第 t 年当年投资分期均匀投入考虑涨价的幅度，对建设周期较短的项目涨价预备费计算公式可简化处理。特殊项目或必要时可进行项目未来价差分析预测，确定各时期价格上涨率。

【例 5-1】 某建设项目建安工程费 10000 万元，设备购置费 6000 万元，工程建设其他费

用 4000 万元,已知基本预备费率 5%,项目建设前期年限为 1 年,建设期为 3 年,各年投资计划额为:第一年完成投资 20%,第二年完成投资 60%,第三年完成投资 20%。年均投资价格上涨率为 6%,求建设项目建设期间涨价预备费。

【解】 基本预备费 = (10000 + 6000 + 4000) × 5% = 1000(万元)

静态投资 = 10000 + 6000 + 4000 + 1000 = 21000(万元)

建设期第一年完成投资 = 21000 × 20% = 4200(万元)

第一年涨价预备费为:$P_1 = I_1[(1+f)(1+f)^{0.5} - 1] = 383.6$(万元)

第二年完成投资 = 21000 × 60% = 12600(万元)

第二年涨价预备费为:$P_2 = I_2[(1+f)^2(1+f)^{0.5} - 1] = 1975.8$(万元)

第三年完成投资 = 21000 × 20% = 4200(万元)

第三年涨价预备费为:$P_3 = I_3[(1+f)^3(1+f)^{0.5} - 1] = 950.2$(万元)

所以,建设期的涨价预备费为:$P = 383.6 + 1975.8 + 950.2 = 3309.6$(万元)

2. 扩大指标估算法

扩大指标估算法是参照已有的同类项目的一些投资经验参数来简便而粗略地估算拟建项目固定资产投资额的一种方法。主要包括生产能力指数法、设备费用推算法、单元指标估算法。

(1)生产能力指数法。

生产能力指数法计算拟建工程或生产装置的投资额的计算公式为:

$$I_2 = I_1 \left(\frac{C_2}{C_1}\right)^e f \tag{5-2}$$

式中:I_1,I_2——已建和拟建工程或生产装置的投资额;

C_1、C_2——已建和拟建工程或生产装置的生产能力;

e——投资、生产能力指数,$0 < e < 1$,根据不同类型企业的统计资料确定;

f——不同时期、不同地点的定额、单价、费用变更等的综合调整系数。

若已建类似项目或生产装置的规模和拟建项目或生产装置的规模相差不大于 50 倍,且拟建项目的扩大仅靠增大设备规模来达到,则 e 取值为 0.6~0.7;若是靠增加相同规格设备的数量来达到,则 e 取值为 0.8~0.9。一般工业项目的生产能力指数平均为 0.6。指数 e 的确定也可通过调查收集诸多类似项目的 I 和 C 值,采用算术平均法计算。

这种方法计算简便,但要求类似工程的资料完整、可靠,条件基本相同,否则会造成较大的误差,影响投资决策。

【例 5-2】 某拟建项目的生产规模为 50 万米³/天,通过调查,收集了类似项目的投资额 I 和生产能力 C,见表 5-1,综合调整系数为 1.0,试估算该拟建项目的投资额。

【解】 ①根据收集的资料,计算已获得资料各自的生产能力指数 e_i,如表 5-1 所示。

②采用算术平均法计算该项目的指数 e:

$$e = \frac{1}{7}\sum_{i=1}^{7} e_i = \frac{1}{7} \times (0.926 + 0.941 + 0.909 + 0.877 + 1.000 + 0.775 + 0.204) = 0.805$$

③采用 $I_1 = 64000$ 万元、$C_1 = 40$ 万米³/天,得:

$$I'_2 = I_1\left(\frac{C_2}{C_1}\right)^e f = 64000\left(\frac{50}{40}\right)^{0.805} \times 1.0 = 76594(万元)$$

④采用 $I_1 = 104000$ 万元,$C_1 = 65$ 万米³/天,得:

$$I''_2 = I_1 \left(\frac{C_2}{C_1}\right)^e f = 104000 \left(\frac{50}{65}\right)^{0.805} \times 1.0 = 84199(万元)$$

⑤拟建项目的投资额：

$$I_2 = (I'_2 + I''_2)/2 = (76594 + 84199)/2 = 80396(万元)$$

表 5-1 求解指数计算表

序号	生产能力 $C/(万米^3/天)$	投资额 $I/万元$	$Y_i = \dfrac{I_{(i+1)}}{I_i}$	$Z_i = \dfrac{C_{(i+1)}}{C_i}$	$e_i = \dfrac{\lg Y_i}{\lg Z_i}$
1	3	6000	1.9	2.00	0.926
2	6	11400	1.62	1.67	0.941
3	10	18500	2.30	2.50	0.909
4	25	42500	1.51	1.60	0.877
5	40	64000	1.63	1.63	1.000
6	65	104000	1.24	1.32	0.775
7	86	129000	1.01	1.05	0.204
8	90	130500	—	—	—

(2) 设备费用推算法。

该估算方法适用于工艺流程确定后，能够明确项目所需设备的数量和型号，且能够准确计算出项目设备费的情形。以设备费为基数，根据已建成的同类项目或装置的建筑安装工程费用和其他工程费用占设备的价值百分比，估算出相应的建筑安装工程费用和其他工程费用，再加上拟建项目的工程建设其他费用，总和即为项目或装置的投资额，公式为：

$$I = E(1 + f_1 p_1 + f_2 p_2 + f_3 p_3) + K \tag{5-3}$$

式中：I——拟建工程的投资额；

E——拟建工程设备购置费的总额；

p_1, p_2, p_3——分别为建设工程费用、安装工程费用、建设工程其他费用占设备费用的百分比；

f_1, f_2, f_3——考虑时间因素引起的投资变化的综合调整系数；

K——拟建项目的其他杂费。

(3) 单元指标估算法。

对于建筑工程，可以按单元指标来估算投资，通常按工业建设项目和民用建设项目分别估算。

$$工业建设项目投资 = 单元指标 \times 生产能力 \times 物价浮动指数 \tag{5-4}$$

$$民用建设项目投资 = 单元指标 \times 建筑规模 \times 物价浮动指数 \tag{5-5}$$

单元指标是指每个估算单位的建设投资额，如酒店和宾馆的估算单位通常为每个客房，医院通常取每个床位，钢铁厂通常取每吨钢，住宅通常取每平方米建筑面积。

在使用单元指标估算时，应注意以下几个方面：指标的范围与拟估算项目是否有出入，如果不同，还需适当地增减；产量小、规模小的项目，指标可适当增大，反之产量过大、规模过大的项目，指标可适当减小；拟建项目的结构、建筑与指标局部不相符时，要对指标进行适当的修正。

四、建设期利息估算

项目建设期,由于项目正在建设,不可能有效益,所以这时每一计息期的利息加入本金,下一次一并计算,若每年贷款额年初一次发放时,其计算公式为:

$$q_j = (P_{j-1} + A_j) \times i \tag{5-6}$$

式中:q_j——建设期第 j 年应计利息;

P_{j-1}——建设期第 $j-1$ 年年末贷款额余额,是由第 $j-1$ 年年末的贷款累计再加上此时的贷款利息累计;

A_j——建设期第 j 年年初支用贷款;

i——年利率。

若每年贷款额是按全年均衡发放时,其复利利息计算较为复杂,为了简化计算,通常假定借款均发生在每年的年中,当年借款按半年计息,年初累计的按全年计息,具体可按下列公式计算:

$$q_j = \left(P_{j-1} + \frac{1}{2}A_j\right) \times i \tag{5-7}$$

【例 5-3】某新建项目,建设期为 3 年,共向银行贷款 1300 万元,在建设期第一年年初贷款 300 万元,第二年年初贷款 600 万元,第三年年初贷款 400 万元,利息率为 6%,计算建设期贷款利息。

(1)年贷款额在年初时一次发放;

(2)年贷款额按全年均衡发放。

【解】(1)年贷款额在年初时一次发放,各年利息计算如下:

$q_1 = 300 \times 6\% = 18$(万元)

$q_2 = (P_{j-1} + A_j) \times i = (318 + 600) \times 6\% = 55.08$(万元)

$q_3 = (P_{j-1} + A_j) \times i = (918 + 55.08 + 400) \times 6\% = 82.38$(万元)

$q = q_1 + q_2 + q_3 = 18 + 55.08 + 82.38 = 155.46$(万元)

所以,建设期贷款利息总额为 155.46 万元。

(2)年贷款额按全年均衡发放,各年利息计算如下:

$q_1 = \left(P_0 + \frac{1}{2}A_1\right) \times i = \left(0 + \frac{1}{2} \times 300\right) \times 6\% = 9$(万元)

$q_2 = \left(P_1 + \frac{1}{2}A_2\right) \times i = \left(300 + 9 + \frac{1}{2} \times 600\right) \times 6\% = 36.54$(万元)

$q_3 = \left(P_2 + \frac{1}{2}A_3\right) \times i = \left(300 + 9 + 600 + 36.54 + \frac{1}{2} \times 400\right) \times 6\% = 68.73$(万元)

$q = q_1 + q_2 + q_3 = 9 + 36.54 + 68.73 = 114.27$(万元)

所以,建设期贷款利息总额为 114.27 万元。

五、流动资金构成及其估算方法

1. 流动资金构成

前面的建设投资形成了生产的"硬件",但必须投入一定的流动资金通过采购、生产和销售才能产生利润。

流动资金＝流动资产－流动负债

其中：流动资产＝应收账款＋预付账款＋存货＋货币资金

流动负债＝应付账款＋预收账款

(1)流动资产。

流动资产除非破产清算,否则流动资产用于不会脱离企业的生产经营过程。按实物形态,流动资产分为应收账款、预付账款、存货及货币资金等。

①应收账款是指企业在销售商品时已取得收款的权利,应向对方收取但尚未收取的款项。应收账款过多会造成资金成本、坏账损失等费用的增加。如施工完毕,建设单位已经计价结算,但未完全付款。

②预付账款是指企业按照购货合同的规定,预先以货币资金或货币等价物支付供应单位的款项。如若遇原材料奇缺,材料供应商提出须提前完全支付或部分支付货款后,过一段时间才能供货,这就形成施工单位的预付账款。

③存货是企业在日常生产经营过程中为销售或耗用而储存的各种资产,包括库存的、加工中的原材料、燃料、包装物、低值易耗品、在产品、半成品、产成品等。

工程项目中的流动资产就包括施工完毕但建设单位未结算付款的产成品,以及在产品,即正在施工作业的楼层。

(2)流动负债。

流动负债是指在一年或超过一年的一个营业周期内偿还的债务,主要包括应付账款及预收账款等。

①应付账款是指企业在正常的经营过程中因购买商品、产品、接受劳务服务等业务,应支付给供应者的款项,包括应由购买单位或接受劳务单位负担的税金、代购方垫付的各种运杂费等。如赊购原材料就形成施工单位对材料供应商的应付账款。

②预收账款是指企业按照合同规定或交易双方的约定,而向购买单位或接受劳务的单位在未发出商品或提供劳务时预收的款项。一般包括预收的货款、预收购货定金。如建设单位提供的工程施工预付款。

2. 流动资金估算方法

实践证明没有足够的流动资金会严重影响项目的正常运行,甚至使企业生产陷入瘫痪。因此在工程投资项目前期工作中,重视流动资金的合理估算和积极筹措是十分重要的。

(1)扩大指标估算法。

扩大指标估算法是按照流动资金占某种基数的比例来估算流动资金,常用的基数有销售收入、经营成本、总成本费用、固定资产投资等。采用何种基数依行业习惯而定,所采用的比例依经验而定,或根据实际掌握的现有同类企业实际资料来确定,或依照行业、部门的参考值来确定。这种估算方法的精度不高,适用于项目建议书阶段的流动资金估算。

$$流动资金＝计算基数 \times 流动资金所占的比例 \tag{5-8}$$

由于项目的原料供应、销售渠道、加工深度、设备及技术等存在一定的差异,故这种估算方法误差较大。

(2)分项详细估算法。

分项详细估算法是先按照项目各年生产强度,估算出各大类的流动资产的最低需要量,加总以后减去该年估算出的正常情况下的流动负债,这就是该年需要的流动资金,再减去上年已注入的流动资金,就得到该年流动资金的增加额。当项目达到正常的生产能力后,流动资金就不再投入。具体步骤如下。

①年周转次数计算。

年周转次数计算公式如下:

$$年周转次数 = \frac{360}{流动资金最低周转天数} \quad (5-9)$$

各类流动资产和流动负债的最低周转天数参照同类企业的平均周转天数并结合项目特点确定,或按部门(行业)规定。在确定最低周转天数时应考虑储存天数、在途天数,并考虑适当的保险系数。

②流动资产估算。

为简化计算,估算时仅对存货、应收账款、预付账款、现金进行估算。估算公式如表5-2。

表5-2 流动资产估算公式一览

分项	估算公式
一、存货的估算	
1.外购原材料	$\dfrac{年外购原材料费用}{年周转次数}$
2.外购燃料	$\dfrac{年外购燃料费用}{年周转次数}$
3.其他材料	$\dfrac{年外购其他材料费用}{年周转次数}$
4.在产品	$\dfrac{年外购原材料、燃料、动力费用+年工资及福利费+年修理费+年其他制造费用}{在产品年周转次数}$
5.产成品	$\dfrac{年经营成本-年其他销售费用}{产成品年周转次数}$
二、应收账款的估算	$\dfrac{年经营成本}{应收账款年周转次数}$
三、预付账款的估算	$\dfrac{外购商品或服务年费总额}{预付账款年周转次数}$
四、现金的估算	$\dfrac{年工资及福利费+年其他费用}{年周转次数}$
备注	年其他费用=制造费用+管理费用+销售费用-(以上三项费用中所含的工资及福利费、折旧费、摊销费、修理费)

③流动负债估算。

在工程项目经济分析中,流动负债的估算可以只考虑应付账款和预收账款两项,计算公式为:

$$应付账款 = \frac{外购原材料、燃料、动力费用}{应付账款周转次数} \quad (5-10)$$

$$预收账款 = \frac{预收的年营业收入金额}{预收账款周转次数} \quad (5-11)$$

3.流动资金估算需要注意的问题

①用分项详细估算法计算流动资金,需以经营成本及其中的某些科目为基数,因此流动资金估算应在经营成本估算之后进行。

②不同生产负荷下的流动资金是按照相应负荷时的各项费用金额和给定的公式来计算的,而不能按满负荷下的流动资金乘以负荷百分数求得。

【课外知识】

项目的融资手段和方式

项目融资是近些年兴起的以项目的名义筹措 1 年期以上的资金,以项目营运收入承担债务偿还责任的融资形式。

项目融资手段有很多,也比较灵活,每一种模式都有其适用的领域和趋势,主要有以下几种类型。

1. 产品支付

产品支付是针对项目贷款的还款方式而言的一种融资租赁形式。其还款方式是在项目投产后直接用项目产品来还本付息,而不以项目产品的销售收入来偿还债务。在贷款得到偿还以前,贷款方拥有项目的部分或全部产品,借款人在清偿债务时把贷款方的贷款看作这些产品销售收入折现后的净值。产品支付这种形式在美国的石油、天然气和采矿项目融资中应用得最为普遍,其特点是:用来清偿债务本息的唯一来源是项目的产品;贷款的偿还期应该短于项目有效生产期;贷款方对项目经营费用不承担直接责任。

2. 设备使用协议

设备使用协议是一种特殊的债务融资方式,即项目建设中如需要资金购买某设备,可以向某金融机构申请融资租赁。由该金融机构购入此设备,租借给项目建设单位,建设单位分期付给金融机构租借该设备的租金。融资租赁在资产抵押性融资中应用得很普遍,特别是在购买飞机和轮船的融资中,在筹建大型电力项目中也可采用融资租赁。

3. BOT 融资

BOT(Build-Operate-Transfer)融资是指国内外投资人或财团作为项目发起人,从某个国家的地方政府获得基础设施项目的建设和运营特许权,然后组建项目公司,负责项目建设的融资、设计、建造和运营。BOT 融资方式是私营企业参与基础设施建设,向社会提供公共服务的一种方式。BOT 方式在不同的国家有不同称谓,我国一般称其为特许权。以 BOT 方式融资的优越性主要有以下几个方面:首先,减少项目对政府财政预算的影响,使政府能在自有资金不足的情况下,仍能建设一些基建项目。政府可以集中资源,对那些不被投资者看好但又对地方政府有重大战略意义的项目进行投资。BOT 融资不构成政府外债,可以提高政府的信用,政府也不必为偿还债务而苦恼。其次,把私营企业中的效率引入公用项目,可以极大地提高项目建设质量并加快项目建设进度。同时,政府也将全部项目风险转移给了私营发起人。再次,吸引外国投资并引进国外的先进技术和管理方法,对地方的经济发展会产生积极的影响。BOT 投资方式主要用于建设收费公路、发电厂、铁路、废水处理设施和城市地铁等基础设施项目。

BOT 融资模式很重要,除了上述的普通模式,BOT 还有 20 多种演化模式,比较常见的有:BOO(建设—经营—拥有)、BT(建设—转让)、TOT(转让—经营—转让)、BOOT(建设—经营—拥有—转让)、BLT(建设—租赁—转让)、BTO(建设—转让—经营)等。

4. TOT 融资

TOT(Transfer-Operate-Transfer)是"转让—经营—转让"的简称,指政府与投资者签订特许经营协议后,把已经投产运行的可收益公共设施项目移交给民间投资者经营,凭借该设施在未来若干年内的收益,一次性地从投资者手中融得一笔资金,用于建设新的基础设施项目;特许经营期期满后,投资者再把该设施无偿移交给政府管理。

TOT方式与BOT方式是有明显的区别的,它不需直接由投资者投资建设基础设施,因此避开了基础设施建设过程中产生的大量风险和矛盾,比较容易使政府与投资者达成一致。TOT方式主要适用于交通基础设施的建设。

最近,国外出现一种将TOT与BOT项目融资模式结合起来但以BOT为主的融资模式,叫作TBT。在TBT模式中,TOT的实施是辅助性的,采用它主要是为了促成BOT。TBT有两种模式:一是公营机构通过TOT方式有偿转让已建设施的经营权,融得资金后将这笔资金入股BOT项目公司,参与新建BOT项目的建设与经营,直至最后收回经营权。二是无偿转让,即公营机构将已建设施的经营权以TOT方式无偿转让给投资者,但条件是与BOT项目公司按一个递增的比例分享拟建项目建成后的经营收益。两种模式中,前一种比较少见。长期以来,我国交通基础设施发展严重滞后于国民经济的发展,资金短缺与投资需求的矛盾十分突出,TOT方式为缓解我国交通基础设施建设资金供需矛盾提供了一条现实出路,可以加快交通基础设施的建设和发展。

5. PPP融资模式

PFI模式和PPP模式是最近几年国外发展得很快的两种民间投资介入公共投资领域的模式,虽然在我国尚处于起步阶段,但是具有很好的借鉴作用,也是我国公共投资领域投资融资体制改革的一个发展方向。

PPP(Public Private Partnership),即公共部门与私人企业合作模式,是公共基础设施建设的一种项目融资模式。在该模式下,鼓励私人企业与政府进行合作,参与公共基础设施的建设。其中文意思是公共、民营、伙伴,PPP模式是从公共事业的需求出发,利用民营资源的产业化优势,通过政府与民营企业双方合作,共同开发、投资建设,并维护运营公共事业的合作模式,即建立政府与民营经济在公共领域的合作伙伴关系。通过这种合作形式,合作各方可以达到与预期单独行动相比更为有利的结果。合作各方参与某个项目时,政府并不是把项目的责任全部转移给私人企业,而是由参与合作的各方共同承担责任和融资风险。PPP模式是一项世界性课题,已被原国家计委、科技部、联合国开发计划署三方会议正式批准纳入正在执行的我国地方21世纪议程能力建设项目。

6. PFI融资模式

PFI(Private-Finance-Initiative)的根本在于政府从私人处购买服务,目前这种方式多用于社会福利性质的建设项目,不难看出这种方式多被那些硬件基础设施相对较为完善的发达国家采用。相比较而言,发展中国家由于经济水平的限制,将更多的资源投入到了能直接或间接产生经济效益的地方,而这些基础设施在国民生产中的重要性很难使政府放弃其最终所有权。PFI项目在发达国家的应用领域总是有一定的侧重,以日本和英国为例,从数量上看,日本的侧重领域由高到低为社会福利、环境保护和基础设施,英国的则为社会福利、基础设施和环境保护。从资金投入上看,日本在基础设施、社会福利、环境保护三个领域中的投资仅占英国的7%、52%和1%,可见其规模与英国相比要小得多。当前在英国的PFI项目非常多样,最大型的项目来自国防部,例如空对空加油罐计划、军事飞行培训计划、机场服务支持等。更多的典型项目是投资额相对较小的设施建设,例如教育或民用建筑物、警察局、医院能源管理或公路照明,投资额稍大的包括公路、监狱和医院等。

7. ABS融资模式

ABS融资即资产收益证券化融资。它是以项目资产可以带来的预期收益为保证,通过一套提高信用等级计划在资本市场发行债券来募集资金的一种项目融资方式。具体运作过程是:①组建一个特别目标公司;②目标公司选择能进行资产证券化融资的对象;③以合同、协议等方式将政府项目未来获得现金收入的权利转让给目标公司;④目标公司直接在资本市场发行债券募集资金,或者由目标公司作信用担保,由其他机构组织发行,并将募集到的资金用于项目建设;⑤目标公司通过项目资产的现金流入清偿债券本息。

很多国家和地区将 ABS 融资方式重点用于交通运输部门的铁路、公路、港口、机场、桥梁、隧道等建设项目;能源部门的电力、煤气、天然气基本设施建设项目;公共事业部门的医疗卫生、供水、供电和电信网络等公共设施建设项目,并取得了很好的效果。

融资方式有以下几种。

1. 基金组织

基金组织的手段就是假股暗贷。所谓假股暗贷,顾名思义就是投资方以入股的方式对项目进行投资但实际并不参与项目的管理,到了一定的时间就从项目中撤股。这种方式多为国外基金所采用。缺点是操作周期较长,而且要改变公司的股东结构甚至要改变公司的性质。国外基金比较多,所以以这种方式投资的话,国内公司的性质就要改为中外合资。

2. 银行承兑

投资方将一定的金额(比如 1 亿元)打到项目方的公司账户上,然后当即要求银行开出 1 亿元的银行承兑,投资方将银行承兑拿走。这种融资的方式对投资方大为有利,因为他实际上把 1 亿元变作几次来用。他可以拿那 1 亿元的银行承兑到其他地方的银行再去贴现,起码能够贴现 80%。但问题是公司账户上有 1 亿元,银行不一定可以开出 1 亿元的承兑,很可能只开出 80% 到 90% 的银行承兑。即使开出 100% 的银行承兑,原公司账户上的资金银行允许用多少还是不确定。这就要看公司的级别和在银行的信用度。另外,承兑最大的一个缺点就是根据国家的规定,银行承兑最多只能开 12 个月的。现在大部分地方都只能开 6 个月的。也就是每 6 个月或 1 年就必须续签一次,用款时间长的话很麻烦。

3. 直存款

直存款是最难操作的融资方式。因为做直存款本身是违反银行的规定的,必须企业的信用度较高才行。由投资方到项目方指定的银行开一个账户,将指定金额存进自己的账户,然后跟银行签订一个协议,承诺该笔资金在规定的时间内不挪用。银行根据其金额给项目方小于或等于同等金额的贷款。

4. 银行信用证

国家有政策对于全球性的商业银行(如花旗等)开出的同意给企业融资的银行信用证视同于企业账户上已经有了同等金额的存款。过去很多企业用这种银行信用证进行圈钱。所以现在国家的政策进行了稍许变动,国内的企业现在很难再用这种办法进行融资了。只有国外独资和中外合资的企业才可以。所以,国内企业想用这种方法进行融资,首先必须改变企业的性质。

5. 委托贷款

所谓委托贷款就是投资方在银行为项目方设立一个专款账户,然后把钱打到专款账户里面,委托银行放款给项目方。这个是比较好操作的一种融资形式,通常对项目的审查不是很严格,要求银行作出负责向项目方每年代收利息和追还本金的承诺书。当然,不还本的只需要承诺每年代收利息。

6. 直通款

所谓直通款就是直接投资。这种方式对项目的审查很严格,往往要求有固定资产的抵押或银行担保,利息也相对较高,多为短期。

7. 对冲资金

现在市面上有一种不还本不付息的委托贷款就是典型的对冲资金。

8. 贷款担保

现在通过市面上很多投资担保公司,只需要付高出银行的利息就可以拿到急需的资金。

第二节 工程项目产品成本构成及其估算

成本与费用是相互关联又有区别的一对概念,成本一定是费用,但费用不一定是成本。成本的范围小,费用的范围大,成本是将有关费用按一定的对象进行归集分配后形成的。但是,在工程经济学中成本与费用不加以区分。成本费用估算是确定项目流动资金、计算项目利润、进行项目财务评价和不确定性分析的基本依据,还可将对应的市场价格调整为影子价格后用于费用效益分析。

一、总成本费用构成

总成本费用是指在一定时期内(一般为一年)为生产和销售产品而支付的全部成本费用。

1. 按经济用途分类

总成本费用＝直接材料费＋直接燃料动力费＋直接工资＋其他直接支出＋制造费用＋
　　　　　管理费用＋财务费用＋营业费用　　　　　　　　　　　　　　　　　(5-12)

其中:直接材料费＋直接燃料动力费＋直接工资＋其他直接支出＋制造费用＝生产成本

　　　管理费用＋财务费用＋营业费用＝期间费用

因此:　　　　　　　总成本费用＝生产成本＋期间费用　　　　　　　　　　　(5-13)

总成本费用构成如图 5-2 所示。

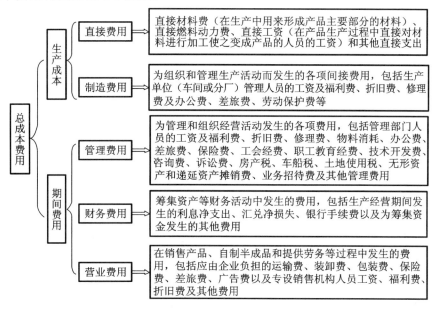

图 5-2　总成本费用构成

(1) 生产成本。

生产成本是指企业为生产产品而发生的成本。生产成本是生产过程中各种资源利用情况的货币表现,是衡量企业技术和管理水平的重要指标,包括直接费用和制造费用。

直接费用包括直接材料(原材料、辅助材料、备品备件、外购半成品、包装物及其他直接材料等)费、直接燃料动力费、直接工资(生产人员的工资、奖金、津贴和补贴)、其他直接支出(如福利费)。

制造费用是指企业内部各生产经营单位(分厂、车间)为组织和管理生产活动而发生的各项间接费用。如分厂和车间管理人员的工资及福利费、生产设备和建筑等的折旧费、修理费、办公费、差旅费、劳动保护费、保险费、试验检验费等,它按一定的标准分配计入生产成本。

根据生产成本计算总成本费用的特点是同一投入要素分别在不同的项目中加以记录和核算。其优点是简化了核算过程,便于成本核算的管理;缺点是看不清各种投入要素占总成本的比例。

(2) 期间费用。

期间费用与产品生产无直接关系,属于某一时期耗用的费用,包括管理费用、财务费用、营业费用三项费用。

管理费用是指企业行政管理部门在管理生产经营活动过程中支出的各项费用,包括管理人员工资及福利费、工会经费、职工教育经费、办公费、劳动保险费、土地使用费、排污费、业务招待费、摊销费、折旧费、房产税、车船使用税、土地使用税、印花税等。

财务费用是指企业筹集生产经营所需资金而发生的各项支出,包括借款的利息净支出、汇兑净损失、金融机构手续费、调剂外汇手续费,以及为筹集资金而支出的其他财务费用。

营业费用是指企业销售产品和促销产品而发生的费用支出,包括运输费、包装费、装卸费、广告费、保险费、委托代销费、展览费、折旧费,以及专设的销售部门经费,例如销售部门职工工资、福利费、办公费、修理费等。

在我国的财务费用管理中,管理费用、财务费用及营业费用作为期间费用不计入产品成本而直接计入当期损益,直接从当期收入中扣除。

2. 按要素成本法分类

总成本费用=外购原材料费+外购燃料及动力费+工资及福利费+修理费+其他费用+折旧费+摊销费+财务费用

其中:外购原材料费+外购燃料及动力费+工资及福利费+修理费+其他费用=经营成本

因此　　　　总成本费用=经营成本+折旧费+摊销费+财务费用

经营成本是工程经济学中特有的概念,涉及企业产品生产、销售、管理过程中物料、人力和能源的投入费用,反映企业的生产和管理水平,是运营期的主要现金流出。

3. 按成本与产量的关系分类

为了进行工程项目经济效果的不确定性分析,按照成本与产量的关系,将总成本划分为可变成本和固定成本。可变成本是指随着产品产量的增减而发生增减的各项费用,固定成本是指随着产品产量的增减而相对不变的费用。

可变成本包括外购原材料费、外购燃料及动力费和计件工资及福利费。固定成本包括计时工资及福利费、修理费、折旧费、摊销费、财务费用等。

二、总成本费用估算

下面按要素成本法进行估算,总成本费用包括外购原材料费、外购燃料及动力费、工资及福利费、折旧费、摊销费、修理费、财务费用、其他费用。

1. 外购原材料成本估算

原材料年耗用额 = $\sum$(产品年产量 × 单位产品原材料消耗定额 × 原材料外购单价) (5-14)

2. 外购燃料及动力成本估算

外购燃料及动力成本的估算方法类似于外购原材料成本估算法。

3. 工资及福利费估算

$$工资总额 = 职工定员数 × 人均年工资额 \tag{5-15}$$

式中:职工定员数——按拟订方案提出的生产人员、分厂管理人员、总部管理人员及销售人员总人数;

人均年工资额——所有职工的年平均工资额,有时要考虑一定的年增长率。

职工福利制度是指企业职工在职期间应在卫生保健、房租价格补贴、生活困难补助、集体福利设施,以及不列入工资发放范围的各项物价补贴等方面享受的待遇和权益,这是根据国家规定,为满足企业职工的共同需要和特殊需要而建立的制度。自2007年起企业不再按照工资总额的14%计提职工福利费,企业实际发生的职工福利费据实列出。

4. 折旧费估算

在生产过程中,固定资产虽能保持原来的实物形态,但其价值逐年递减。为保证生产的顺利进行,必须将固定资产因磨损转移到产品成本中去的价值从销售产品的收入中提取出来,并以货币的形式逐渐累积,以备将来用于固定资产的更新,这就是固定资产的折旧。

折旧只是一种会计手段,本身不是实际支出。按照国家规定的折旧制度,企业把已发生的资本性支出转移到产品成本费用中去,然后通过产品的销售,逐步回收初始的投资费用。

固定资产折旧方法通常包括以下几种。

(1)平均年限法。

平均年限法又称直线折旧法,是企业计算固定资产折旧额通常采用的方法。

$$年折旧率 = \frac{1 - 预计净残值率}{折旧年限} × 100\% \tag{5-16}$$

$$年折旧额 = 固定资产原值 × 年折旧率 \tag{5-17}$$

(2)工作量法。

工作量法是以固定资产的使用状况为依据计算折旧额的一种方法。它适用于企业专业车队的客、货运汽车及某些大型设备的折旧额计算。

$$单位工作小时折旧额 = \frac{固定资产原值 × (1 - 预计净残值率)}{总工作小时} \tag{5-18}$$

$$年折旧额 = 单位工作小时折旧额 × 年工作小时 \tag{5-19}$$

(3)双倍余额递减法。

双倍余额递减法(定率递减法)是按各年年初(即上一年年末)的账面价值乘以固定折旧率来计算折旧额的方法。

设 B_{t-1} 为第 $t-1$ 年的账面价值,D_t 为第 t 年的折旧额,d 为年折旧率,L 为残值,则 D_t

$=B_{t-1} \cdot d$,下面计算年折旧率 d,具体推导过程见表 5-3。

表 5-3 推导过程

年度	年折旧额	年末账面价值
1	$D_1 = B_0 \cdot d$	$B_1 = B_0 - D_1 = B_0 \cdot (1-d)$
2	$D_2 = B_1 \cdot d = B_0 \cdot (1-d) \cdot d$	$B_2 = B_1 - D_2 = B_0 \cdot (1-d)^2$
3	$D_3 = B_2 \cdot d = B_0 \cdot (1-d)^2 \cdot d$	$B_3 = B_2 - D_3 = B_0 \cdot (1-d)^3$
…	…	…
N	$D_N = B_{N-1} \cdot d = B_0 \cdot (1-d)^{N-1} \cdot d$	$B_N = B_{N-1} - D_N = B_0 \cdot (1-d)^N$

因为 $\qquad B_N = L$

即 $\qquad B_0(1-d)^N = L$

则 $\qquad d = 1 - \sqrt[N]{L/B_0}$ (5-20)

双倍余额递减法是在不考虑固定资产残值的情况下,根据每期期初固定资产账面净值和双倍的直线法折旧率计算固定资产折旧的一种方法。其原理同上,只是固定折旧率为直线折旧率的 2 倍,即 $\dfrac{2}{N}$。

则: $\qquad$ 年折旧额 = 年初固定资产净值 $\times \dfrac{2}{\text{折旧年限}} \times 100\%$ (5-21)

年初固定资产净值 = 固定资产原值 − 之前累计年折旧额 (5-22)

年折旧率不变,但计算基数逐年递减,因此,年折旧额也随之递减。该法用于计算折旧额时,由于初期和中期不考虑净残值对折旧的影响,为了防止净残值被提前计入折旧额,因此现行会计制度规定,在固定资产使用的最后两年中,折旧计算方法改为平均年限法。

【例 5-4】 企业进口一台高新设备,原价为 41 万元,预计使用 5 年,预计报废时净残值为 20000 元,要求采用双倍余额递减法计算该设备的各年计提折旧额。

【解】 第一年至第三年的年折旧率 = (2÷5)×100% = 40%,第一年至第三年的年折旧额按双倍余额递减法计提,见表 5-4。

第四年、第五年的年折旧额 = (88560 − 20000)÷2 = 34280(元),按平均年限法计提,见表 5-4。

表 5-4 折旧额的计算过程

年份	年初账面净值/元	年折旧率	年折旧额/元	累计折旧额/元	年末账面净值/元
1	410000	40%	164000	164000	246000
2	246000	40%	98400	262400	147600
3	147600	40%	59040	321440	88560
4	88560	—	34280	355720	54280
5	54280	—	34280	390000	20000

(4)年数总和法。

年数总和法是以固定资产的原值减去预计净残值后的净额为基础,乘以年折旧率得到年折旧额,年折旧率的分子代表固定资产尚可使用的年数,分母代表逐年使用年限的数字总和。

$$年折旧率 = \frac{折旧年限 - 已使用年数}{折旧年限 \times (折旧年限 + 1) \div 2} \times 100\% \quad (5\text{-}23)$$

$$年折旧额 = (固定资产原值 - 预计净残值) \times 年折旧率 \quad (5\text{-}24)$$

【例 5-5】 题干同[例 5-4],试按年数总和法计算折旧额。

【解】 年数总和 = 1+2+3+4+5 = 15,计算结果见表 5-5。

表 5-5 年数总和法计算折旧额

年份	原值减净残值/元	尚可使用年限/年	年折旧率	年折旧额/元	累计折旧额/元	固定资产净值/元
1	390000	5	5/15	130000	130000	280000
2	390000	4	4/15	104000	234000	176000
3	390000	3	3/15	78000	312000	98000
4	390000	2	2/15	52000	364000	46000
5	390000	1	1/15	26000	390000	20000

注:月折旧额 = 年折旧额÷12。

正确计算和提取折旧额,不但有利于计算产品成本,而且保证了固定资产再生产的资金来源。折旧额是成本的组成部分,运用不同的折旧方法计算出的折旧额在量上不一致,分摊到各期生产成本中的固定资产成本也存在差异,特别是采用加速折旧的方法(双倍余额递减法和年数总和法)其差异较大。因此,折旧额的计算和提取必然关系到成本的大小,直接影响企业的利润水平,最终影响企业的所得税。折旧额计提方法上存在差异,也为企业进行税收筹划提供了参考。

5. 摊销费的估算

摊销费是指无形资产和递延资产在一定期限内分期摊销的费用。无形资产和递延资产的原始价值也要在规定的年限内,按年度或产量转移到产品的成本之中,这一部分被转移的无形资产和递延资产的原始价值称为摊销费。企业通过计提摊销费,回收无形资产及递延资产的资本支出。摊销期限一般不少于 5 年,不超过 10 年。计算摊销费采用直线法,并且不留残值。

摊销费 = 无形资产原值/无形资产摊销年限 + 递延资产原值/递延资产摊销年限 (5-25)

6. 修理费的估算

修理费包括大修理费和中、小修理费。可行性研究阶段无法确定修理费具体发生的时间和金额,一般按照年折旧额的一定百分比计算。该百分比可参照同类项目的经验数据加以确定。

$$修理费 = 固定资产年折旧额 \times 计提比例 \quad (5\text{-}26)$$

7. 财务费用

一般情况下,财务费用主要是利息支出,包括生产经营期间发生的由于建设投资借款而产生的利息、流动资金借款利息以及其他短期借款利息等。

8. 其他费用

其他费用是指在制造费用、管理费用、财务费用和销售费用中扣除工资及福利费、折旧费、修理费、摊销费和利息支出后的费用。

在技术经济分析中,其他费用一般可根据成本中的原材料成本、燃料及动力成本、工资及福利费、折旧费、修理费及摊销费之和的一定百分比计算,并参照同类企业的经验数据加以确定。

第三节　销售收入、税金和利润估算

一、销售收入估算

销售收入估算是估算项目投入使用后生产经营期内各年销售产品或提供劳务等所取得的收入。销售产品的收入称为销售收入,提供劳务的收入称为营业收入。

销售收入是项目建成投产后补偿成本、上缴税金、偿还债务、保证企业再生产正常进行的前提。它是进行利润总额、销售税金及附加和增值税估算的基础数据。

$$销售收入=产品销售单价×产品年销售量 \tag{5-27}$$

二、销售税金及附加估算

(一)税收种类

1. 流转税类

流转税是在生产、流通或服务领域,对纳税人取得的销售收入或营业收入征收的一种税。包括三个税种:①增值税;②消费税;③关税。

2. 所得税类

所得税是对纳税人取得的利润或纯收入征收的一种税。包括两个税种:①企业所得税;②个人所得税。

3. 财产税类

财产税是对纳税人拥有或使用的财产征收的一种税。包括六个税种:①房产税;②城镇土地使用税;③资源税;④车船税;⑤土地增值税;⑥契税。

4. 行为税类

行为税是对特定行为或为达到特定目的而征收的一种税。包括六个税种:①城市建设维护税;②印花税;③烟叶税;④船舶吨税;⑤车辆购置税;⑥耕地占用税。

(二)税金估算

1. 增值税

增值税是对在生产、销售商品或提供劳务过程中实现的增值额征收的一种税。增值税的征税范围是纳税人在一定时期内销售或进口货物以及提供加工、修理修配劳务等取得的收入大于其购进货物或取得劳务时所支付金额的差额,即新增的工资和利润。征税对象是指在我国境内销售或进口货物以及提供加工、修理修配劳务的单位和个人。

小规模商业企业纳税人适用4%的征收率,其他小规模纳税人适用6%的征收率,但中外合作油(气)田和中国海洋石油总公司海上自营油田开采的油(气)按 5% 的征收率征收。

(1)一般纳税人增值税的计算。

$$应纳增值税额＝当期销项税额－当期进项税额 \quad (5-28)$$

其中： 当期销项税额＝当期销售额(含增值税)÷(1＋增值率税率)×增值率税率 (5-29)

销项税额是指纳税人销售货物或者提供应税劳务后，按照销售额和增值税率计算并向购买方收取的增值税额。

进项税额是指纳税期限内纳税人购进货物或接受应税劳务所支付或负担的、准予从销项税额中抵扣的增值税额。

(2)小规模纳税人增值税的计算。

小规模纳税人是指应税销售额在规定标准以下的纳税人，其增值税的计算公式为：

$$应纳增值税额＝销售额×征收率 \quad (5-30)$$

2. 消费税

消费税是对在我国境内生产、委托加工和进口的特定消费品所征收的一种税。消费税实行价内税，只在应税消费品的生产、委托加工和进口环节缴纳，在以后的批发、零售等环节，因为价款中已包含消费税，因此不再缴纳消费税，税款最终由消费者承担。

征税对象是在我国境内生产、委托加工和进口某些消费品的单位和个人。只在生产、委托加工和进口环节征收，进入流通领域不再征收，适用税率采用差别比例税率。

消费税实行从价定率或从量定额(如黄酒、啤酒、汽油)的办法计算应纳税额。计税公式为：

$$应纳税额＝应纳税消费品销售额×适用税率 \quad (5-31)$$

$$应纳税额＝应纳税消费品销售数量×单位税额 \quad (5-32)$$

【课外知识】

营业税改征增值税

经国务院批准，自 2016 年 5 月 1 日起，在全国范围内全面展开营业税改征增值税(以下称营改增)试点，建筑业、房地产业、金融业、生活服务业等全部营业税纳税人，纳入试点范围，由缴纳营业税改为缴纳增值税。2017 年 10 月 30 日，国务院常务会议通过《国务院关于废止〈中华人民共和国营业税暂行条例〉和修改〈中华人民共和国增值税暂行条例〉的决定(草案)》，标志着实施 60 多年的营业税正式退出历史舞台。在我国境内销售服务、无形资产或者不动产的单位和个人，为增值税纳税人，应当缴纳增值税，不缴纳营业税。单位，是指企业、行政单位、事业单位、军事单位、社会团体及其他单位。个人，是指个体工商户和其他个人。

在营改增当中将不动产所含增值税纳入抵扣范围，即企业购置房产属于增值税应税项目，其购置房产交的税款可按规定计算出增值税进项税额进行抵扣。有专家指出将所有企业新增不动产所含增值税纳入抵扣范围，这其实是对目前企业购置不动产的行为进行了鼓励。通过购置不动产抵扣增值税进项税金，能够降低企业的不动产持有成本。"不动产"应该理解为包括房产、建筑物、机器机械、运输工具等生产资料，所以这并不是单纯的房地产范畴的优惠政策。房地产业实施营改增后，对房企而言会有两方面的变化。第一，企业管理模式的转变，房企的大减负时代已经到来，通过营改增政策的落实，一些业务操作规范、各类收支票据齐全、财务健全的房企，容易享受减负的利好。而一些包括供应商材料采购、成本核算不清晰的房企,会发现反而税负增加。所以这个政策会使得房企有动力去改进企业管理模式和财务核算模式。第二,企业产品开发模式的转变,从房企避税的角度看,后续精装修住房的投资力度可能会加大。因为从抵扣进项税的角度,精装修住房能够扩大抵扣额度,这使得传统的毛坯房的投资规模可能会减少。

3. 资源税

资源税是对在我国境内从事矿产资源开发的单位和个人,就其因资源条件差异而形成的级差收入征收的一种税。我国现行资源税为狭义资源税,其征税范围只限于矿产品和盐。由于资源税是对因自然资源贫富和开采条件优劣而形成的级差收入税,因此,我国的资源税属于级差资源税,其目的是体现国家的权益,促进合理开发利用资源,调节矿产资源产业的级差收入,为企业创造公平竞争的环境。其税率根据资源状况而定。计税公式为:

$$应纳资源税税额 = 征税数量 \times 适用单位税额 \tag{5-33}$$

4. 所得税

企业所得税是指国家对企业的生产经营所得和其他所得征收的一种税。个人所得税是对个人(即自然人)取得的应税所得征收的一种税。新所得税法规定企业所得税的税率为25%,内资企业和外资企业一致,国家需要重点扶持的高新技术企业为15%,小型微利企业为20%,非居民企业为20%。

5. 城市建设维护税

城市建设维护税(以下简称"城建税")是国家对缴纳增值税、消费税(以下简称"二税")的单位和个人就其缴纳的"二税"税额为计税依据而征收的一种税。城建税的税率实行差别比例税率,即按照纳税人所在地的不同,实行三档地区差别比例税率。具体为:

(1)纳税人所在地为城市市区的,税率为7%;
(2)纳税人所在地为县城、建制镇的,税率为5%;
(3)纳税人所在地不在城市市区、县城或者建制镇的,税率为1%。

计税公式为:

$$应纳税额 = (增值税 + 消费税) \times 适用税率 \tag{5-34}$$

6. 教育费附加税

教育费附加税是为了加快地方教育事业的发展,扩大地方教育经费的资金来源而开征的。教育费附加税收入纳入预算管理,作为教育专项基金,主要用于各地改善教学设施和办学条件。

征税对象是缴纳增值税、消费税的单位和个人,税率为3%。

计税公式为:

$$应纳教育费附加税额 = (增值税 + 消费税)的实纳税额 \times 3\% \tag{5-35}$$

7. 城镇土地使用税

城镇土地使用税是指国家在城市、县城、建制镇、工矿区范围内,对使用土地的单位和个人,以其实际占用的土地面积为计税依据,按照规定的税额计算征收的一种税。城镇土地使用税采用定额税率,即采用有幅度的差别税额。城镇土地使用税每平方米年税额标准具体规定为:大城市1.5~30元;中等城市1.2~24元;小城市0.9~18元;县城,建制镇、工矿区0.6~12元。应纳税额的计算公式为:

$$应纳税额 = 实际占用的土地面积 \times 适用税额 \tag{5-36}$$

三、利润估算

利润是企业在一段时期内生产经营活动的最终财务成果。它反映了企业生产经营各方面的效益。利润估算公式为：

$$销售利润 = 销售收入 - 总成本费用 - 销售税金及附加 \tag{5-37}$$

$$利润总额 = 销售利润 + 投资净收益 + 营业外收支净额 \tag{5-38}$$

$$税后利润(净利润) = 利润总额 - 所得税 \tag{5-39}$$

四、税后利润分配估算

税后利润是指利润总额缴纳所得税后的余额，税后利润分配是指对公司净利润的分割。对净利润如何进行分配除受法定程序的影响外，在一定程度上还受经营、理财活动的制约。利润分配的法定程序和结构是指国家法律规定的各个利润分配的主体参与利润分配的先后顺序及其所占份额。税后利润法定分配程序如下。

1. 抵补被没收的财务损失，支付违反税法规定的各项滞纳金和罚款

2. 弥补企业以前年度的亏损

当一个持续经营的公司发生了亏损，资本就受到了侵蚀，如果尚未弥补亏损就分割利润，就等于把资本当利润分掉，损害了投资者的利益，所以利润总额首先要弥补以前年度的亏损。为了确保国家税收的稳定和促使公司尽快扭亏为盈，国家规定了可以用税前利润弥补亏损，但用税前利润弥补以前年度亏损的连续期限不超过 5 年，5 年内仍未弥补的亏损，用税后净利润弥补。

【例 5-6】 某公司各年的销售利润及各年的应纳税所得额见表 5-6，其中第 t 年出现了亏损。

表 5-6 某公司销售利润及应纳税所得额　　　　　　　（单位：万元）

年份	$t-1$	t	$t+1$	$t+2$	$t+3$	$t+4$	$t+5$
销售利润	5.6	−79.5	13.2	29.1	35.7	11.9	38.7
应纳税所得额	5.6	0	0	0	0	10.4	38.7

3. 提取法定盈余公积金

法定盈余公积金是国家统一规定必须提取的公积金，其目的有两方面：一是保证公司未来的补亏能力和资本保全，二是为了公司的持续稳定发展，必须在个人和集体消费性分配之前，留足公司生产发展所需的财力。法定盈余公积金按照税后净利润扣减前项利润分配额后的 10% 提取，当累积额达到项目法定注册资本的 50% 时可不再提取，超出部分可转增为资本金。

4. 提取法定公益金

法定公益金主要用于企业职工集体福利设施，这是我国为保证企业职工集体福利不断提高，在投资者个人分配之前要求硬性分配的部分。公益金按当年税后净利润扣减前三项利润分配额后的 5%～10% 提取。

5. 应付利润

应付利润即向投资者分配的利润。企业以前年度的未分配利润，可以并入本年度向投资者分配,如果企业当年无利润,不得向投资者分配利润。分配方式可按投资协议、合同、法律法规规定进行分配。

6. 未分配利润

销售收入、成本费用、税金、利润之间的关系如图 5-3 所示。

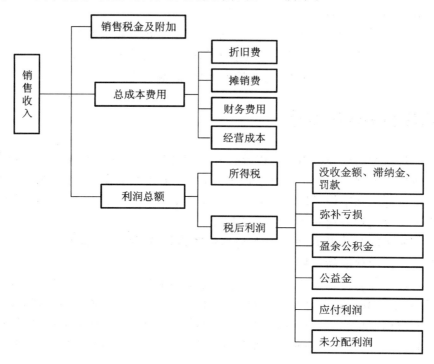

图 5-3 销售收入、成本费用、税金、利润之间的关系图

【习题】

一、历年执业资格考试单选题。

1. 以下属于静态投资的是( )。(2019 年一造真题)
   A. 涨价预备费　　　　　　　　　　B. 基本预备费
   C. 建设期贷款利息　　　　　　　　D. 资金的时间价值

扫码看答案

2. 某施工机械预算价格为 30 万元,残值率为 2%,折旧年限为 10 年,年平均工作 225 个台班,采用平均年限折旧法计算,则该施工机械的台班折旧费为( )元。(2019 年监理真题)
   A. 130.67　　　　B. 133.33　　　　C. 1306.67　　　　D. 1333.33

3. 某建设项目,静态投资 3460 万元,建设期贷款利息 60 万元,涨价预备费 80 万元,流动资金 800 万元。则该项目的建设投资为( )万元。(2019 年监理真题)
   A. 3520　　　　B. 3540　　　　C. 3600　　　　D. 4400

4. 某施工企业 2017 年的经营业绩为营业收入 3000 万元,营业成本 1800 万元,税金及附加 180 万元,期间费用 320 万元,投资收益 8 万元,营业外收入 20 万元。则该企业 2017 年的利润总额为( )万元。(2018 年一建真题)
   A. 908　　　　B. 720　　　　C. 728　　　　D. 700

5. 某项目建设期为 2 年,共向银行借款 10000 万元,借款年利率为 6%,第 1 年和第 2 年借款比例均为 50%,借款在各年内均衡使用,建设期内只计息不付息。则编制投资估算时该项目建设期利息总和为( )万元。(2018 年一建真题)

A. 609　　　　　　　B. 459　　　　　　　C. 450　　　　　　　D. 300

6. 技术方案现金流量表中经营成本计算的正确表达式是（　　）。（2018年一建真题）

A. 经营成本＝总成本费用－工资福利费－摊销费－利息支出

B. 经营成本＝总成本费用－折旧费－摊销费－利息支出

C. 经营成本＝外购原材料、燃料及动力费＋折旧费＋财务费用＋摊销费

D. 经营成本＝外购原材料费用＋利息支出＋修理费＋其他费用

7. 某项目建设投资为9700万元（其中：建设期贷款利息700万元），全部流动资金为900万元，项目投产后正常年份的年息税前利润为950万元，则该项目的总投资收益率为（　　）。（2018年一建真题）

A. 10.56%　　　　　B. 9.79%　　　　　C. 9.60%　　　　　D. 8.96%

8. 对小规模纳税人而言，增值税应纳税额的计算式是（　　）。（2018年一造真题）

A. 销售额×征收率　　　　　　　　　　B. 销项税额－进项税额

C. 销售额/(1－征收率)×征收率　　　　D. 销售额×(1－征收率)×征收率

9. 某项固定资产原值为5万元，预计使用年限为6年，净残值为2000元，采用年数总和法进行折旧时，第三年折旧额为（　　）元。（2018年一造真题）

A. 6857　　　　　　B. 8000　　　　　　C. 9143　　　　　　D. 9520

10. 某工程项目，建设期为2年，共向银行借款5000万元，其中第1年借入2000万元，第2年借入3000万元，年利率均为6%，借款在各年内均衡使用，建设期内只计息不付息，则建设期第2年应计利息为（　　）万元。（2017年一造真题）

A. 300.00　　　　　B. 273.60　　　　　C. 213.60　　　　　D. 180.00

11. 在建设工程项目总投资组成中的基本预备费主要是为（　　）而预留的。（2017年一造真题）

A. 建设期内材料价格上涨增加的费用

B. 因施工质量不合格返工增加的费用

C. 设计变更增加工程量的费用

D. 因业主方拖欠工程款增加的承包商贷款利息

12. 某固定资产原价为10000元，预计净残值为1000元，预计使用年限为4年，采用年数总和法进行折旧，则第4年的折旧额为（　　）元。（2017年一造真题）

A. 2250　　　　　　B. 1800　　　　　　C. 1500　　　　　　D. 900

13. 某项目建安工程费3000万元，设备工器具购置费4000万元，工程建设其他费用600万元，建设期利息200万元，铺底流动资金160万元，建设期间国家新批准税种的税额45万元，则该项目的静态投资为（　　）万元。（2017年监理真题）

A. 7000　　　　　　B. 7600　　　　　　C. 7700　　　　　　D. 7805

14. 某建设工程项目建筑安装工程费为2000万元，设备及工器具购置费为800万元，工程建设其他费用为300万元，基本预备费率为8%，该项目的基本预备费为（　　）万元。（2016年一建真题）

A. 160　　　　　　　B. 184　　　　　　　C. 248　　　　　　　D. 224

15. 某技术方案估计年总成本费用为8000万元，其中外购原材料、燃料及动力费为4500万元，折旧费为800万元，摊销费为200万元，修理费为500万元，利息支出为210万元。则该技术方案的年经营成本为（　　）万元。（2016年一建真题）

A. 4500　　　　　　B. 6290　　　　　　C. 6790　　　　　　D. 7290

16. 根据国家财税规定，企业可以用来偿还投资借款的资金来源是（　　）。（2016年一

建真题)

  A. 利润、折旧、应交税金   B. 利润、折旧、摊销款
  C. 折旧、摊销费、应付工资   D. 未分配利润、应付工资、折旧

17. 某施工机械预算价格为 200 万元，预计可使用 10 年，每年平均工作 250 个台班，预计净残值 40 万元。按工作量法计算折旧，则该机械台班折旧费为（　　）万元。(2015 年一建真题)

  A. 0.8   B. 0.64   C. 0.06   D. 0.064

18. 建设单位针对某项目建设投资向银行借款，可借期限 5 年，项目建设期 2 年，建成后即投入运行，借款合同约定在借款期限 5 年内每年年末等额偿还本息，则该建设单位在第 3 年至第 5 年所偿还的建设投资借款利息应计入各年的（　　）。(2015 年一建真题)

  A. 经营成本   B. 管理费用   C. 建设期利息   D. 财务费用

19. 关于国产设备运杂费估算的说法，正确的是（　　）。(2015 年一建真题)

  A. 国产设备运杂费包括由设备制造厂交货地点运至工地仓库所发生的运费
  B. 国产设备运至工地后发生的装卸费不应包括在运杂费中
  C. 运杂费在计算时不区分沿海和内陆，统一按运输距离估算
  D. 工程承包公司采购设备的相关费用不应计入运杂费

20. 某项目拟从国外进口一套设备，重 1000 吨，装运港船上交货价 300 万美元，国际运费标准每吨 360 美元，海上运输保险费率 0.266%。美元银行外汇牌价 6.1 元人民币。则该套设备国外运输保险费为（　　）万元。(2015 年一建真题)

  A. 4.868   B. 4.881   C. 5.452   D. 5.467 233

21. 某项目建设期 2 年，建设期内第 1 年贷款 700 万元，第 2 年贷款 600 万元，年内均衡发放，且只计息不还款，年利率为 8%。则编制该项目的投资估算时，建设期利息总和为（　　）万元。(2014 年一建真题)

  A. 104.00   B. 110.24   C. 114.94   D. 155.84

22. 编制某工程项目投资估算时，项目建设期 2 年，第一年贷款 800 万元，第二年贷款 600 万元，贷款年利率 10%，则该项目建设期利息总和为（　　）万元。(2013 年一建真题)

  A. 154   B. 114   C. 140   D. 144

23. 在建设工程项目可行性研究阶段，计算投资应依据的定额或者指标是（　　）。(2011 年一建真题)

  A. 投资估算指标 B. 预算定额   C. 概算定额   D. 概算指标

24. 某建设工程项目在建设初期估算的建筑安装工程费、设备及工器具购置费为 5000 万元，按照项目进度计划，建设期为 2 年，第 1 年投资 2000 万元，第 2 年投资 3000 万元，预计建设期内价格总水平上涨率为每年 5%，则该项目的涨价预备费估算是（　　）万元。(2011 年真题)

  A. 250.00   B. 307.50   C. 407.50   D. 512.50

25. 某企业因排放的污水超出当地市政污水排放标准而缴纳罚款 200 万元，财务上该笔罚款应计入企业的（　　）。(2011 年一建真题)

  A. 营业外支出 B. 销售费用   C. 管理费用   D. 营业费用

26. 某施工企业购买一台新型挖土机械，价格为 50 万元，预计使用寿命为 2000 台班，预计净残值为购买价格的 3%，若按工作量法折旧，该机械每工作台班折旧费应为（　　）元。(2011 年一建真题)

  A. 242.50   B. 237.50   C. 250.00   D. 257.70

27.某企业固定资产评估增值2000万元,该增值部分应计入企业的（　　）。(2011年一建真题)
  A.资本公积　　　　　B.实收资本　　　　　C.盈余公积　　　　　D.未分配利润

28.某建设项目,建设期为两年,其向银行贷款1000万元,贷款时间和额度为第一年400万元,第二年600万元,贷款年利率6%,建设期不支付利息,则编制该项目投资结算时,建设期利息为（　　）万元。(2010年一建真题)
  A.12.00　　　　　　B.120.00　　　　　C.54.72　　　　　D.42.72

29.某施工企业购入一台施工机械,原价60000元,预计残值率3%,使用年限8年,按平均年限法计提折旧,该设备每年应计提的折旧额为（　　）元。(2010年一建真题)
  A.5820　　　　　　B.7275　　　　　　C.6000　　　　　　D.7500

30.某拟建项目的设备投资占总投资的60%以上,拟采用的主要工艺设备已经明确,则编制该项目投资估算精度较高的方法是（　　）。(2010年一建真题)
  A.指标估算法　　　B.比例估算法　　　C.资金周转法　　　D.生产能力指数法

31.在财务评价中,应计入经营成本的费用是（　　）。(2010年一建真题)
  A.折旧费　　　　　B.摊销费　　　　　C.利息支出　　　　D.修理费

32.某施工企业以1000万元买入一块土地的使用权,准备建设自用办公大楼,该块土地使用权应作为企业的（　　）核算。(2010年一建真题)
  A.其他资产　　　　B.流动资产　　　　C.投资性资产　　　D.无形资产

33.在我国,投资估算是指在（　　）阶段对项目投资所作的预估算。(2010年一建真题)
  A.施工图设计　　　B.施工准备　　　　C.项目决策　　　　D.初步设计

二、历年执业资格考试多选题。

1.下列成本费用项目中,属于经营成本的有（　　）。(2019年一建真题)
  A.折旧费　　　　　B.工资及福利费　　C.摊销费　　　　　D.利息支出
  E.修理费

2.根据国家财税制度,企业可用于偿还建设投资借款的资金来源有（　　）。(2019年一建真题)
  A.未分配利润　　　　　　　　　　　B.按政策减免的税金
  C.固定资产折旧　　　　　　　　　　D.无形资产摊销
  E.应付职工薪酬

3.根据相关规定,下列资产中,属于流动资产的有（　　）。(2019年一建真题)
  A.预付款项　　　　B.长期应收款　　　C.长期股权投资　　D.债权投资
  E.交易性金融资产

4.建设工程项目经济效果评价中的总投资包括（　　）。(2017年一建真题)
  A.设备及工器具购置费　　　　　　　B.建设期利息
  C.总成本费用　　　　　　　　　　　D.流动资金
  E.流动资金借款利息

5.下列固定资产折旧方法中,属于加速折旧方法的有（　　）。(2017年一建真题)
  A.平均年限法　　　B.工作量法　　　　C.行驶里程法　　　D.年数总和法
  E.双倍余额递减法

6. 固定资产双倍余额递减法折旧的特点有(　　)。(2016年造价真题)

A. 每年计算折旧的固定资产价值不变

B. 折旧率逐渐降低

C. 计算折旧时不考虑固定资产预计净残值

D. 折旧年限比平均年限法折旧年限短

E. 前期折旧额高,后期折旧额低

7. 根据我国现行财税制度,可以用来偿还贷款的资金来源有(　　)。(2015年一建真题)

A. 固定资产折旧费　　　　　　　　B. 无形资产摊销费

C. 其他资产摊销费　　　　　　　　D. 盈余公积金

E. 减免的营业税金

8. 评价技术方案偿债能力时,可用于偿还借款的资金来源包括(　　)。(2013年一建真题)

A. 固定资产修理费　　　　　　　　B. 固定资产折旧费

C. 无形资产摊消费　　　　　　　　D. 应交营业税

E. 净利润

9. 公司进行利润分配时,应在提取任意公积金前分配的有(　　)。(2011年一建真题)

A. 向投资者分配利润　　　　　　　B. 向股东分配股利

C. 弥补公司以前年度亏损　　　　　D. 提取法定公积金

E. 留作以后年度分配的利润

三、计算题。

1. 某企业2020年1月1日购置了一台设备,价值100万,估计使用年限为5年,预计净残值率为5%,试分别用年限平均法、年数总和法、双倍余额递减折旧法计算该设备的每年应提的折旧额。

2. 某投资项目计算期为18年,其中建设期为3年,生产运营期为15年,第4年投产,第5年开始达到设计生产能力。其建设投资共为9000万元,分年度投资情况见表5-7所示。

项目投入资本金4600万元,分年出资为1400万元、2000万元、1200万元。不足部分向银行借款,每年借款额分别为1600万元、2000万元、800万元,年借款利率为10%。建设期只计息不付息还款,将利息按复利计息到第4年,作为全部借款本金。投产后第4年开始还款,每年付清利息并等额还本。

流动资金投资2850万元,全部向银行借款(始终维持借款状态),年利率也是10%。

假定项目的固定资产折旧年限为15年,第4年年经营成本为3600万元,达到设计生产能力时年经营成本为5200万元。

求年总成本费用。

表 5-7　建设投资情况表

年份	1	2	3	合计
建设投资/万元	3000	4000	2000	9000

第六章 工程项目财务评价

建设项目经济评价是在完成市场调查与预测、拟建规模、营销策划、资源优化、技术方案论证、投资估算与资金筹措等可行性分析的基础上,对拟建项目各方案投入与产出的基础数据进行推测、估算,再对拟建项目各方案进行评价和选优的过程。经济评价的工作成果融汇了可行性研究的结论性意见和建议,是投资主体决策的重要依据。

建设工程项目评价分为财务评价、国民经济评价和社会评价三个层次。国民经济评价是从宏观层面考察项目对国民经济增长以及优化社会资源配置的贡献;社会评价也是从宏观层面分析项目的社会福利分配效果以及对社会环境、自然环境的影响。本章主要介绍财务评价的主要内容、程序及基本报表的编制。

第一节 财务评价概述

一、财务评价的概念

财务评价是从微观层面分析项目的盈利能力、清偿能力和财务生存能力。财务评价是根据国家现行财税制度和市场价格体系,从项目的角度出发,分析计算项目的直接效益和直接费用,编制财务报表,计算财务评价指标,通过对项目盈利能力、偿债能力、财务生存能力的分析,考察项目在财务上的可行性,为投资决策提供科学的依据。

财务评价是工程经济的核心内容,是对拟建项目各方案投入与产出的基础数据进行估算,对其进行各方案评价和选取的过程。根据不同决策的需要,财务评价的分析分为融资前分析和融资后分析。对于经营性项目主要分析项目的盈利能力、偿债能力和财务生存能力;而对于非经营性项目应主要分析项目的财务生存能力。

融资前财务分析是指不考虑债务资金的筹集、使用和还本付息等融资问题对项目建设和运营效益的影响,以考察项目自身的财务可行性。

融资后财务分析是指在确定的融资方案基础上进行的项目财务分析,分析时要考虑债务资金的筹集、使用和还本付息等融资问题对项目建设和运营效益的影响,以考察项目对投资者的财务贡献。

财务分析一般先进行融资前分析。在融资前分析结论满足要求的情况下,再确定融资方案,之后进行融资后财务分析。融资前和融资后财务分析的主要区别见表6-1。

表6-1 融资前和融资后财务分析的主要区别

分 类	考察主体	考察内容	考察时采用的指标
融资前财务分析	项目自身	盈利能力分析	项目财务净现值、内部收益率、投资回收期、投资收益率等

续表

分　　类	考察主体	考察内容	考察时采用的指标
融资后财务分析	项目资本金、各方投资	盈利能力分析	资本金(或各方投资)财务净现值、内部收益率、投资回收期、投资收益率等
		偿债能力分析	偿债备付率、利息备付率、资产负债率、流动比率、速动比率等
		财务生存能力分析	盈余资金

二、财务评价的原则和内容

1. 原则

(1) 定量分析与定性分析相结合的原则。

工程项目财务评价的要求是对项目建设中的诸多经济因素,通过费用、效益计算,给出明确的数量概念,从而进行经济分析与评价。因此,定量分析能正确反映项目建设与生产经营的经济情况。但是,一个复杂的大型工程项目,总会存在一些难以量化的经济因素,因而无法直接量化,需要定性分析和定量分析结合在一起进行评价。

(2) 静态分析与动态分析相结合的原则。

静态分析对时间因素往往不做价值形态的定量分析,所采用的指标和测算办法很难反映未来时期的发展变化情况,由此做出的投资决策失误较多。而动态分析考虑资金的时间价值对投资效益的影响,反映工程项目寿命期的发展变化情况,使得投资者和决策者牢固树立资金周转观念、利息观念、投入产出观念,使投资决策科学化、合理化、规范化,对合理利用有限的建设资金、提高投资经济效益具有十分重要的意义。因此,在工程项目财务评价中,必须以动态分析为主要方法。

(3) 阶段性经济效益分析与全过程经济效益分析相结合的原则。

以往项目财务分析过分偏重建设阶段的投资、工期和造价,而对项目生产运营阶段流动资金的投资、生产经营成本、经济效益不够重视,致使项目建设投产或交付使用后不能充分发挥设计能力,甚至产生亏损。鉴于此,当期财务分析应遵循全过程经济效益分析的原则,强调应把项目评价的出发点放在投资全过程的经济分析上,采用能够反映项目整个寿命期内经济效益的动态分析方法及其评价指标,据此判断项目的可行性。

2. 内容

(1) 财务效益和费用的识别与计算。

企业正确识别项目的财务效益和费用应以项目为界,以是否属于项目的直接收入和支出为划分标准。项目的财务效益主要表现为生产经营的产品销售收入、各种补贴、固定资产余值和流动资金回收;费用主要表现为项目的总投资、经营成本、税金等。在计算财务效益和费用时,应以能反映项目产出物和投入物对项目财务的实际货币收支效果为原则进行选定。

(2) 财务报表的编制。

在项目财务效益和费用计算的基础上,进行项目财务基本报表和辅助报表的编制。基本报表主要包括财务现金流量表、损益表、资金来源与运用表和借款偿还计划表等。辅助报表主要包括固定资产投资估算表、流动资金估算表、投资计划与资金筹措估算表、固定资产折旧费估算表、无形资产与递延资产摊销估算表、总成本费用估算表、产品销售收入和销售税金及附加估算表和借款还本付息计划表等。

(3)财务评价指标的计算和评价。

通过与基准值进行对比分析,可以对项目的盈利能力、清偿能力等做出评价,最后判断项目的财务可行性。

三、财务评价的目的

财务评价是根据国家现行的财务制度、财税制度价格体系和项目评价的有关规定,从项目的财务角度分析计算项目的直接效益和直接费用,编制财务报表并计算财务评价指标,通过对项目盈利能力和偿债能力的分析,考察项目在财务上的可行性,从企业、项目的角度为投资决策提供科学的依据。此外,通过制定资金规划,可以明确资金来源。为项目决策提供科学依据是项目决策科学化过程的重要环节,项目财务评价的准确与否直接影响到工程项目的成败,其也为国民经济评价提供了调整计算的基础。综上所述,财务评价是工程经济的核心内容,是对前面所述基础理论和方法的综合运用与深化。同时,财务评价是工程项目可行性研究报告的核心内容之一,是项目投资决策的重要依据,也是决定项目成败的关键。

四、财务评价的程序

1. 熟悉拟建项目的基本情况,收集整理有关基础数据资料

2. 编制财务辅助报表

财务辅助报表主要包括固定资产投资估算表、流动资金估算表、投资计划与资金筹措估算表、固定资产折旧费估算表、无形资产与递延资产摊销费估算表、总成本费用估算表、产品销售收入和销售税金及附加估算表和借款还本付息表等。

3. 编制财务基本报表

(1)财务现金流量表:反映项目计算期内各年的现金收支,用以计算各项动态和静态评价指标,进行项目财务盈利能力分析。新设法人项目财务现金流量表分为:

① 项目投资现金流量表:该表以项目为一个独立系统,从融资前的角度出发,不考虑投资来源,假设全部投资都是自有资金。

② 项目资本金现金流量表:该表从项目法人(或投资者整体)的角度出发,以项目资本金作为计算基础,把借款还本付息作为现金流出。

③ 投资各方财务现金流量表:该表分别从各个投资者的角度出发,以投资者的出资额作为计算的基础。

(2)损益表:反映项目计算期内各年的利润总额、所得税及税后利润的分配情况。

(3)资金来源与运用表:反映项目计算期内各年的资金盈余短缺情况。

(4)借款偿还计划表:反映项目计算期内各年借款的使用、还本付息情况,以及偿债资金的来源,计算借款偿还期或者偿债备付率、利息备付率等指标。

第二节 融资前盈利能力分析

融资前盈利能力分析通过编制融资前项目投资现金流量表,以融资前全部投资为基础,计算融资前项目的财务净现值、内部收益率、投资回收期等经济评价指标。据此判断项目的财务生存能力。

融资前项目投资现金流量表列出了项目计算期内各年的现金流入、现金流出、净现金流量以及各年累计净现金流量,反映了项目的现金支付能力。

现金流入为产品销售收入、回收固定资产余值、回收流动资金三项之和。产品销售收入的各年数据取自产品销售收入和销售税金及附加估算表;固定资产余值和流动资金的回收均在计算期最后一年。固定资产余值回收额为固定资产折旧费估算表中最后一年的固定资产期期末余值;流动资金回收额为项目正常生产年份流动资金的占用额。

现金流出包含建设投资、流动资金、经营成本及税金;建设投资和流动资金的数额分别取自投资计划与资金筹措估算表及流动资金估算表;建设投资不包含建设期利息,流动资金投资为各年流动资金的增加额;经营成本取自总成本费用估算表;销售税金及附加来源于产品销售收入和销售税金及附加估算表;所得税来源于损益表。

融资前项目投资现金流量表中,净现金流量栏目直接反映项目计算期内各年全部投资现金支付能力,累计净现金流量栏目则直接反映项目整体现金支付能力。

项目投资现金流量表从全部投资的角度出发,假设全部投资都是自有资金,不考虑投资来源,考察项目总投资的盈利能力。该表用于计算项目投资财务净现值、项目投资内部收益率及项目投资回收期等指标。项目投资现金流量表见表6-2。

表6-2 项目投资现金流量表

序号	项目	合计	计算期				
			1	2	3	…	n
1	现金流入						
1.1	营业收入						
1.2	补贴收入						
1.3	销项税额						
1.4	回收固定资产余值						
1.5	回收流动资金						
2	现金流出						
2.1	建设投资						
2.2	流动资金						
2.3	经营成本						
2.4	进项税额						
2.5	应纳增值税						
2.6	税金及附加						
2.7	维持运营投资						

续表

序号	项目	合计	计算期				
			1	2	3	...	n
3	所得税前净现金流量(1-2)						
4	累计所得税前净现金流量						
5	折现系数						
6	折现净现金流量						
7	折现净现金流量累计						
8	调整所得税						
9	所的税后净现金流量(3-8)						
10	累计所得税后净现金流量						
11	所得税后折现净现金流量						
12	所得税后折现净现金流量累计						

计算指标

所得税前　　　　　　　　　　　　　　所得税后
财务净现值：　　　　　　　　　　　　财务净现值：
内部收益率：　　　　　　　　　　　　内部收益率：
静态投资回收期：　　　　　　　　　　静态投资回收期：
动态投资回收期：　　　　　　　　　　动态投资回收期：

注：表中的调整所得税是以息税前利润为基数计算的所得税，不同于损益与利润分配表、项目资本金现金流量表中的所得税。

第三节　融资后盈利能力分析

一、项目资本金现金流量表

项目资本金现金流量表从项目法人（或投资者整体）角度出发，以项目资本金作为计算基础，把贷款时得到的资金作为现金流入，借款还本付息作为现金流出。项目资本金现金流量表见表6-3，该表用于计算资本金财务内部收益率，考察项目自有资金的盈利能力。

表6-3　项目资本金现金流量表

序号	项目	合计	计算期				
			1	2	3	...	n
1	现金流入						
1.1	营业收入						
1.2	补贴收入						
1.3	销项税额						
1.4	回收固定资产余值						

续表

序号	项目	合计	计算期				
			1	2	3	…	n
1.5	回收流动资金						
2	现金流出						
2.1	项目资本金						
2.2	借款本金偿还						
2.3	借款利息支付						
2.4	经营成本						
2.5	进项税额						
2.6	应纳增值税						
2.7	税金及附加						
2.8	所得税						
2.9	维持运营投资						
3	净现金流量(1－2)						
4	累计净现金流量						
5	折现系数						
6	净现金流量现值						
7	累计净现金流量现值						
8	所得税前净现金流量						
9	所得税前累计净现金流量						
10	所得税前净现金流量现值						
11	所得税前净现金流量现值累计						

计算指标
所得税前
财务净现值：
内部收益率：
静态投资回收期：
动态投资回收期：

所得税后
财务净现值：
内部收益率：
静态投资回收期：
动态投资回收期：

从项目投资主体的角度看，建设项目投资借款是现金流入，但又同时将借款用于项目投资，构成同一时间、相同数额的现金流出，二者相抵，对净现金流量的计算其实没有影响。因此，表中投资只计自有资金。另一方面，现金流入又是因项目全部投资所获得，故应将借款本金的偿还及利息支付计入现金流出。

现金流入的各项数据来源与项目投资现金流量表相同。由于项目资本金现金流量表主要用于建设项目融资后的财务评价，主要进行盈利能力分析、偿债能力分析和财务生存能力分析，因此，表中所得税为应纳税所得额与所得税率的乘积。

现金流出项目资本金部分数额取自项目投资计划与资金筹措表中资金筹措项下的资本金分项。借款本金偿还由两部分组成：一部分为借款还本付息计算表中本年还本额；另一部分为流动资金借款本金偿还,一般发生在计算期最后一年。借款利息支付额来自总成本费用估算表中的利息支出项(包括流动资金借款利息和长期借款利息)。现金流出中其他各项全部与投资现金流量表中的相同。

二、投资各方财务现金流量表

投资各方财务现金流量表分别从各个投资者的角度出发,以投资者的出资额作为计算基础,反映其具体的现金流入与现金流出情况,投资各方财务现金流量表见表6-4,计算投资各方内部收益率,为其投资决策和进行合作谈判提供参考依据。

表 6-4　投资各方财务现金流量表

序号	项目	合计	计算期				
			1	2	3	…	n
1	现金流入						
1.1	实分利润						
1.2	资产处置收益分配						
1.3	租赁费收入						
1.4	技术转让或使用收入						
1.5	销项税额						
1.6	其他现金流入						
2	现金流出						
2.1	实缴资本						
2.2	租赁资产支出						
2.3	进项税额						
2.4	应纳增值税						
2.5	其他现金流出						
3	净现金流量(1-2)						

计算指标:
投资各方财务内部收益率(%):

注:本表可按不同投资方分别编制。

(1)投资各方财务现金流量表既适用于内资企业,也适用于外资企业;既适用于合资企业,也适用于合作企业。

(2)投资各方财务现金流量表中现金流入是指出资方因该技术方案的实施,将实际获得的各种收入;现金流出是指出资方因该技术方案的实施,将实际投入的各种支出。表中科目应根据项目方案具体情况调整。

①实分利润是指投资者由技术方案获取的利润。

②资产处置收益分配是指对有明确的合营期限或合资期限的技术方案,在期满时对资产余额按股比或约定比例的分配。

③租赁费收入是指出资方将自己的资产租赁给技术方案使用所获得的收入,此时应将资产价值作为现金流出,列为租赁资产支出科目。

④技术转让或使用收入是指出资方将专利或专有技术转让或允许该技术方案使用所获得的收入。

三、项目损益表

项目损益表反映项目计算期内各年的利润总额、所得税、税后利润及其分配情况,如表6-5所示,用来计算总投资利润率、项目资本金利润率等指标。

利润总额＝营业收入－税金及附加－总成本费用＋补贴收入

所得税＝应纳税所得额×所得税税率

表6-5 项目损益表

序号	项目	合计	计算期				
			1	2	3	…	n
1	营业收入						
2	税金及附加						
3	总成本费用						
4	利润总额(1－2－3)						
5	弥补以前年度亏损						
6	应纳税所得额(4－5)						
7	所得税						
8	税后利润(6－7)						
9	提取公积金及公益金						
9.1	法定盈余公积金						
9.2	公益金						
9.3	任意盈余公积金						
10	期初未分配利润						
11	可供投资者分配的利润(8－9＋10)						
12	应付利润						
12.1	××方						
12.2	××方						
13	年末累计未分配利润(11－12)						

计算指标:
投资收益率:
投资利润率:
资本金净利润率:

第四节 融资后偿债能力分析

偿债能力是通过对"资金来源与运用表"。"资产负债表""借款还本付息计划表"的计算,考察项目计算期内各年的偿债能力。偿债能力分析通过计算利息备付率、偿债备付率和资产负债率等指标判别项目是否符合贷款机构的要求以及项目的风险程度和偿还流动负债的能力。

一、资金来源与运用表

资金来源与运用表列出了项目计算期内的资金来源、资金运用、盈余资金和累计盈余资金,通过资金来源与资金运用的差额反映项目各年的资金盈余或短缺情况,见表6-6。项目的资金筹措方案和借款偿还计划应能使表中各年度的累计盈余资金金额始终大于或等于零,否则,项目将因资金短缺而不能按计划顺利运行。

(1)利润总额、折旧费、摊销费数据分别取自损益表、固定资产折旧费估算表、无形资产与递延资产摊销费估算表。

(2)长期借款、流动资金借款、其他短期借款、自有资金及其他项的数据均取自投资计划与资金筹措表。

(3)回收固定资产余值及回收流动资金数据取自项目投资现金流量表。

(4)固定资产投资、建设期利息及流动资金数据取自投资计划与资金筹措表。

(5)长期借款本金偿还额为借款还本付息计算表中本年还本数,流动资金借款本金一般在项目计算期期末一次偿还,其他短期借款本金偿还额为上一年度其他短期借款额。

(6)盈余资金等于资金来源减去资金运用。

(7)累计盈余资金各年数额为当年及以前各年盈余资金之和。

表 6-6 资金来源与运用表

序号	项目	年份								合计
		建设期		投产期		达到设计生产能力生产期				
		1	2	3	4	5	6	7	...	n	
	生产负荷(%)									
1	资金来源									
1.1	利润总额									
1.2	折旧费									
1.3	摊销费									
1.4	长期借款									
1.5	流动资金借款									
1.6	其他短期借款									
1.7	自有资金									
1.8	其他									

续表

序号	项目	年份								合计
		建设期		投产期		达到设计生产能力生产期				
		1	2	3	4	5	6	7	...	n	
1.9	回收固定资产余值										
1.10	回收流动资金										
2	资金运用										
2.1	固定资产投资										
2.2	建设期利息										
2.3	流动资金										
2.4	所得税										
2.5	特种基金										
2.6	应付利润										
2.7	长期借款本金偿还										
2.8	流动资金借款本金偿还										
2.9	其他短期借款本金偿还										
3	盈余资金										
4	累计盈余资金										

二、资产负债表

资产负债表综合反映项目计算期内各年年末资产、负债和所有者权益的增减变化及对应关系,用以考察项目资产、负债、所有者权益的结构是否合理,并进行清偿能力分析。资产由流动资产、在建工程、固定资金净值、无形及递延资产净值四项组成,见表 6-7。

流动资产总额为货币资金、应收账款、预付账款存货、累计盈余资金之和。前四项数据来自流动资金估算表,累计盈余资金数据则取自资金来源与运用表,但应扣除其中包含的回收固定资产余值及自有流动资金。

在建工程是指投资计划与资金筹措表中的固定资产投资、固定资产投资方向调节税和建设期利息的年累计额。

固定资产净值和无形及递延资产净值分别从固定资产折旧费估算表和无形资产与递延资产摊销费估算表取得。

负债包括流动负债和长期负债。流动负债中的应付账款数据可由流动资金估算表直接取得。流动资金借款和其他短期借款两项流动负债及长期借款均指借款余额,需根据资金来源与运用表中的对应项及相应的本金偿还项进行计算。

所有者权益包括资本金、资本公积金、累计盈余公积金及累计未分配利润。其中,累计未分配利润来源于损益表,累计盈余公积金也可由损益表中盈余公积金项计算各年份的累计值,但应根据有无用盈余公积金弥补亏损或转增资本金的情况进行相应调整。资本金为项目投资中累计自有资金(扣除资本溢价),当存在由资本公积金或盈余公积金转增资本金的情况时应进行相应调整。资本公积金为累计资本溢价及赠款,转增资本金时进行相应调整。

表 6-7 资产负债表

序号	项　目	合计	计算期				
			1	2	3	…	n
1	资产						
1.1	流动资产总额						
1.1.1	货币资金						
1.1.2	应收账款						
1.1.3	预付账款						
1.1.4	存货						
1.1.5	累计盈余资金						
1.1.6	其他						
1.2	在建工程						
1.3	固定资产净值						
1.4	无形及递延资产净值						
2	负债及所有者权益						
2.1	流动负债总额						
2.1.1	应付账款						
2.1.2	流动资金借款						
2.1.3	其他短期借款						
2.2	长期借款						
2.3	负债小计(2.1+2.2)						
2.4	所有者权益						
2.4.1	资本金						
2.4.2	资本公积金						
2.4.3	累计盈余公积金						
2.4.4	累计未分配利润						

计算指标

资产负债率:

流动比率:

速动比率:

三、借款还本付息计划表

借款还本付息计划表反映项目计算期内各年借款本金偿还和利息支付情况,用于计算偿债备付率和利息备付率指标。借款还本付息计划表与建设期利息估算表可合二为一。见表 6-8。

表 6-8　借款还本付息计划表

序号	项目		合计	计算期					
				1	2	3	4	…	n
1	借款								
1.1	期初本息余额								
1.2	当期借款额								
1.3	当期应计利息								
1.4	当期还本付息								
	其中	还本							
		付息							
1.5	期末本息余额								
2	债券								
2.1	期初债券余额								
2.2	当期出售债券本金								
2.3	当期应计利息								
2.4	当期还本付息								
	其中	还本							
		付息							
2.5	期末债务余额								
3	借款和债券合计								
3.1	期初本息余额								
3.2	当期获取债务本金								
3.3	当期应计利息								
3.4	当期还本付息								
	其中	还本							
		付息							
3.5	期末债务余额								
4	还本资金来源								
4.1	当期可用于还本的未分配利润								
4.2	当期可用于还本的折旧费								
4.3	当期可用于还本的摊销费								
4.4	以前年度结余可用于还本资金								

计算指标

利息备付率：

偿债备付率：

按现行财务制度的规定,归还固定资产投资借款(长期借款)的资金来源主要是项目投产后的折旧费、摊销费和未分配利润等。因流动资金借款本金在项目计算期期末用回收流动资金一次偿还,故在此不必考虑流动资金借款偿还问题。

常见的还本付息方式包括以下几种。

(1)最大额偿还方式:指在项目投产运营后,将获得的盈利中可用于还贷的资金全部用于还贷,以最大限度地减少企业债务,使偿还期缩至最短的方式。

(2)逐年等额还本、年末付息方式(也称等额还本利息照付方式):是将贷款本金分若干年等额偿还并在年末计息的方式。

(3)本利等额偿还方式(也称等额还本付息方式):是将贷款本利和在偿还期内平均分摊到每年等额偿还的方式。

(4)年末付息、期末一次还本方式(也称等额利息方式):是指每年只支付本金利息而不还本金,到偿还期期末一次性还本的方式。

(5)期末本利和一次付清方式(也称一次偿付方式):是指在贷款期期满前一直不还款,到期末连本带利全部付清的方式。

在项目的生产期,当期还本和付息额度应区别不同的还本付息方式采用不同的计算方法。例如采用等额还本利息照付方式还款的计算方法为:

生产期当期还本额=建设期期末借款余额(或运营期期初借款余额)÷计划还本年限

当期付息额度可以根据期初借款余额结合贷款年利率求得。

第五节 融资后财务生存能力分析

财务生存能力分析旨在分析考察"有项目"时企业在整个计算期内的资金充裕程度。分析财务可持续性,判断在财务上的生存能力,主要根据财务计划现金流量表进行。财务生存能力分析应结合偿债能力分析进行,主要包括两个方面:一是分析项目是否有足够的净现金流量维持正常运营;二是分析各年累计盈余资金,累计盈余资金不出现负值是财务生存的必要条件。

财务生存能力分析应在财务分析辅助表和利润分配表的基础上编制财务计划现金流量表,见表6-9。通过项目计算期内的投资、融资和经营活动所产生的各项现金流入和流出,计算净现金流量和累计盈余资金,分析项目是否有足够的净现金流量维持正常运营,以实现财务的可持续性。因此,财务生存能力分析亦可称为资金平衡分析。

财务可持续性应首先体现在有足够大的经营活动净现金流量,其次各年累计盈余资金不应出现负值。若出现负值,应进行短期借款,同时分析该短期借款的年份长短和数额大小,进一步判断项目的财务生存能力。短期借款应体现在财务计划现金流量表中,其利息应计入财务费用。为维持项目正常运营,还应分析短期借款的可靠性。

表6-9 财务计划现金流量表

序号	项目	合计	计算期				
			1	2	3	...	n
1	经营活动净现金流量(1.1−1.2)						
1.1	现金流入						

续表

序号	项　目	合计	计算期			
			1	2	3	...	n
1.1.1	营业收入						
1.1.2	增值税销项税额						
1.1.3	补贴收入						
1.1.4	其他流入						
1.2	现金流出						
1.2.1	经营成本						
1.2.2	增值税进项税额						
1.2.3	其他税金及附加						
1.2.4	增值税						
1.2.5	所得税						
1.2.6	其他流出						
2	投资活动净现金流量(2.1－2.2)						
2.1	现金流入						
2.2	现金流出						
2.2.1	建设投资						
2.2.2	维持运营投资						
2.2.3	流动资金						
2.2.4	其他流出						
3	筹资活动净现金流量(3.1－3.2)						
3.1	现金流入						
3.1.1	项目资本金投入						
3.1.2	项目投资借款						
3.1.3	流动资金借款						
3.1.4	债券						
3.1.5	短期借款						
3.1.6	其他流入						
3.2	现金流出						
3.2.1	各种利息支出						
3.2.2	偿还债务本金						
3.2.3	应付利润(股利分配)						
3.2.4	其他流出						
4	净现金流量(1＋2＋3)						
5	累计盈余资金						

第六节 案 例

【案例一】

某县城房地产开发项目,根据该项目土建工程基础数据,按设计方案确定建筑面积、结构、建设标准,以及可行性研究、财务评价有关取费要求,项目总投资估算为 56087.05 万元,见表 6-10,开发总成本为 51583.18 万元,项目开发时间是 19 个季度,容积率为 2.2,建筑面积 220000 m²,项目开发总成本估算表见表 6-11,损益及利润表见表 6-12,现金流量表(全部投资)见表 6-13,在本案例中,全部投资资金为 1.95 亿元,自有资金 5000 万元,其他来源资金 3000 万元,银行借款 1.85 亿元。因为房地产开发项目负债比较简单,本案例中只给出资金来源与运用表,以及敏感性分析表,分别见表 6-14 和表 6-15。

表 6-10 项目总投资估算表

序号	项目名称	总额/万元	占总投资比例
1	地价	18480.00	32.9%
2	前期工程费	1540.00	2.7%
3	建筑安装工程费	28490.00	50.8%
4	不可预见费	1501.50	2.7%
5	管理费	900.90	1.6%
6	其他费用	670.78	1.2%
7	财务费用	2234.65	4.0%
8	销售费用	2269.22	4.0%
9	合计	56087.05	100.0%

表 6-11 项目开发总成本估算表

序号	项目名称	计算程式	单价/(元/m²)	金额/万元	备注
一	土地成本		840	18480.00	
二	前期工程费				
2.1	勘察测量费		20	440.00	
2.2	规划设计费		30	660.00	
2.3	临时供水供电		10	220.00	
2.4	场地平整及道路		10	220.00	
	前期工程小计	2.1~2.4	70	1540	
三	建筑安装工程费				
3.1	基础工程费		90	1980.00	
3.2	土建工程费		750	16500.00	
3.3	安装工程费		455	10010	
3.3.1	水电安装		100	2200.00	

续表

序号	项目名称	计算程式	单价/(元/m²)	金额/万元	备注
3.3.2	电梯工程		80	1760.00	
3.3.3	空调工程				
3.3.4	消防工程		60	1320.00	
3.3.5	通信工程		15	330.00	
3.3.6	室外配套		160	3520.00	
3.3.7	煤气管道		20	440.00	
3.3.8	对讲系统		15	330.00	
3.3.9	公用天线		5	110.00	
3.4	地下室				
	建安工程小计	3.1~3.4	1295	28490.00	
四	不可预见费		68	1501.50	
五	管理费用		41	900.90	
六	其他费用				
6.1	工程监理费		15	330.00	
6.2	市交通管理局		0.12	2.64	
6.3	市道桥管理局		0.37	8.14	
6.4	墙改基金		5	110.00	
6.5	白蚁防治		10	220.00	
	其他费用小计	6.1~6.5	30.49	670.78	
七	合计	(二)~(六)	1504.49	33103.18	
八	总开发成本	(一)+(七)	2344.49	51583.18	

表 6-12 损益及利润表 (单位:万元)

序号	项目	合计	第1季	第2季	第3季	第4季	第5季	第6季	第7季	第8季	第9季	第10季
1	销售收入	75640.50					2233.00	4466.00	5824.25	6224.25	6782.50	6503.38
2	开发成本	51583.18					1522.80	3045.60	3971.86	4244.64	4625.34	4434.99
3	销售费用	2269.22					66.99	133.98	174.73	186.73	203.48	195.10
4	财务费用	2234.65	279.33	279.33	279.33	279.33	279.33	279.33	279.33	279.33	0	0
5	销售税费	3857.67					113.88	227.77	297.04	317.44	345.91	331.67
6	利润总额	15695.79	−279.33	−279.33	−279.33	−279.33	250.00	779.33	1101.30	1196.12	1607.78	1541.61
7	补前期亏损						250.00	779.33	88.00			
8	所得税	2354.37							151.99	179.42	241.17	231.24
9	税后利润	13341.42	−279.33	−279.33	−279.33	−279.33	0	0	861.30	1016.70	1366.61	1310.37

续表

序号	项目	第11季	第12季	第13季	第14季	第15季	第16季	第17季	第18季	第19季
1	销售收入	6224.25	6782.50	6503.38	6224.25	6782.50	6503.38	3191.25	1116.50	279.13
2	开发成本	4244.64	4625.34	4434.99	4244.64	4625.34	4434.99	2176.28	761.40	190.35
3	销售费用	186.73	203.48	195.10	186.73	203.48	195.10	95.74	33.50	8.37
4	财务费用									
5	销售税费	317.44	345.91	331.67	317.44	345.91	331.67	162.75	56.94	14.24
6	利润总额	1475.45	1607.78	1541.61	1475.45	1607.78	1,541.61	756.48	264.66	66.17
7	补前期亏损									
8	所得税	221.32	241.17	231.24	221.32	241.17	231.24	113.47	39.70	9.92
9	税后利润	1254.13	1366.61	1310.37	1254.13	1366.61	1310.37	643.01	224.96	56.24

成本利润率=23.8%;年资本金利润率=26.68%

表6-13 现金流量表(全部投资)　　　　　　　　　　(单位:万元)

项目	合计	季度					
		1	2	3	4	5	6
现金流入	75640.50					2233.00	4466.00
销售收入	75640.50					2233.00	4466.00
出租收入							
其他收入							
现金流出	60064.43	19139.81	659.81	652.52	2038.52	3859.77	2265.52
建设期开发成本	51583.18	19139.81	659.81	652.52	2038.52	3678.9	1903.77
经营期当期成本							
销售费用	2269.22	0.00	0.00	0.00	0.00	66.99	133.98
销售税费	3857.67	0.00	0.00	0.00	0.00	113.88	227.77
所得税	2354.37	0.00	0.00	0.00	0.00	0.00	0.00
净现金流量	15576.07	−19139.81	−659.81	−652.52	−2038.52	−1626.77	2200.48
累计净现金流量		−19139.81	−19799.62	−20452.15	−22490.67	−24117.44	−21916.96
净现值	8273.37	−19139.81	−647.24	−627.89	−1924.19	−1506.27	1998.65
累计净现值		−19139.81	−19787.05	−20414.94	−22339.13	−23845.4	−21846.75

项目	季度						
	7	8	9	10	11	12	13
现金流入	5824.25	6224.25	6782.50	6503.38	6224.25	6782.50	6503.38
销售收入	5824.25	6224.25	6782.50	6503.38	6224.25	6782.50	6503.38
出租收入							
其他收入							

续表

项目	季度						
	7	8	9	10	11	12	13
现金流出	2662.28	4362.48	2694.33	3152.66	4404.38	2694.32	3152.66
建设期开发成本	2038.52	3678.90	1903.77	2394.65	3678.90	1903.77	2394.65
经营期当期成本							
销售费用	174.73	186.73	203.48	195.10	186.73	203.48	195.10
销售税费	297.04	317.44	345.91	331.67	317.44	345.91	331.67
所得税	151.99	179.42	241.17	231.24	221.32	241.17	231.24
净现金流量	3161.97	1861.77	4088.17	3350.72	1819.87	4088.18	3350.71
累计净现金流量	−18754.99	−16893.22	−12805.05	−9454.33	−7634.47	−3546.29	−195.58
净现值	2817.23	1627.18	3876.73	3176.51	1501.35	3308.37	2659.90
累计净现值	−19029.52	−17402.34	−13525.61	−10349.11	−9578.09	−6269.72	−3609.82

项目	季度					
	14	15	16	17	18	19
现金流入	6224.25	6782.50	6503.38	3191.25	1116.50	279.13
销售收入	6224.25	6782.50	6503.38	3191.25	1116.50	279.13
出租收入						
其他收入						
现金流出	4096.38	2224.07	1114.14	371.96	130.14	388.66
建设期开发成本	3370.90	1433.52	356.13	0.00	0.00	356.13
经营期当期成本						
销售费用	186.73	203.48	195.10	95.74	33.50	8.37
销售税费	317.44	345.91	331.67	162.75	56.94	14.24
所得税	221.32	241.17	231.24	113.47	39.70	9.92
净现金流量	2127.87	4558.43	5389.23	2819.29	986.36	−109.53
累计净现金流量	1932.29	6490.72	11879.95	14699.24	15685.61	15576.07
净现值	1656.98	3482.02	4038.2	2072.26	711.19	−77.47
累计净现值	−1952.83	1529.19	5567.39	7639.65	8350.84	8273.37

财务内部收益率=21.44%;财务净现值(i 为 8%)=8273 万元;动态投资回收期=3.64 年;季度折现率 i=1.943%;累计净现值出现正值的季度是第 15 季。

表 6-14 资金来源与运用表

(单位:万元)

序号	项目	季度 1	2	3	4	5	6	7	8	9
一	资金来源	19500.00	1000.00	900.00	2300.00	4233.00	4466.00	5824.25	6224.25	14782.50
1	经营活动产生的现金来源					2233.00	4466.00	5824.25	6224.25	6782.50
1.1	销售收入					2233.00	4466.00	5824.25	6224.25	6782.50
2	筹资活动产生的现金来源	19500.00	1000.00	900.00	1300.00	1000.00				5000.00
2.1	自有资金	1000.00	1000.00	900.00	1300.00	1000.00				5000.00
2.2	银行借款	18500.00								
3	其他来源				1000.00	1000.00				3000.00
二	资金运用	19419.14	939.14	931.86	2317.86	4139.10	2544.85	2941.61	4641.81	20961.16
1	建设期开发成本	19139.81	659.81	652.52	2038.52	3678.90	1903.77	2038.52	3678.90	1903.77
2	经营期当期发生营业成本									
3	销售费用					66.99	133.98	174.73	186.73	203.48
4	销售税费					113.88	227.77	297.04	317.44	345.91
5	所得税							151.99	179.42	8.00
6	盈余公积金									
7	应付利润									
8	借款本金偿还									18500.00
9	借款期利息支付	279.33	279.33	279.33	279.33	279.33	279.33	279.33	279.33	
三	盈余资金	80.86	60.86	−31.86	−17.86	93.90	1921.15	2882.64	1582.44	−6178.66
四	累计盈余资金	80.86	141.71	109.86	92.00	185.90	2107.05	4989.69	6572.12	393.47

续表

序号	项目	季度									
		10	11	12	13	14	15	16	17	18	19
一	资金来源	6503.38	6224.25	6782.50	6503.38	6224.25	6782.50	6503.38	3191.25	1116.50	279.13
1	经营活动产生的现金来源	6503.38	6224.25	6782.50	6503.38	6224.25	6782.50	6503.38	3191.25	1116.50	279.13
1.1	销售收入	6503.38	6224.25	6782.50	6503.38	6224.25	6782.50	6503.38	3191.25	1116.50	279.13
2	筹资活动产生的现金来源										
2.1	自有资金										
2.2	银行借款										
3	其他来源										
二	资金运用	2921.42	4404.38	2694.32	3152.66	4096.38	2224.07	1114.14	371.96	130.14	388.66
1	建设期开发成本	2394.65	3678.90	1903.77	2394.65	3370.90	1433.52	356.13			356.13
2	经营期当期发生营业成本										
3	销售费用	195.10	186.73	203.48	195.10	186.73	203.48	195.10	95.74	33.50	8.37
4	销售税费	331.67	317.44	345.91	331.67	317.44	345.91	331.67	162.75	56.94	14.24
5	所得税		221.32	241.17	231.24	221.32	241.17	231.24	113.47	39.70	9.92
6	盈余公积金										
7	应付利润										
8	借款本金偿还										
9	借款利息支付										
三	盈余资金	3581.95	1819.87	4088.18	3350.71	2127.87	4558.43	5389.23	2819.29	986.36	−109.53
四	累计盈余资金	3975.42	5330.88	9419.06	12769.77	14897.64	19456.07	24845.30	27664.59	28650.95	28541.42

表 6-15 敏感性分析表

因素变化情况	相关指标变化情况						敏感性分析结果			
	总建筑面积 /m²	销售价格 /(元/m²)		销售收入 /万元	总投资 /万元	税后利润 /万元	投资利润率	财务净现值 /万元	内部收益率	动态投资回收期/年
基本方案（容积率=2.2）	220000	住宅	3300	75641	56087	13341	23.8%	8273	21.44%	3.64
		商业	10000							
销售价格变化 价格下降10%	220000	住宅	2970	68076	55970	7339	13.10%	3333	13.57%	3.94
		商业	9000							
销售价格变化 价格上升10%	220000	住宅	3630	83205	56424	19157	34.00%	13035	28.57%	3.28
		商业	11000							
工程造价变化 工程造价增加10%	220000	住宅	3300	75641	59518	10425	17.50%	5743	17.22%	3.81
		商业	10000							
工程造价变化 工程造价减少10%	220000	住宅	3300	75641	52876	16071	30.40%	10625	25.39%	3.46
		商业	10000							

【案例二】

下面是某房地产开发项目的财务分析。资金运用考虑全部自有资金、35%自有资金、100%银行借款和股东贷款80%四种状况进行经济分析。在不计算地价的情况下，项目总开发成本约 2.5 亿元。计算地价的情况下，项目总开发成本约为 2.74 亿元，成本估算表见表 6-16。楼面地价约为 153.02 元/m^2，开发成本单价（含土地）为 1728.36 元/m^2。本项目的土地款、前期工程费、报建费等均按当地的相关规定计算；室外工程费参照周边项目成本估算，约为 40 元/m^2。住宅分两年、四期平均开发，建安成本合计 19009.44 万元，总投资计划约为 2.7 亿元，投资计划表见表 6-17；土地和前期工程费用集中于开发期第一年投入；园林成本和其他费用根据工程进度当期投入。

依照客户要求，并结合市场情况，建议本地块销售周期最短为 4 年。根据该地的销售条件，期房可立即入市销售，即 2019 年年初开始销售，高层住宅平均销售期为 4 年，按正常价格估算，价格年均增长率约为 8%。高层住宅年均销售面积约为 40000 m^2，4 年总销售净收入约为 3.17 亿元。分期销售收入表见表 6-18，销售净收入表见表 6-19。

项目损益（现金流量）、经济效益评价及敏感性分析详见表 6-20～表 6-29 相关数据及文字说明。

表 6-16 成本估算表

序号	项目名称	单价/(元/m^2)	计价面积/m^2	总价/万元	备注
1	土地成本	153.02	158412.50	2424.04	按建筑面积计算
1.1	地价款	45.14	158412.50	715.00	
1.2	耕地占用税	11.84	158412.50	187.59	
1.3	清场及征用土地	94.69	158412.50	1500.00	
1.4	契税	1.35	158412.50	21.45	
2	前期工程费	20.00	158412.50	316.83	包括规划设计费、勘察费等
3	建筑安装工程费			19009.44	
3.1	高层住宅	1200.00	158412.00	19009.44	计价面积舍去小数位
3.2	商业				
4	建设配套费			2785.00	
4.1	学校			1000.00	
4.2	经济适用房	850.00	21000.00	1785.00	
5	室外工程费	40.00	158412.50	633.65	小区道路、绿化及其他等
6	城市配套费	35.00	158412.50	950.47	
7	管理费用	20.00	158412.50	316.83	
8	不可预见费	13.53	158412.50	214.33	
9	其他费用	46.00	158412.50	728.76	
9.1	工程监理费	10.00	158412.50	158.41	

续表

序号	项目名称	单价/(元/m²)	计价面积/m²	总价/万元	备注
9.2	城建规费	36.00	158412.50	570.34	包括配套费、综合开发费、散装水泥专项资金、劳动保障金等
10	合计(不含地价)	1575.34	158412.50	24955.30	
11	合计(含地价)	1728.36	158412.50	27379.35	

表 6-17　投资计划表　　　　　　　　　　　　　　　　(单位:万元)

序号	项目名称	投资金额	2019年 上半年	2019年 下半年	2020年 上半年	2020年 下半年
1	土地成本	2424.04	2424.04			
1.1	地价款	715.00	715.00			
1.2	耕地占用税	187.59	187.59			
1.3	清场及征用土地	1500.00	1500.00			
1.4	契税	21.45	21.45			
2	前期工程费	316.83	316.83			
3	建筑安装工程费	19009.44	6336.48	6336.48	6336.48	
3.1	高层住宅	19009.44	6336.48	6336.48	6336.48	
3.4	商业					
4	公建配套费	2785.00	0	1392.5	946.25	446.25
4.1	学校	1000.00		500.00	500.00	
4.2	经济适用房	1785.00		892.50	446.25	446.25
5	室外工程费	633.65				633.65
6	城市配套费	950.47	950.47			
7	管理费用	316.83	79.21	79.21	79.21	79.21
8	不可预见费	214.33	53.58	53.58	53.58	53.58
9	其他费用	728.76	609.95	39.60	39.60	39.60
9.1	工程监理费	158.41	39.60	39.60	39.60	39.60
9.2	城建规费	570.34	570.34			
10	合计	27379.35	10770.56	7901.37	7455.12	1252.29

表 6-18 分期销售收入表

项目	合计	2019 年		2020 年		2021 年		2022 年	
		上半年	下半年	上半年	下半年	上半年	下半年	上半年	下半年
销售收入/万元	33354.29	3635.56	3781.10	3926.64	4084.06	4241.48	4410.78	4580.09	4694.59
高层销售收入/万元	33354.29	3635.56	3781.10	3926.64	4084.06	4241.48	4410.78	4580.09	4694.59
销售面积/m²	158412.00	19801.50	19801.50	19801.50	19801.50	19801.50	19801.50	19801.50	19801.50
平均售价/(元/m²)	2105.54	1836.00	1909.50	1983.00	2062.50	2142.00	2227.50	2313.00	2370.83

表 6-19 销售净收入表

项目	合计	2019 年		2020 年		2021 年		2022 年	
		上半年	下半年	上半年	下半年	上半年	下半年	上半年	下半年
销售收入/万元	33354.29	3635.56	3781.10	3926.64	4084.06	4241.48	4410.78	4580.09	4694.59
高层销售收入/万元	33354.29	3635.56	3781.10	3926.64	4084.06	4241.48	4410.78	4580.09	4694.59
当期销售回款/万元	33354.29	3635.56	3781.10	3926.64	4084.06	4241.48	4410.78	4580.09	4694.59
销售税金及附加/万元	1701.07	185.41	192.84	200.26	208.29	216.32	224.95	233.58	239.42
销售净收入/万元	31653.23	3450.15	3588.26	3726.38	3875.77	4025.16	4185.83	4346.51	4455.17

表 6-20 损益与利润分配表(全部自有资金)

(单位:万元)

序号	项目	合计	2019年 上半年	2019年 下半年	2020年 上半年	2020年 下半年	2021年 上半年	2021年 下半年	2022年 上半年	2022年 下半年
1	经营收入	33354.29	3635.56	3781.10	3926.64	4084.06	4241.48	4410.78	4580.09	4694.59
1.1	销售收入	33354.29	3635.56	3781.10	3926.64	4084.06	4241.48	4410.78	4580.09	4694.59
1.2	出租收入									
1.3	其他收入									
2	开发成本	27379.35	10770.56	7901.37	7455.12	1252.29				
3	运营成本(出租)									
4	销售费用	500.31	54.53	56.72	58.90	61.26	63.62	66.16	68.70	70.42
5	销售税金及附加	1701.07	185.41	192.84	200.26	208.29	216.32	224.95	233.58	239.42
6	财务费用									
7	土地增值税									
8	营业利润	3773.56	−7374.95	−4369.83	−3787.64	2562.22	3961.54	4119.67	4277.80	4384.75
9	补前期亏损		7374.95	11744.78	15532.42	12970.20	9008.66	4888.99	611.19
10	利润总额	3773.56	−7374.95	−11744.78	−15532.42	−12970.20	−9008.66	−4888.99	−611.19	3773.56
11	所得税	943.39								943.39
12	净利润	2830.17								2830.17

注:全部自有资金情况下,总投入资金为 1.6 亿元,其中 2011 年上半年投入 0.8 亿元,2012 年上半年投入 0.4 亿元,下半年投入 0.4 亿元。项目利润率为 13.54%,净利润率为 10.15%(所得税按 25%计算)。自有资金利润率为 23.58%,自有资金净利润率为 17.69%。

表6-21 经济效益评价分析（全部自有资金）

序号	项目	指标	单位
1	占地面积	123395.0	m²
2	总建筑面积（不含地下）	158412.50	m²
3	项目总投资	27879.66	万元
4	项目经营收入	33354.29	万元
5	利润总额	3773.56	万元
6	税后利润	2830.17	万元
7	投资利润率（税前）	13.54%	
8	投资利润率（税后）	10.15%	
9	财务净现值（FNPV）	15.57	万元
10	财务内部收益率（FIRR）	8.1%	
11	静态投资回收期	3.57	年
12	动态投资回收期	4.00	年

注：在全部资金都为自有资金的情况下，本项目投资毛利润率为13.54%，低于行业最低标准20%。在8%的折现率下，财务净现值≥0，符合社会最低收益率。本项目动态投资回收期为4年，达到社会最低收益水平。在不考虑市场风险的前提下，采用全部自有资金的融资方式，本项目能够达到社会最低收益率。本项目动态投资回收期为4年，为现金流项目。

表 6-22 现金流量表(35%自有资金) (单位:万元)

序号	项目	合计	2019年 上半年	2019年 下半年	2020年 上半年	2020年 下半年	2021年 上半年	2021年 下半年	2022年 上半年	2022年 下半年
1	现金流入	33354.29	3635.56	3781.10	3926.64	4084.06	4241.48	4410.78	4580.09	4694.59
1.1	销售收入	33354.29	3635.56	3781.10	3926.64	4084.06	4241.48	4410.78	4580.09	4694.59
1.2	出租收入									
1.3	自营收入									
1.4	净转售收入									
2	现金流出	29774.12	11010.50	8150.93	7714.28	1521.84	279.94	291.11	302.29	503.23
2.1	开发成本投资	27379.35	10770.56	7901.37	7455.12	1252.29				
2.2	经营成本	500.31	54.53	56.72	58.90	61.26	63.62	66.16	68.70	70.42
2.3	销售费用	1701.07	185.41	192.84	200.26	208.29	216.32	224.95	233.58	239.42
2.4	销售税金及附加									
2.5	土地增值税									
2.6	所得税	193.39								193.39
3	净现金流量	3580.17	−7374.95	−4369.83	−3787.64	2562.22	3961.54	4119.67	4277.80	4191.36
4	累计净现金流量		−7374.95	−11744.78	−15532.42	−12970.20	−9008.66	−4888.99	−611.19	3580.17
5	净现值	588.47	−7374.95	−4204.87	−3507.08	2282.87	3396.39	3398.63	3395.86	3201.63
6	累计净现值		−7374.95	−11579.82	−15086.90	−12804.03	−9407.64	−6009.02	−2613.16	588.47

注:基准折现率为8%时,项目净现值约为588.47万元,项目内部收益率约为9.9%,动态投资回收期为3.91年。

表 6-23 经济效益评价分析（35%自有资金）

序号	项　目	指　标	单　位
1	占地面积	123395.0	m²
2	总建筑面积（不含地下）	158412.50	m²
3	项目总投资	30879.66	万元
4	项目经营收入	33354.29	万元
5	利润总额	773.56	万元
6	税后利润	580.17	万元
7	投资利润率（税前）	2.51%	
8	投资利润率（税后）	1.88%	
9	财务净现值（FNPV）	588.47	万元
10	财务内部收益率（FIRR）	9.9%	
11	静态投资回收期	3.57	年
12	动态投资回收期	3.91	年

注：在35%的资金为自有资金的情况下，本项目投资利润率（税前）为2.51%，低于行业的最低标准，在8%的折现率下，财务净现值≥0，符合社会最低收益率。本项目动态投资回收期为3.91年，小于4年。在不考虑市场风险的前提下，采取35%建筑资金为自有资金的融资方式，在追求稳定利润方面是不可行的，作为现金流项目是经济可行的。

表 6-24 损益与利润分配表(100%银行借款) (单位:万元)

序号	项目	合计	2019年 上半年	2019年 下半年	2020年 上半年	2020年 下半年	2021年 上半年	2021年 下半年	2022年 上半年	2022年 下半年
1	经营收入	33354.29	3635.56	3781.10	3926.64	4084.06	4241.48	4410.78	4580.09	4694.59
1.1	销售收入	33354.29	3635.56	3781.10	3926.64	4084.06	4241.48	4410.78	4580.09	4694.59
1.2	出租收入									
1.3	其他收入									
2	开发成本	27379.35	10770.56	7901.37	7455.12	1252.29				
3	运营成本(出租)									
4	销售费用	500.31	54.53	56.72	58.90	61.26	63.62	66.16	68.70	70.42
5	销售税金及附加	1701.07	185.41	192.84	200.26	208.29	216.32	224.95	233.58	239.42
6	财务费用	4920.00	320.00	520.00	680.00	680.00	680.00	680.00	680.00	680.00
7	土地增值税									
8	营业利润	-1146.44	-7694.95	-4889.83	-4467.64	1882.22	3281.54	3439.67	3597.80	3704.75
9	补前期亏损		7694.95	12584.78	17052.42	15170.20	11888.66	8448.99	4851.19	
10	利润总额	-1146.44	-7694.95	-12584.78	-17052.42	-15170.20	-11888.66	-8448.99	-4851.19	-1146.44
11	所得税									
12	净利润	-1146.44								-1146.44

注:银行借款利息按8%计算,利息当期偿还,项目期期末一次性偿还本金,项目利润率为-3.5%,净利润率为-3.5%。

表 6-25 经济效益评价分析（100%银行借款）

序号	项目	指标	单位
1	占地面积	123395.0	m²
2	总建筑面积（不含地下）	158412.50	m²
3	项目总投资	32799.66	万元
4	项目经营收入	33354.29	万元
5	利润总额	－1146.44	万元
6	税后利润	－1146.44	万元
7	投资利润率（税前）	－3.50%	
8	投资净利润率（税后）	－3.50%	
9	财务净现值（FNPV）	736.19	万元
10	财务内部收益率（FIRR）	10.4%	
11	静态投资回收期	3.57	年
12	动态投资回收期	3.88	年

注：在100%资金都为银行借款的情况下，本项目投资毛利润率为－3.5%，为亏损状态。在8%的折现率下，财务净现值≥0，符合社会最低收益率。本项目动态投资回收期为3.88年，小于4年。由于本项目毛利润为负值，决定了项目在100%资金都为银行借款融资的条件下经济上是不可行的。

第六章 工程项目财务评价 151

表 6-26 损益与利润分配表(80%股东贷款) (单位:万元)

序号	项目	合计	2019年 上半年	2019年 下半年	2020年 上半年	2020年 下半年	2021年 上半年	2021年 下半年	2022年 上半年	2022年 下半年
1	经营收入	33354.29	3635.56	3781.10	3926.64	4084.06	4241.48	4410.78	4580.09	4694.59
1.1	销售收入	33354.29	3635.56	3781.10	3926.64	4084.06	4241.48	4410.78	4580.09	4694.59
1.2	出租收入									
1.3	其他收入									
2	开发成本	27379.35	10770.56	7901.37	7455.12	1252.29				
3	运营成本(出租)									
4	销售费用	500.31	54.53	56.72	58.90	61.26	63.62	66.16	68.70	70.42
5	销售税金及附加	1701.07	185.41	192.84	200.26	208.29	216.32	224.95	233.58	239.42
6	财务费用	9700.00	400.00	900.00	1400.00	1400.00	1400.00	1400.00	1400.00	1400.00
7	土地增值税									
8	营业利润	−5926.44	−7774.95	−5269.83	−5187.64	1162.22	2561.54	2719.67	2877.80	2984.75
9	补前期亏损		7774.95		13044.78	18232.42	17070.20	14508.66	11788.99	8911.19
10	利润总额	−5926.44	−7774.95	−13044.78	−18232.42	−17070.20	−14508.66	−11788.99	−8911.19	−5926.44
11	所得税									
12	净利润	−5926.44								−5926.44

注:股东贷款利息为20%,当期偿还利息,项目期期末偿还本金,项目利润率为−15.77%,为亏损状态。自有资金利润率为−148.16%,自有资金净利润率为−148.16%。

表 6-27 敏感性分析（35%自有资金）

序号	项目	销售价格变化						开发成本变化					
		下降15%	下降10%	下降5%	上升5%	上升10%	上升15%	下降15%	下降10%	下降5%	上升5%	上升10%	上升15%
1	占地面积/m²	123395.0	123395.0	123395.0	123395.0	123395.0	123395.0	123395.0	123395.0	123395.0	123395.0	123395.0	123395.0
2	总建筑面积/m²	158412.50	158412.50	158412.50	158412.50	158412.50	158412.50	158412.50	158412.50	158412.50	158412.50	158412.50	158412.50
3	项目总投资/万元	30804.61	30829.63	30854.64	30904.68	30929.69	30954.71	27857.15	28864.65	29872.16	31887.16	32894.67	33902.17
4	项目经营收入/万元	28351.15	30018.86	31686.58	35022.00	36689.72	38357.43	33354.29	33354.29	33354.29	33354.29	33354.29	33354.29
5	利润总额/万元	−3899.38	−2341.73	−784.08	2331.21	3888.85	5446.50	3796.07	2788.57	1781.06	−233.94	−1241.44	−2248.95
6	税后利润/万元	−3899.38	−2341.73	−784.08	1748.40	2916.64	4084.87	2847.05	2091.42	1335.80	−233.94	−1241.44	−2248.95
7	投资利润率（税前）	−12.66%	−7.60%	−2.54%	7.54%	12.57%	17.60%	13.63%	9.66%	5.96%	−0.73%	−3.77%	−6.63%
8	投资净利润率（税后）	−12.66%	−7.60%	−2.54%	5.66%	9.43%	13.20%	10.22%	7.25%	4.47%	−0.73%	−3.77%	−6.63%
9	财务净现值	−3333.08	−1976.66	−620.23	1647.44	2706.40	3765.37	2925.92	2146.77	1367.62	−235.36	−1206.91	−2178.45
10	财务内部收益率	−2.4%	1.8%	6.0%	13.5%	17.2%	21.2%	19.3%	15.8%	12.7%	7.3%	4.4%	1.8%
11	静态投资回收期	—	3.92	3.73	3.42	3.28	3.15	3.22	3.34	3.45	3.68	3.80	3.91
12	动态投资回收期	—	—	—	3.73	3.54	3.38	3.46	3.62	3.77	—	—	—

注：在35%自有资金情况下，销售收入和开发成本的变动对项目价值影响都较大。销售价格下降5%，或者开发成本上升5%，本项目的净现金流为负，使项目不具可行性。

第六章 工程项目财务评价

表6-28 敏感性分析（100%银行借款）

序号	项 目	销售价格变化						开发成本变化					
		下降15%	下降10%	下降5%	上升5%	上升10%	上升15%	下降15%	下降10%	下降5%	上升5%	上升10%	上升15%
1	占地面积/m²	123395.0	123395.0	123395.0	123395.0	123395.0	123395.0	123395.0	123395.0	123395.0	123395.0	123395.0	123395.0
2	总建筑面积/m²	158412.50	158412.50	158412.50	158412.50	158412.50	158412.50	158412.50	158412.50	158412.50	158412.50	158412.50	158412.50
3	项目总投资/万元	32724.61	32749.63	32774.64	32824.68	32849.69	32874.71	29777.15	30784.65	31792.16	33807.16	34814.67	35822.17
4	项目经营收入/万元	28351.15	30018.86	31686.58	35022.00	36689.72	38357.43	33354.29	33354.29	33354.29	33354.29	33354.29	33354.29
5	利润总额/万元	−5819.38	−4261.73	−2704.08	411.21	1968.85	3526.50	1876.07	868.57	−138.94	−2153.94	−3161.44	−4168.95
6	税后利润/万元	−5819.38	−4261.73	−2704.08	308.40	1476.64	2644.87	1407.05	651.42	−138.94	−2153.94	−3161.44	−4168.95
7	投资利润率（税前）	−17.78%	−13.01%	−8.25%	1.25%	5.99%	10.73%	6.30%	2.82%	−0.44%	−6.37%	−9.08%	−11.64%
8	投资净利润率（税后）	−17.78%	−13.01%	−8.25%	0.94%	4.50%	8.05%	4.73%	2.12%	−0.44%	−6.37%	−9.08%	−11.64%
9	财务净现值（FNPV）/万元	−3333.08	−1976.66	−620.23	2014.09	3073.06	4132.03	3292.58	2513.43	1707.74	−235.36	−1206.91	−2178.45
10	财务内部收益率（FIRR）	−2.4%	1.8%	6.0%	14.6%	18.3%	22.2%	20.5%	17.0%	13.8%	7.3%	4.4%	1.8%
11	静态投资回收期/年	—	3.92	3.73	3.42	3.28	3.15	3.22	3.34	3.45	3.68	3.80	3.91
12	动态投资回收期/年	—	—	—	3.71	3.54	3.38	3.46	3.61	3.75	—	—	—

注：在100%资金都为银行借款的情况下，销售价格变动的影响要大于开发成本的变化；在此种融资方式下，售价上升5%，本项目在现金流方面是可行的。当开发成本下降到10%以上，本项目才具有经济可行性。

表 6-29 不同资金来源的敏感性分析

资金来源	项目	销售价格变化							开发成本变化				
		上升15%	下降15%	下降10%	下降5%	上升5%	上升10%	上升15%	下降15%	下降10%	下降5%	上升5%	上升10%
全部自有资金	投资利润率(税前)	-3.23%	2.37%	7.96%	19.11%	23.15%	27.03%	25.02%	21.55%	17.79%	9.58%	5.88%	2.43%
	投资利润率(税后)	-3.23%	1.77%	5.97%	14.33%	17.36%	20.27%	18.76%	16.16%	13.34%	7.18%	4.41%	1.82%
	财务净现值(FNPV)/万元	-3333.08	-2102.36	-1043.40	1074.54	1890.66	2681.91	2022.22	1450.86	794.72	-763.58	-1542.73	-2321.88
35%自有资金	投资利润率(税前)	-12.66%	-7.60%	-2.54%	7.54%	12.57%	17.60%	13.63%	9.66%	5.96%	-0.73%	-3.77%	-6.63%
	投资利润率(税后)	-12.66%	-7.60%	-2.54%	5.66%	9.43%	13.20%	10.22%	7.25%	4.47%	-0.73%	-3.77%	-6.63%
	财务净现值(FNPV)/万元	-3333.08	-1976.66	-620.23	1647.44	2706.40	3765.37	2925.92	2146.77	1367.62	-235.36	-1206.91	-2178.45
100%银行借款	投资利润率(税前)	-17.78%	-13.01%	-8.25%	1.25%	5.99%	10.73%	6.30%	2.82%	-0.44%	-6.37%	-9.08%	-11.64%
	投资利润率(税后)	-17.78%	-13.01%	-8.25%	0.94%	4.50%	8.05%	4.73%	2.12%	-0.44%	-6.37%	-9.08%	-11.64%
	财务净现值(FNPV)/万元	-3333.08	-1976.66	-620.23	2014.09	3073.06	4132.03	3292.58	2513.43	1707.74	-235.36	-1206.91	-2178.45
80%股东贷款	投资利润率(税前)	-28.26%	-24.09%	-19.93%	-11.62%	-7.47%	-3.33%	-8.40%	-11.00%	-13.45%	-17.97%	-20.06%	-22.04%
	投资利润率(税后)	-28.26%	-24.09%	-19.93%	-11.62%	-7.47%	-3.33%	-8.40%	-11.00%	-13.45%	-17.97%	-20.06%	-22.04%
	财务净现值(FNPV)/万元	-3333.08	-1976.66	-620.23	2092.62	3449.04	4805.47	3650.84	2679.29	1707.74	-235.36	-1206.91	-2178.45

注:销售价格是本项目面临的最大风险,其对经济指标的影响幅度最大,销售价格的微降,都会导致本项目在各种融资情况下经济上不可行。

项目在四种资金筹措下的盈亏平衡分析：

在资金全部为自有资金的情况下，当项目销售面积达到140500万 m² 时，盈亏达到基本平衡，最终确定本项目的盈亏平衡点为销售面积占总建筑面积的88.70%。在35%的资金为自有资金的情况下，当项目销售面积达到154700万 m² 时，盈亏达到基本平衡，最终确定本项目的盈亏平衡点为销售面积占总建筑面积的97.66%。在100%的资金都为银行借款的情况下，建筑面积全部销售完时依然亏损。在80%的资金为股东贷款的情况下，全部销售完也依然亏损，盈亏平衡图如图6-1所示。

本项目在100%的资金都为银行借款的情况下和在80%的资金为股东贷款的情况下无法实现盈亏平衡，其余两种方式的盈亏平衡点的销售面积也接近总建筑面积的100%，说明本项目的承受能力和抗风险能力是非常弱的。

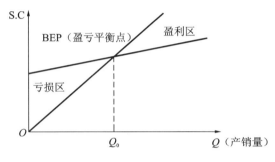

图 6-1　盈亏平衡图

该房地产开发项目在四种资金筹措方式下的经济分析如下。

(1) 全部自有资金。

静态经济效益评价：项目利润率(税前)为13.54%，低于行业最低利润率。

动态经济效益评价：财务净现值大于0，现金流上是可行的。

盈亏平衡分析：盈亏平衡点为销售面积占总建筑面积的88.70%，抗风险能力弱。

敏感性分析：销售价格和开发成本对项目经济指标影响都较大。

(2) 35%自有资金。

静态经济效益评价：项目利润率(税前)为2.51%，低于行业最低利润率。

动态经济效益评价：财务净现值大于0，现金流上是可行的。

盈亏平衡分析：盈亏平衡点为销售面积占总建筑面积的97.66%，抗风险能力弱。

敏感性分析：销售价格和开发成本对项目经济指标影响都较大。

(3) 100%银行借款。

静态经济效益评价：项目利润率(税前)为-3.5%，为亏损状态。

动态经济效益评价：财务净现值大于0，现金流上是可行的。

盈亏平衡分析：建筑面积全部销售完依然亏损。

敏感性分析：开发成本对项目经济指标影响较大。

(4) 80%股东贷款。

静态经济效益评价：项目利润率(税前)为-15.77%，处于亏损状态。

动态经济效益评价：财务净现值大于0，现金流上是可行的。

盈亏平衡分析：建筑面积全部销售完依然亏损。

敏感性分析：销售价格和开发成本对项目经济指标影响都较大。

因此，从现金流和利润率角度综合分析，本项目在经济上是不可行的。

【习题】

扫码看答案

一、历年执业资格考试单选题。

1. 编制资产负债表时，企业在资产负债表之前违反了长期借款协议，导致贷款人可随时要求清偿的负债，应当归类为（　　）。（2019年一建真题）

   A. 流动负债　　　　B. 长期借款　　　　C. 长期待摊费用　　D. 预计负债

2. 下列投资方案现金流量表中，用来计算累计盈余资金、分析投资方案财务生存能力的是（　　）。（2018年造价真题）

   A. 投资现金流量表　　　　　　　　B. 资本金现金流量表

   C. 投资各方现金流量表　　　　　　D. 财务计划现金流量表

3. 下列财务指标中，数值越大则表示企业销售能力越强的指标是（　　）。（2017年一建真题）

   A. 流动比率　　　B. 净资产收益率　　C. 总资产周转率　　D. 资产负债率

4. 下列企业资产中，属于资产负债表中非流动资产的是（　　）。（2017年一建真题）

   A. 交易性金融资产　　　　　　　　B. 存货

   C. 预付款项　　　　　　　　　　　D. 可供出售金融资产

5. 在技术方案经济效果评价的相关费用中，应计入经营成本的是（　　）。（2017年一建真题）

   A. 折旧费　　　　B. 修理费　　　　C. 无形资产摊销费　　D. 利息支出

6. 某技术方案有三个投资者共同投资，若要比较三个投资者的财务内部收益率是否均衡，则适宜采用的现金流量表是（　　）。（2016年一建真题）

   A. 投资现金流量表　　　　　　　　B. 资本金现金流量表

   C. 投资各方现金流量表　　　　　　D. 财务计划现金流量表

7. 下列现金流量表中，用来反映投资方案在整个计算期内现金流入和流出的是（　　）。（2016年造价真题）

   A. 投资各方现金流量表　　　　　　B. 资本金现金流量表

   C. 投资现金流量表　　　　　　　　D. 财务计划现金流量表

8. 可根据计算累计盈余资金，分析技术方案财务生存能力的现金流量表是（　　）。（2015年一建真题）

   A. 财务计划现金流量表　　　　　　B. 投资各方现金流量表

   C. 资本金现金流量表　　　　　　　D. 投资现金流量表

9. 反映企业在一定会计期间经营成果的报表是（　　）（2011年一建真题）

   A. 利润表　　　　　　　　　　　　B. 资产负债表

   C. 现金流量表　　　　　　　　　　D. 所有者权益变动表

10. 项目财务计划现金流量表主要用于分析项目的（　　）。（2010年一建真题）

    A. 偿债能力　　B. 财务生存能力　　C. 财务盈利能力　　D. 不确定性

二、历年执业资格考试多选题。

1.下列技术方案经济效果评价指标中,属于偿债能力分析指标的有(　　)。(2017年一建真题)
   A.借款偿还期　　　　　B.资本积累率　　　　　C.财务内部收益率
   D.投资回收期　　　　　E.流动比率

2.分析企业债务清偿能力时,可列入速动资产的有(　　)。(2016年一建真题)
   A.货币资金　　　　　　B.应收票据　　　　　　C.应收账款
   D.存货　　　　　　　　E.交易性金融资产

3.资本金现金流量表中,作为现金流出的项目有(　　)。(2013年一建真题)
   A.借款本金偿还　　　　B.回收固定资产余值　　C.回收流动资金
   D.借款利息支付　　　　E.经营成本

4.下列投资方案经济效果评价指标中,可用于偿债能力分析的有(　　)。(2013年一建真题)
   A.利息备付率　　　　　B.投资收益率　　　　　C.流动比率
   D.借款偿还期　　　　　E.投资回收期

5.技术方案偿债能力评价指标有(　　)。(2011年一建真题)
   A.财务内部收益率　　　B.生产能力利用率　　　C.资产负债率
   D.借款偿还期　　　　　E.流动比率

6.关于资产负债表作用的说法,正确的有(　　)。(2011年一建真题)
   A.能够反映构成净利润的各种要素
   B.能够反映企业在一定会计期间现金和现金等价物流入和流出的情况
   C.能够反映企业在某一特定日期所拥有的各种资源总量及其分布情况
   D.能够反映企业的偿债能力
   E.能够反映企业在某一特定日期企业所有者权益的构成情况

三、问答题。

1.什么是财务评价?财务评价的内容及作用是什么?

2.什么是项目的融资前分析?什么是项目的融资后分析?在评价时它们的区别是什么?

四、计算题。

1.某生产建设项目基础数据如下。

(1)按当地现行价格计算,项目的设备购置费为3000万元。已建类似项目的建筑工程费、安装工程费占设备购置费的比例分别为50%、30%,由于时间、地点因素引起上述两项费用变化的综合调整系数为1.1,项目的工程建设其他费用按760万元估算。

(2)项目建设期为1年,运营期为9年。

(3)项目建设投资来源为资本金和贷款,贷款总额为1500万元,贷款年利率为7%(按年计息),贷款合同约定的还款方式为运营期前4年等额还本利息照付方式。

(4)项目建设投资全部形成固定资产,固定资产使用年限为9年,残值率为5%,采用直线法折旧。

(5)项目流动资金600万元为自有资金,在运营期第1年投入。

(6)项目运营期第1年营业收入、经营成本、税金及附加分别为1500万元、780万元、100万元。

(7)项目所得税税率25%。

(8)项目计算时,不考虑预备费。

问题:

(1)计算项目的建设投资。

(2)计算项目固定资产折旧额。

(3)计算运营期第1年应还银行的本息额。

(4)计算运营期第1年的总成本费用、税前利润和所得税。

(5)编制完成"项目投资现金流量表"。

2.某拟建工业项目建设投资4500万元,建设期2年,生产运营期10年。其他有关资料和基础数据如下:

(1)建设投资预计全部形成固定资产,固定资产使用年限为10年,残值率为5%,采用直线法折旧。

(2)建设投资来源为资本金和贷款。其中贷款本金为200万元,贷款年利率为7%,按年计息。贷款在2年内均衡投入。

(3)在生产运营期前5年按照等额还本付息方式偿还贷款。

(4)生产运营期第1年由资本金投入400万元,作为生产运营期间的流动资金。

(5)项目生产运营期正常年份营业收入为2000万元,经营成本为780万元。生产运营期第1年营业收入和经营成本均为正常年份的90%,第2年起各年营业收入和经营成本均达到正常年份水平。

(6)项目所得税税率为25%,税金及附加税率为5%。

问题:

(1)计算项目的年折旧额。

(2)计算项目生产运营期第1年、第2年应偿还的本息额。

(3)计算项目生产运营期第1年、第2年的总成本费用。

(4)判断项目生产运营期第1年末项目还款资金能否满足约定还款方式要求,并通过列式计算说明理由。

(5)计算项目正常年份的总投资收益率。

3.某拟建项目有关资料如下:

(1)项目工程费用由以下内容构成。

①主要生产项目1200万元,其中:建筑工程费250万元,设备购置费800万元,安装工程费150万元。

②辅助生产项目250万元,其中:建筑工程费130万元,设备购置费90万元,安装工程费30万元。

③公用工程120万元,其中:建筑工程费80万元,设备购置费30万元,安装工程费10万元。

(2)项目建设前期年限为1年,项目建设期第1年完成投资40%,第2年完成投资60%。工程建设其他费用200万元。基本预备费率为8%,年均投资价格上涨率为7%。

(3)项目建设期2年,运营期10年。建设期贷款1500万元,贷款年利率为6%,在建设期第1年投入40%,第2年投入60%。贷款在运营期前4年按照等额还本利息照付的方式偿还。

(4)项目固定资产投资预计全部形成固定资产,固定资产使用年限为10年,残值率为5%,采用直线法折旧。项目运营期第1年投入资本金200万元作为运营期的流动资金。

(5)项目运营期正常年份营业收入为1500万元,经营成本为625万元。运营期第1年营业收入和经营成本均为正常年份的80%,第2年起各年营业收入和经营成本达到正常年份水平。

(6)项目所得税税率为25%,税金及附加税率为6%。

问题:

(1)计算项目的基本预备费和涨价预备费。

(2)计算项目的建设期贷款利息,完成表6-30建设项目固定资产投资估算表。

表6-30 建设项目固定资产投资估算表　　　　　　　　　　(单位:万元)

序号	工程费用名称	建筑工程费	设备购置费	安装工程费	其他费用	合计
1	工程费用					
1.1	主要生产项目					
1.2	辅助生产项目					
1.3	公用工程					
2	工程建设其他费用					
3	预备费					
3.1	基本预备费					
3.2	涨价预备费					
4	建设期贷款利息合计					

(3)计算项目各年还本付息额,并将数据填入表6-31项目还本付息计划表。

(4)计算项目运营期第1年的项目总成本费用。

(5)计算项目资本金现金流量分析中运营期第1年的净现金流量。

表6-31 项目还本付息计划表　　　　　　　　　　(单位:万元)

序号	项目名称	第1年	第2年	第3年	第4年	第5年	第6年
1	年初借款余额						
2	当年借款						
3	当年计息						
4	当年还本						
5	当年还本付息						

第七章　工程项目国民经济评价

第一节　国民经济评价概述

一、国民经济评价的概念

国民经济评价是从资源合理配置的角度，把工程项目置于整个国民经济体系中，从国民经济整体利益出发，计算、比较国民经济为项目所要付出的全部成本和国民经济从项目中可能获得的全部效益，并据此评价项目的经济合理性。

需要进行国民经济评价的项目主要包括国家及地方政府参与投资的项目；国家给予财政补贴或减免税费的项目；主要的基础设施项目，如铁路、公路等交通运输项目；较大的水利水电项目；国家控制的战略性资源开发项目；动用社会资源和自然资源较多的中外合资项目；主要产出物和投入物的市场价格不能反映真实价值的项目。

二、国民经济评价与财务评价的比较

1. 财务评价与国民经济评价的共同点

(1)评价的目的相同。

都是以寻求经济效益最好的项目为目的，都追求以最小的投入获得最大的产出。

(2)评价的基础相同。

都是项目可行性研究的组成部分，都要在完成项目的市场预测、方案构思、投资金额估算和资金筹措的基础上进行，评价的结论也都取决于项目本身的客观条件。

(3)评价的基本方法以及评价指标基本相同。

都采用现金流量基本报表来计算净现值、内部收益率等经济指标，经济指标的含义也基本相同。

2. 财务评价与国民经济评价的不同点

(1)评价角度与立场不同。

财务评价是站在企业的立场，从项目的微观角度，按照现行的财税制度分析项目的盈利能力和清偿能力，以判断项目是否具有财务生存能力。

国民经济评价则是站在国家整体的立场上，从国民经济综合平衡的宏观角度去分析项目对国民经济发展、国家资源配置等方面的影响，以考察投资行为的经济合理性。

(2)跟踪对象不同。

财务评价跟踪的是与项目直接相关的货币流动，由项目之外流入项目之内的货币为财

务收益,而由项目之内流出项目之外的货币则为财务费用。

国民经济评价跟踪的则是围绕项目发生的资源流动,减少社会资源的项目投入为国民经济费用,而增加社会资源的项目产出则为国民经济收益。

(3)费用和效益的划分范围不同。

财务评价是根据项目的实际收支来计算项目的效益与费用,凡是项目的收入均计为效益,凡是项目的支出均计为费用,如工资、税金、利息等都作为项目的费用,财政补贴则作为项目的效益。

国民经济评价则根据项目向社会贡献的有用产品或服务以及项目实际耗费的有用资源来计算项目的效益与费用。

在财务评价中作为费用或效益的税金、国内借款利息、财政补贴等,在国民经济评价中被视为国民经济内部转移支付,不作为项目的费用或效益。而在财务评价中不计为费用或效益的环境污染、降低劳动强度等,在国民经济评价中则需计为费用或效益。

(4)价格体系不同。

财务评价中采用的是市场价格体系,国民经济评价采用的是影子价格体系。

(5)主要参数不同。

财务评价采用的汇率是官方汇率,采用的折现率是因行业而各异的行业基准收益率;国民经济评价采用的汇率是影子汇率,采用的折现率是国家统一测定的社会折现率。

(6)评价的组成内容不同。

财务评价包括的内容为盈利能力分析、清偿能力分析、外汇平衡分析;国民经济评价包括的内容为盈利能力分析、外汇效果分析。

三、国民经济评价的程序

国民经济评价包括国民经济盈利能力的定量分析和对难以量化的外部效果和无形效果的定性分析。对于外资项目还要求进行外汇效果分析。主要内容有国民经济费用与效益的识别,影子价格、参数的选取和测算,费用效益流量表的编制,方案经济效果评价。对于一般工程项目,国民经济评价是在财务评价的基础上进行的,其主要程序如下。

1. 费用与效益的识别

国民经济评价和财务评价中的费用与效益的划分范围是不同的。国民经济评价以工程项目耗费国家资源的多少和项目给国民经济带来的收益来界定项目的费用与效益,只要是项目在客观上引起的费用与效益,包括间接产生的费用与效益,无论最终是由谁来支付和获取,都要视为该项目的费用与效益,而不仅仅是考察项目账面上直接显现的收支,因此,在国民经济评价中需要对这些直接或间接的费用与效益加以识别和处理。

2. 影子价格、参数的选取和测算

比较理想的市场是能将稀缺资源进行合理配置,这是需要具备一定条件的,如资源产权清晰、完全竞争、不存在短期行为等。如果这些条件不具备,市场就不能有效地配置资源,即产生市场失真现象。现行价格体系一般都存在着不同程度的扭曲和失真现象,这种情况下使用现行市场价格就无法正确地进行国民经济评价。只有采用通过对现行市场价格进行调整计算而获得能够反映资源真实经济价值和市场供求关系的影子价格,才能保证国民经济评价的科学性。

3. 费用效益流量表的编制

费用效益流量表有两种,即国民经济费用效益流量表(考察全部投资,包括国内和国外投资)和国内投资国民经济费用效益流量表(考察国内投资)。

(1)在财务评价的基础上编制国民经济费用效益流量表(间接法)。

①剔除经营期的转移支付,将财务现金流量表列支的销售税金及附加、增值税、国内借款利息作为转移支付剔除。

②计算间接效益与间接费用。

③调整减少投资,用影子价格、影子汇率逐项调整构成投资的各项费用,剔除转移支付。

进口设备价格调整通常要剔除进口关税、增值税等转移支付;建筑工程费和安装工程费按材料费、劳动力的影子价格进行调整;土地费用按土地影子价格进行调整。

④调整流动资金,财务账目中的应收、应付款项及现金并没有实际耗用国民经济资源,在国民经济评价中应将其从流动资金中剔除。

⑤调整经营成本,用影子价格调整各项经营成本,对主要原材料、燃料及动力费用影子价格进行调整;对劳动工资及福利费,用影子工资进行调整。

⑥调整销售收入,用影子价格调整计算项目产出物的销售收入。

⑦调整外汇价值,国民经济评价各项销售收入和费用支出中的外汇部分,应用影子汇率进行调整,计算外汇价值。

(2)直接编制国民经济费用效益流量表(直接法)。

①确定国民经济费用、效益的计算范围,包括直接费用、直接效益和间接费用、间接效益。

②测算各种主要投入物的影子价格和产出物的影子价格(交通运输项目的国民经济效益不按产出物影子价格计算,而是通过由于节约运输时间、费用等产生的效益计算),并在此基础上对各项国民经济费用和效益进行估算;

③编制国民经济费用效益流量表。

4. 方案经济效果评价

工程项目投资方案的经济效果评价是寻求合理的经济和技术决策的必要手段,也是国民经济评价的重要组成部分。方案评价一般可采用净现值法和内部收益率法,而对于效益相同的方案或效益基本相同又难以具体估算的方案,可采用最小费用法(如费用现值法和费用年值法)进行评价,然后对工程项目是否具有经济合理性进行分析并得出结论。

四、进行费用效益分析项目的特征

对于财务价格扭曲、失真,不能真实反映项目投入物、产出物的经济价值,财务成本不能包含项目对资源的全部消耗,财务效益不能包含项目产出的全部经济效果的项目,需要进行费用效益分析。下列类型项目应做费用效益分析:

(1)具有垄断特征的项目;

(2)产出物具有公共产品特征的项目;
(3)外部效果显著的项目;
(4)资源开发项目;
(5)涉及国家经济安全的项目;
(6)受过度行政干预的项目。

第二节 费用与效益识别

一、费用与效益识别原则

费用与效益分析是指从国家和社会的宏观利益出发,通过对工程项目的费用和经济效益进行系统全面的识别和分析,求得项目的经济净收益,并以此来评价工程项目可行性的一种方法,正确地识别费用与效益,是保证国民经济评价正确的前提。费用与效益识别的原则如下。

1. 遵循有无对比的原则

通过将项目的实施效果与无项目情况下可能发生的情况进行对比分析,作为计算机会成本或增量效益的依据。

2. 对项目所涉及的所有成员及群体的费用和效益作全面分析

3. 正确识别正面和负面的外部效果,防止误算、漏算或重复计算

外部效果是指项目的产出或投入无意识地给他人带来费用或效益,且项目却没有为此付出代价或为此获得效益。为防止外部效果计算扩大化,一般只计算一次相关效果。

4. 合理确定费用与效益的空间范围和时间跨度

5. 正确识别和调整转移支付,根据不同情况区别对待

凡是工程项目使国民经济发生的实际资源消耗,或者国民经济为工程项目付出的代价,即为费用。凡是工程项目对国民经济发生的实际资源产出与节约,或者对国民经济做出的贡献,即为效益。例如,某大型水利工程项目所导致的航运减少,航运、航道工人失业,直接的基建开支、移民开支、电费降价引起的国家收入减少等都是费用;而由该工程所导致的水力发电净收益增加、洪水灾害减轻、农业增产、电力用户支出减少、国家救济费用的节省等都是效益。工程项目对国民经济产生的影响称为效果,这种效果可分为直接效果和外部效果。

二、直接费用与直接效益

直接费用和直接效益统称为直接效果,也称为内部效果。

1. 直接费用

工程项目的直接费用是国家为项目的建设和生产经营而投入的各种资源(固定资产投资、流动资金以及经常性投入等)用影子价格计算出来的经济价值。一般表现为:

①其他部门为本项目提供投入物,需要扩大生产规模所耗费的资源费用;

②减少对其他项目或者最终消费投入物的供应而放弃的效益;
③增加进口或者减少出口从而耗用或者减少的外汇等。

2. 直接效益

工程项目的直接效益是由项目自身产出、并用影子价格计算出来的产出物的经济价值,是项目自身直接增加销售量和劳动量所获得的效益。一般表现为:
①增加项目产出物或者服务的数量以满足国内需求的效益;
②替代效益较低的相同或类似企业的产出物或者服务,使被替代企业减产(停产)从而减少国家有用资源耗费或者损失的效益;
③增加出口或者减少进口从而增加或者节支的外汇等。

三、间接费用与间接效益

间接费用和间接效益统称为外部效果。外部效果是指国民经济为项目付出的代价与项目对国民经济做出的贡献,在直接费用与直接效益中未得到反映的那部分费用与效益。外部效果应包括以下几个方面。

日美贸易战

1. 产业关联效果

产业关联效果包括对下游企业和上游企业的关联效果。对下游企业的关联效果主要是指生产初级产品的项目对以其产出物为原料的经济部门产生的效果;对上游企业的关联效果是指一个项目的建设会刺激那些为该项目提供原材料或半成品的经济部门的发展。

中美贸易争端

在考虑外部效果时,特别需要避免发生重复计算和虚假扩大项目间接效益的问题。在大多数情况下,项目的产出物以影子价格计算的效益已经将各种连锁效益考虑在内了,项目产出物的影子价格以消费者的支付意愿计价,就已经充分计算了产出物的效益,不应再计算间接效益。项目投入物的影子价格大多数也已经充分计算了投入物的社会费用,并已经将充分利用原有生产能力和其他资源所得到的社会收益从费用中扣除,不应再重复计算间接的上游效益。

另外,间接费用和间接效益的计算通常比较困难,为了降低计算上的难度,应力求明确项目的"外界"。通常情况下是通过扩大项目的范围,特别是把一些相关联的项目整合在一起作为"联合体"来进行评估,这样可使间接费用和间接效益转化为直接费用和直接效益。另外,在确定投入物和产出物的影子价格时,已在一定范围内考虑了外部效果,用影子价格计算的费用和效益在很大程度上使外部效果在项目内部得到了体现,通过扩大项目范围和调整价格,实际上已将很多外部效果内部化了。

2. 环境和生态效果

由于人们对工业严重的负面影响预料不够,预防不利,导致了全球性的三大危机:资源短缺、环境污染和生态破坏。人类不断地向环境排放污染物质,由于大气、水、土壤等的扩散、稀释、氧化还原、生物降解等作用,污染物质的浓度和毒性会自然降低,这种现象称为环境自净。如果排放的污染物质超过了环境自净能力,环境质量就会发生不良变化,导致环境污染,危害人类健康和生存,这可以称为环境成本。

一些项目在生产过程中排出未经处理的废水、废气和废渣等环境污染物,造成"企业违法污染获利,环境损害大家买单"的现象。此时,项目没有直接支付任何费用,而国民经济却付出了代价。

环境及生态影响的费用和效益,应根据项目的时间跨度、空间范围、具体特点、评价深度要求及资源占有情况,采用适当的评估方法与技术对环境及生态影响的外部效果进行识别、量化和货币化。

3. 技术扩散和示范效果

技术扩散和示范效果是由于建设技术先进的项目会培养和造就大量的技术人员和管理人员。他们除了为本项目服务外,由于人员流动、技术交流对整个社会经济发展也会带来好处。

【课外知识】

绿 色 建 筑

目前我们所使用的许多建筑材料对人存在直接的危害,比如砌体材料中存在放射性物质,装修材料中的人工合成板材含有甲醛、苯等。建筑在施工过程中产生的扬尘、噪声,建筑物造成的温室效应和光污染对环境造成了严重影响。因此可持续发展在建筑领域日益受到重视,绿色建筑则顺应时代的发展要求而产生。

绿色建筑并不是指一般意义的立体绿化、屋顶花园,而是代表一种概念或象征,指对环境无害,能充分利用环境自然资源,并且在不破坏环境基本生态平衡条件下建造的一种建筑,又可称为可持续发展建筑、生态建筑、回归大自然建筑、节能环保建筑等。绿色建筑的室内布局十分合理,尽量避免了使用合成材料,充分利用了阳光,节省了能源,为居住者创造出一种接近自然的感觉。绿色建筑以人、建筑和自然环境的协调发展为目标,在利用天然条件和人工手段创造良好、健康的居住环境的同时,尽可能地控制和减少对自然环境的使用和破坏,充分体现了向大自然的索取和回报之间的平衡。

绿色建筑注重温度问题。传统的空调系统能够维持室内温度,但是,近几年的研究表明,室内达到绝对舒适,容易引发"空调病"问题,且消耗大量能源,增加氟利昂对臭氧层的破坏。而绿色建筑要求除保证人体总体热平衡外,应注意身体个别部位如头部和足部对温度的特殊要求,并善于应用自然能源。另外,采用极大玻璃面的建筑在夏季会发生温室效应,而在冬季会发生来自冷玻璃面的低温辐射效应。因此,绿色建筑除了考虑冬夏空调设计条件外,还要分析当地气候及建筑内部负荷变化对室内环境舒适性的影响。比如分析气候和建筑内部负荷每个月每小时的变化对室内环境舒适性的影响。

绿色建筑注重日照和噪声问题。绿色建筑中引进无污染、光色好的日光作为光源是打造绿色光环境的一部分。但舒适健康的光环境还应包括易于观看且安全美观的亮度分布、眩光控制和照度均匀控制等,因此,应根据不同的时间、地点调节强光从而不影响阳光的高品质。另外,健康舒适的声环境有利于身心健康。绿色声环境要求不损伤听力并尽量减少噪声源。这样,设计时通常将产生噪声的设备单独布置在远离使用房间的部位,并控制室外噪声级。

绿色建筑注重空气质量。通常,影响空气质量的因素包括空气流动、空气的洁净程度等。如果空气流动不够,人会感到不舒服,流动过快则会影响温度以及洁净度。因此,应根据不同的环境调节适当的新风量,控制空气的流速、洁净度使得空气质量达到较优状态。同时,对室内空气污染物的有效控制也是室内环境改善的主要途径之一。影响室内空气品质的污染物有成千上万种,绿色建筑不仅要使空气中的污染物浓度达到公认的有害浓度指标以下,并且要使处于室内的绝大多数人对室内空气品质指标表示满意。

自然通风即利用自然能源或者不依靠传统空调设备系统而仍然能维持适宜的室内环境的方式。自然通风最容易满足建筑绿化的要求,它一般不用外来不可再生资源,而且常常能节省可观的全年空调负荷量而达到节能以及绿化的目的。但要充分利用自然通风必须考虑建筑朝向、间距和布局。例如,南向是冬季太阳辐射量最多而夏季日照量最少的方向,并且中国大部分地区夏季主导风向为东南向,所以,从改善夏季自然通风和减少冬季的房间采暖空调负荷来讲,南向是建筑物最好的选择。另外,建筑高度对自然通风也有很大的影响,一般高层建筑对其自身的室内自然通风有利。而在不同高度的房屋组合时,高低建筑错列布置有利于低层建筑的通风,处于高层建筑风景区内的低矮建筑受到高层背风区回旋涡流的作用,室内通风良好。因此,自然通风也是环境绿化的重要手段,是引进比室温低的室外空气而给人凉爽感觉的一种节能的简易型空调。

绿色建筑要考虑如何与所在地的气候特征、经济条件、传统文化观念互相配合,从而成为周围社区整体不可分离的部分。绿色建筑作为一个次级系统依存于一定的地域范围内的自然环境,与绿色房地产一样都不能脱离生物环境的地域性而独立存在。绿色建筑的实现与每一个地域的独特气候条件、自然资源、现存人类建筑、社会水平及文化环境有关。

目前,全国各地正在大力发展绿色建筑,将建筑节能纳入强制性执行标准,并发布了相关技术文件,如《绿色建筑评价技术细则补充说明(规划设计部分)》和《绿色建筑评价技术细则补充说明(运行使用部分)》。

四、转移支付

项目财务评价中的某些财务费用和财务效益并未伴有资源的相应投入和产出,不影响社会最终产品的增减,因而不反映国民收入的变化。它们只表现为资源的支配权力从项目转移到社会其他实体,或者从社会其他实体转移给项目。这种转移,只是货币在项目和社会其他实体之间的转移,并不同时发生社会资源的相应变动。项目与社会实体之间的这种并不伴随资源变动的纯粹货币性质的转移,称为项目的转移支付。

在项目的国民经济评价中,有以下几种常见的转移支付。

1. 税金

在财务分析中,税金是一种财务支出。企业纳税,就要减少它的净收益,但是企业纳税并未减少国民收入,并未发生社会资源的变动,只不过是将企业的这笔货币收入转移到政府手中而已,是收入的再分配。所以,从整个社会角度看,税金并不是经济费用。本书所述的国民经济评价系统,是从资源增减的角度来考察项目的收益和费用的。税金既然不对应于资源的变动,因而也不能把税金作为收益项列入国民收入账户。

总之,在项目的国民经济评价中,不管税金的名目和具体形式如何,即不论它是增值税或进口税,还是所得税、调节税,都是项目的转移支付,都不能列为项目的费用和收益。

需要说明的是,被作为转移支付看待的税金,只限于那些体现纯粹货币转移的税款,对于那些似乎具有税金形式,但实质上是对劳务投入和其他投入作相应回报的支付,不能作为转移支付处理。例如,港口的装卸费、场地占用费等就是项目的实际费用。保险费是对实际财产损失的一种预期估价,也应当作为实际费用看待,不能按转移支付处理。

2. 补贴

补贴是一种货币流动方向与税金相反的转移支付。政府如果对某些产品实行价格补贴,可能会降低项目投入的支付费用,或者会增加项目的收入,从而增加项目的净收益。但是,从社会资源变动的角度看,补贴既未增加社会资源,也未减少社会资源,国民收入并未因补贴的存在而发生变化,仅是货币在项目和政府间的转移,因而补贴不被视作国民经济评价中的费用和收益。

补贴的一种形式是将投入物的价格压到它的真实价值以下,或将产出物的价格抬到它的真实价值以上,这是一种直接补贴。还有一种是应用更为广泛的间接补贴,比如对进口商品实行高额征税或者禁止进口,以维持国产商品在国内市场上的高价,如此产生的较高控制价格与不采取限制进口措施所形成的较低价格之间的差额,代表了一种间接补贴,这也是一种由商品用户向生产厂家进行的转移支付。

3. 国内贷款及其还本付息

项目的国内贷款及其还本付息也是一种转移支付。从企业(项目)角度看,从银行得到贷款就是货币流入,因而在资本金的财务效益分析中,贷款被视作收益(现金流入)项。还本付息则是与贷款相反的货币流动过程,因而被视作费用(现金流出)项。从整个国民经济角度看,情况则不同。贷款并没有增加国民收入,还本付息也没有减少国民收入,这种货币流动过程仅仅代表资源支配权力的转移,社会实际资源并未增加或减少,因而它们不是国民经济评价意义上的收益和费用,只不过是一种转移支付。

4. 国外贷款及其还本付息

在利用国外贷款的投资项目中,国外贷款构成财务分析中的收益(现金流入)项,还本付息构成财务分析中的费用(现金流出)项,那么在国民经济评价中,它们又应当如何处理呢?这个问题与国外贷款的条件及国民经济评价的目的有关。

(1)评价国内投资经济效益时的处理原则。项目的国民经济评价是以项目所在国的经济利益为根本出发点,所以必须考察国外贷款及其还本付息对项目所在国的真实影响,项目全部投资(包括国外贷款投资)经济效益的好坏并不一定反映受贷国的真正收益状况。如果国外贷款利率很高,且高于全部投资的内部收益率,那么一个投资经济效益较好的项目,也可能由于偿还国外债务而造成大部分收益外流的局面,致使本国投资得不偿失。为了能够揭示这种情况,如实判断本国投资资金的盈利水平,必须进行国内投资的经济效益分析。

在考察国内投资的经济效益时,国外贷款意味着国外资源流入国内,因而应当把国外贷款视作收益(现金流入)项,还本付息意味着国内资源流出国外,因而应当视作费用(现金流出)项。

(2)评价包括国外贷款在内的全投资经济效益时的处理原则。对项目进行国民经济评价的目的,是使有限的资源得到最佳配置。因此,应当对项目所用全部资源的利用效果做出分析评价,这种评价就是全投资(包括国外贷款投资)国民经济效益评价。不过,对使用国外贷款的项目进行全投资经济评价应是有条件的,这个条件就是国外贷款不是针对某一项目专款专用,该贷款还应允许用于其他项目。在这种情况下,与贷款对应的实际资源虽然来自国外,但受贷国在如何有效利用这些资源的问题上,面临着与国内资源同样的优化配置任务,因而应当对包括国外贷款在内的全部资源的利用效果做出评价。在这种评价中,与国内信贷交易和处理原则一样,国外贷款及其还本付息既不视作收益,也不视作费用,不出现在国民经济分析所用的全投资评价现金流量表中。

如果国外贷款的有无只取决于某特定项目。倘若不建设该项目就无法得到这笔贷款,这时便无须进行全投资经济效益评价,一般只进行国内投资经济效益评价。这是因为全投资经济效益评价的目的在于对包括国外贷款在内的全部资源的多种用途进行比较和选优,既然国外贷款的用途已经唯一限定,别无其他选择,也就没有必要对其利用效果做出评价。

因此,对于利用国外贷款的投资项目,其国民经济评价应以国内投资经济效益评价为主,在这种评价中,国外贷款及其还本付息分别视为收益和费用。如果不是指定项目的国外贷款,则还应进行全投资经济效益评价,在这种评价中,国外贷款及其还本付息既不视作收益,也不视作费用。指定项目的国外贷款,可只进行国内投资经济效益评价。

5. 折旧

折旧是会计意义上的生产费用要素。但是,不论财政制度上对折旧基金的上交或留用作何规定,它都不构成国民经济评价中的费用或收益项。因为已把投资当作费用,而折旧只不过是投资形成的固定资产在再生产过程中的价值转移的一种方式而已,所以不能再把折旧作为费用和收益处理,否则就是重复计算。如果财务评价中已经把折旧当作成本费用从收益中扣除,则国民经济评价中应把这种"扣除"视同转移支付,重新补充进来。但这绝不意味着把折旧视同为收益。

6. 工资

如果项目的国民经济评价的判别指标为国民收入的变化,这时,工资及福利实质上也可能包含着部分转移支付,这部分即实际支付的工资费用与影子工资的差异部分。对这种转移支付的处理通常通过选择适当的影子工资率来予以调整。

综上可知,在国民经济评价中,应根据项目对国民经济贡献的正负来确定收益与费用。这样,某些在财务评价中出现的费用或收益,在国民经济评价中由于是内部转移将不再列为费用或收益。此外,由于存在着价格的扭曲,在财务评价中采用的按照资源的市场价格计算费用和收益的方法,也不再适用于项目的国民经济评价。这是因为市场价格既不能代表国家资源的稀缺程度,又不能反映资源优化分配的结果,所以需要用能够如实反映国民经济得失的计算价格即影子价格来代替市场价格。

第三节 国民经济评价参数和指标

一、国民经济评价参数

国民经济评价参数是指在工程项目经济评价中为计算费用和效益、衡量技术经济指标而使用的一些参数,主要包括影子价格、影子汇率、影子工资和社会折现率等。国民经济评价参数是由国家有关部门统一组织测算的,并实行阶段性的调整。2006年7月《建设项目经济评价方法与参数(第三版)》通过了由建设部、国家发展和改革委员会联合组织的审查并发布。

1. 影子价格的概念

包括我国在内的很多国家,产品市场价格都或多或少地存在着扭曲或失真现象,而在计算工程项目的费用和效益时,都需要使用各类产品的价格,若价格失真,则必将影响到项目经济评价的可靠性和科学性,导致决策失误。因此,为了真实反映项目的费用和效益,有必要在工程项目经济评价中对某些投入物和产出物的市场价格进行调整,采用一种更为合理的计算价格,即影子价格。

所谓影子价格就是指当社会经济处于某种最优状态时,能够反映社会劳动的消耗、资源稀缺程度和最终产品需求状态的价格。可见,影子价格是一种理论上的虚假价格,是为了实现社会经济发展目标而人为确定的、更为合理的价格。此处说的"合理",从定价原则看,应该能更好地反映产品的价值,反映市场供求状态,反映资源的稀缺程度;从价格产出的效果来看,应该能够使资源配置向优化的方向发展。

一般项目投入物的影子价格即为其机会成本,所谓机会成本,是指当一种资源用在某个特定领域,从而失去的其他领域可以获得的最大收益。而项目产出物的影子价格则为其支付意愿,所谓支付意愿,是指消费者对购买某一产品所愿意支付的最高价格。

2. 影子汇率(SER)

影子汇率是指能反映外汇真实价值的汇率。一般发展中国家都存在着外汇短缺的问题,政府在不同程度上实行外汇管制和外贸管制,外汇不允许自由兑换,在此情形下,官方汇率往往不能真实地反映外汇的价值。因此,在工程项目的费用效益分析中,为了消除用官方汇率度量外汇价值所导致的误差,有必要采用一种更合理的汇率,也就是影子汇率,使外贸品和非外贸品之间建立一种合理的价格转换关系,使二者具有统一的度量标准。

影子汇率是外汇的影子价格,是指项目的费用效益分析中,将外汇换算为本国货币的系数。它不同于官方汇率或国家外汇牌价,能够正确反映外汇对于国家的真实价值。影子汇率实际上也就是外汇的机会成本,即项目投入和产出所导致的外汇减少和增加给国民经济带来的损失或收益。

影子汇率是一个重要的国家经济参数,它体现了从国民经济角度对外汇价值的估量,在工程项目的费用效益分析汇总中除了用于外汇与本国货币之间的换算外,它还是经济换汇成本和经济节汇成本的判据。国家可以利用影子汇率作为经济杠杆来影响项目方案的选择和项目的取舍。比如某项目的投入可以使用进口设备,也可以使用国产设备,当影子汇率较高时,就有利于后一种方案;再比如对于主要产出物为外贸货物的工程项目,当影子汇率较高时,将有利于项目获得批准实施。

影子汇率的发布形式有两种,一种是直接发布,另一种是间接发布,计算公式为:

$$影子汇率 = 外汇牌价(官方汇率) \times 影子汇率换算系数 \tag{7-1}$$

影子汇率换算系数是国家相关部门根据国家现阶段的外汇供求情况、进出口结构、换汇成本等综合因素统一测算和发布的,目前我国的影子汇率换算系数取值为 1.08。

【例 7-1】 已知 2020 年 8 月 1 日国家外汇牌价中人民币对美元的比值是 1 美元＝6.9744 人民币,试求人民币对美元的影子汇率。

【解】 影子汇率＝6.9744×1.08＝7.5324。

3. 社会折现率(i_s)

在采用了影子价格、影子汇率、影子工资等合理参数后,国民经济中所有的工程项目均将在同等的经济条件下使用各种社会资源为社会创造效益,这就需要规定适用于各行业所有工程项目都应达到的最低收益水平,也就是社会折现率。

社会折现率也称为影子利率,是用以衡量资金时间价值的重要参数,代表社会资金被占用应获得的最低收益率,并用作不同年份价值换算的折现率。

社会折现率作为费用效益分析中的一项重要参数,是国家评价和调控投资活动的重要经济杠杆之一。国家可以选用适当的社会折现率来进行项目的费用效益分析,从而促进资源的优化配置,引导投资方向,调控投资规模。

社会折现率需要根据国家社会经济发展目标、发展战略、发展优先顺序、发展水平、宏观调控意图、社会成员的费用效益时间偏好、社会投资收益水平、资金供应状况、资金机会成本等因素进行综合分析,由国家统一测定和发布。考虑到社会资本收益率与社会时间偏好,目前社会折现率取值为 8%。

二、影子价格的确定

1. 市场定价货物的影子价格

1)外贸货物的影子价格。

外贸货物是指其生产或使用会直接或间接影响国家出口或进口的货物,原则上石油、金属材料、金属矿物、木材及可出口的商品煤,一般都划为外贸货物。

外贸货物的影子价格是以实际将要发生的口岸价格为基础,按照项目各项产出和投入对国民经济的影响,根据口岸和项目所在地、投入物的国内产地、项目产出物的主要市场所在地以及交通运输条件的差异,对流通领域的费用支出进行调整而分别制定的,其具体的定价情况可分为以下几种。

(1)产出物(按出厂价格计算)。

产出物包括项目生产的直接出口产品、间接出口产品、替代进口产品等,其影子价格计算方法如下。

①直接出口产品(外销产品)的影子价格,如图 7-1 所示。其影子价格等于离岸价格乘以影子汇率减去国内运输费用和贸易费用,计算公式为:

$$SP = FOB \times SER - (T_1 + TR_1) \tag{7-2}$$

式中:SP——影子价格;

FOB——以外汇计价的离岸价格(离岸价格是指出口货物的离境交货价格);

SER——影子汇率；

T_1、TR_1——拟建项目所在地到口岸的运输费用和贸易费用。

图 7-1　直接出口产品的影子价格

②间接出口产品（内销产品，使其他货物增加出口）的影子价格如图 7-2 所示。其影子价格等于离岸价格乘以影子汇率，减去从原供应厂到口岸的运输费用和贸易费用，加上从原供应厂到用户的运输费用和贸易费用，再减去拟建项目到用户的运输费用和贸易费用，计算公式为：

$$SP = FOB \times SER - (T_2 + TR_2) + (T_3 + TR_3) - (T_4 + TR_4) \tag{7-3}$$

式中：T_2、TR_2——原供应厂到口岸的运输费用和贸易费用；

T_3、TR_3——原供应厂到用户的运输费用和贸易费用；

T_4、TR_4——拟建项目到用户的运输费用和贸易费用。

图 7-2　间接出口产品的影子价格

③替代进口产品（内销产品，以产顶进，减少进口）的影子价格如图 7-3 所示。其影子价格等于原进口货物的到岸价格乘以影子汇率，加上口岸到用户的运输费用和贸易费用，再减去拟建项目到用户的运输费用和贸易费用。从购买者到口岸的国内运输费用和贸易费用是进口时所必需的社会成本，应当作为经济价格的一部分。现在不进口了，这部分成本就成为项目的经济效益。同时要减去对内销售该货物必须消耗的国内运输费用和贸易费用，求得该产出的净效益。计算公式为：

$$SP = CIF \times SER + (T_5 + TR_5) - (T_4 + TR_4) \tag{7-4}$$

式中：CIF——以外汇计价的原进口货物的到岸价格（到岸价格是指进口货物到达本国口岸的价格，包括货物的国外购买费用、运输到本国口岸的运输费用和保险费用）；

T_5、TR_5——口岸到用户的运输费用和贸易费用。

当具体用户难以确定时，可只按到岸价格计算。

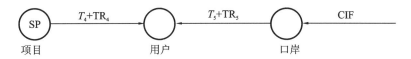

图 7-3　替代进口产品的影子价格

(2) 投入物（按到厂价格计算）。

投入物包括项目投入的直接进口产品、间接进口产品、减少出口产品等，其影子价格计算方法如下。

①直接进口产品(国外产品)的影子价格如图 7-4 所示。其影子价格等于到岸价格乘以影子汇率,加上国内运输费用和贸易费用计算,计算公式为:

$$SP = CIF \times SER + (T_1 + TR_1) \tag{7-5}$$

图 7-4　直接进口产品的影子价格

②间接进口产品(属国内产品,但以前进口过,现在也大量进口)的影子价格如图 7-5 所示。其影子价格等于到岸价格乘以影子汇率,加上口岸到用户的运输费用和贸易费用,减去原供应厂到用户的运输费用和贸易费用,再加上原供应厂到拟建项目的运输费用和贸易费用,计算公式为:

$$SP = CIF \times SER + (T_5 + TR_5) - (T_3 + TR_3) + (T_6 + TR_6) \tag{7-6}$$

式中:T_6、TR_6——原供应厂到拟建项目的运输费用和贸易费用;

当原供应厂和用户难以确定时,可按直接进口产品计算。

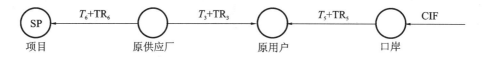

图 7-5　间接进口产品的影子价格

③减少出口产品的影子价格如图 7-6 所示。其影子价格等于离岸价格乘以影子汇率,减去从原供应厂到口岸的运输费用和贸易费用,再加上从原供应厂到拟建项目的运输费用和贸易费用。出口货物转为国内使用,国民经济损失的是离岸价格扣除供应者到口岸的国内运输费用和贸易费用后的净收益,应当作为项目使用该货物的社会成本。出口货物现在不出口了,应当再加上从原供应厂到项目所在地的国内运输费用和贸易费用作为经济价格的一部分,计算公式为:

$$SP = FOB \times SER - (T_2 + TR_2) + (T_6 + TR_6) \tag{7-7}$$

当原供应厂难以确定时,可只按离岸价格计算。

图 7-6　减少出口产品的影子价格

2) 非外贸货物的影子价格。

非外贸货物是指其生产或使用不影响国家出口或进口的货物,非外贸货物分为天然的非外贸货物和非天然的非外贸货物。

天然的非外贸货物是指使用和服务天然地限于国内,包括国内建筑、商业、国内运输及其他基础设施的产品和服务。非天然的非外贸货物是指由于经济原因或政策原因不能外贸的货物,包括由于国家的政策和法令限制不能外贸的货物,其国内生产成本加上到口岸的运输、贸易费用后的总费用高于离岸价格,致使出口得不偿失而不能出口,同时国外商品的到岸价格又高于国内生产同样商品的经济成本,致使该商品也不能从国外进口。

(1)产出物。

①增加供应数量以满足国内消费的产出物。对于供求均衡的产出物,按照财务价格定价;对于供不应求的产出物,参照国内市场价格并考虑价格变化的趋势定价,但不应高于相同质量产品的进口价格,对于无法判断供求情况的产出物,取上述价格中的较低者定价。

②不增加国内供应数量,只替代类似企业产品的产出物。对于质量与被替代产品相同的项目运营产出物,应按被替代产品可变成本的分解结果定价,对于已经提高了产品质量的产出物,原则上应按被替代产品的可变成本加上提高产品质量而带来的国民经济效益定价。

(2)投入物。

①能通过企业挖潜(不增加投资)增加供应的投入物,可按照该企业产品的可变成本分解来定价。

②企业其他项目能够提供的投入物,可按全部成本分解定价。当难以获得分解成本资料时,可参照国内市场价格定价。

2. 政府调控价格货物的影子价格

考虑到效率优先兼顾公平的原则,市场经济条件下有些货物或者服务不能完全由市场机制形成价格,而需由政府调控价格,例如政府为了帮助城市中低收入家庭解决住房问题,对经济适用房和廉租房制定指导价和最高限价。

政府调控的货物或者服务的价格不能完全反映其真实价值,确定这些货物或者服务的影子价格的原则是:投入物按机会成本分解定价,产出物按对经济增长的边际贡献率或消费者支付意愿定价。下面是政府主要调控的水、电、铁路运输等作为投入物和产出物时的影子价格的确定方法。

(1)水作为项目投入物时的影子价格,按后备水源的边际成本分解定价,或者按恢复水资源存量的成本计算。水作为项目产出物时的影子价格,按消费者支付意愿或者按消费者承受能力加政府补贴计算。

(2)电力作为项目投入物时的影子价格,一般按完全成本分解定价,电力过剩时按可变成本分解定价。电力作为项目产出物时的影子价格,可按电力对当地经济边际贡献率定价。

(3)铁路运输作为项目投入物时的影子价格,一般按完全成本分解定价,对运能富余的地区,按可变成本分解定价。铁路运输作为产出物时的影子价格,可按铁路运输对国民经济的边际贡献率定价。

3. 特殊投入物的影子价格

项目的特殊投入物,一般是指项目在建设和生产经营中使用的劳动力、土地和自然资源。项目使用这些特殊投入物所发生的国民经济费用,应分别采用下列方法确定其影子价格。

1)影子工资(即劳动力的影子价格)。

在大多数国家中,由于社会的、经济的或传统的原因,劳动者的货币工资常常偏离竞争性劳动市场所决定的工资水平,因此它不能真实地反映单位劳动的边际产品价值。在此情形下,对工程项目进行费用效益分析,就不能简单地把项目的货币工作支付直接视为该项目的劳动成本,而要通过"影子工资"对此劳动成本进行必要的调整。

影子工资由劳动力的机会成本和劳动力转移而引起的新增资源削耗费用两部分组成。计算公式为:

$$影子工资 = 劳动力机会成本 + 新增资源消耗费用 \tag{7-8}$$

劳动力的机会成本按下列原则进行分析确定。

①过去受雇于别处,由于项目的实施而转移过来的人员,其影子工资应是其放弃过去就业机会的工资(含工资性福利)及支付的税金之和。

②对于自愿失业人员,影子工资应等于本项目的使用所支付的税后净工资额,以反映边际工人投入到劳动力市场所必须支付的金额。

③非自愿失业人员的影子工资应反映他们为了工作而放弃休闲意愿接受的最低工资金额。其数值应低于本项目的使用所支付的税后净工资额并大于支付的最低生活保障收入。当缺少信息时,可以按非自愿失业人员接受的最低生活保障收入和税后净工资额的平均值近似测算。

影子工资可通过影子工资转换系数法得到,计算公式为:

$$影子工资 = 财务工资 \times 影子工资换算系数 \tag{7-9}$$

对于技术劳动力,影子工资换算系数为1;对于非技术劳动力,其影子工资换算系数一般取0.25~0.8,具体可根据当地的非技术劳动力供求状况确定;非技术劳动力较为富裕的地区可取较低值,不太富裕的地区可取较高值,中间状况可取0.5。

新增资源削耗费用是指劳动力在本项目新就业或由其他就业岗位转移到本项目而发生的经济资源消耗,如劳动者就业或迁移而增加的交通运输费用、城市管理费用、培训费等,而这些资源消耗并未提高劳动者的收入水平。在分析中应根据劳动力就业的转移成本测算。

2) 土地的影子价格。

作为工程项目特殊投入物的土地,在我国是一种稀缺资源。一个工程项目使用了某一块土地,其他项目就不能再使用这块土地,对国家来说就造成了国民经济费用支出。项目占用的土地无论是否需要实际支付财务成本,均应根据土地用途的机会成本原则或消费者支付意愿的原则计算其影子价格。

(1)生产性用地,主要指农业、林业、物业、渔业及其他生产性用地,按照这些生产性用地未来可以提供的产出物的效益及因改变土地用途而发生的新增资源消耗费用进行计算。计算公式为:

$$土地的影子价格 = 土地机会成本 + 新增资源消耗费用 \tag{7-10}$$

其中,土地的机会成本应按照社会对这些生产性用地未来可以提供的消耗产品的支付意愿价格进行分析计算,或者按照项目占用土地在无项目情况下的最佳可行替代用途的生产性产出的净效益现值进行计算。

对土地机会成本的计算应按以下要求进行。

①通过政府公开招标取得的国有土地出让使用权,以及通过市场交易取得的已出让国有土地使用权,应按市场交易价格计算其影子价格。

②未通过正常市场交易取得的土地使用权,应分析价格优惠或扭曲情况,参照当地正常情况下的市场交易价格,调整或类比计算其影子价格。

③当无法通过正常市场交易价格类比确定土地影子价格时,应采用收益现值法或以土地开发成本加开发投资应得收益确定。

④由于建设用地规划许可证的取得,会对土地市场价格产生影响,土地价值的估算应反映实际的或潜在的规划批准情况,应分析规划得到批准的可能性及其对地价的影响。如果土地用途受到限制,其影子价格就会被压低,应分析这些限制被解除的可能性,以及解除限制对土地价值的影响。

⑤项目征用农村用地,应按土地征用费调整计算其影子价格。其中耕地补偿费及青苗补偿费应视为土地机会成本,地上建筑物补偿费及安置补偿费应视为新增资源消耗费用。这些费用如果与农民进行了充分协商并获得认可,可直接按财务成本计算其影子价格;若存在征地费优惠,或在征地中没有进行充分协商,导致补偿和安置补助费低于市场定价,应按当地征地补偿标准调整计算土地的影子价格。

⑥在征地过程收取的征地管理费、耕地占用税、耕地开垦费、土地管理费、土地开发费等各种税费,应视为转移支付,不列入土地经济费用的计算。

新增资源削耗费用应按照在有项目情况下土地的征用造成原有地上附属物财产的损失及其他资源耗费来计算。土地平整等开发成本应计入工程建设成本中,在土地经济成本估算汇总不再重复计算。

(2)非生产性用地,如住宅、休闲用地等,应按照支付意愿的原则,根据市场交易价格测算其影子价格。

3)自然资源影子价格。

各种自然资源是一种特殊的投入物,项目使用的矿产资源、水资源、森林资源等都是对国家资源的占用和消耗。矿产等不可再生资源的影子价格按资源的机会成本计算,水和森林等可再生自然资源的影子价格按资源再生费用计算。

三、国民经济评价指标

国民经济评价指标包括盈利能力指标和外汇效果指标。盈利能力指标包括经济净现值、经济内部收益率和经济效益费用比;外汇效果指标有经济外汇净现值、经济换汇成本和经济节汇成本。

1. 经济净现值(ENPV)

经济净现值是反映工程项目对国民经济净贡献的绝对指标,是工程项目按照社会折现率将计算期内各年的经济净收益流量折现到建设期期初的现值之和。计算公式为:

$$\text{ENPV} = \sum_{t=0}^{n}(B-C)_t(1+i_s)^{-t} \tag{7-11}$$

式中：B——国民经济效益流量；

C——国民经济费用流量；

$(B-C)_t$——第 t 年的国民经济净效益流量；

i_s——社会折现率。

n——计算期。

在评价工程项目国民经济贡献能力时，如果经济净现值大于或者等于 0，说明工程项目可以达到符合社会折现率的国民经济净贡献，认为该工程项目从国民经济角度考虑是可以被接受的，否则应拒绝。

2. 经济内部收益率（EIRR）

经济内部收益率是反映工程项目对国民经济净贡献的相对指标，是工程项目在计算期内各年经济净效益流量的现值累计等于 0 时的折现率。计算公式为：

$$\sum_{t=0}^{n}(B-C)_t(1+\text{EIRR})^{-t}=0 \tag{7-12}$$

式中：EIRR——经济内部收益率；

B——国民经济效益流量；

C——国民经济费用流量；

$(B-C)_t$——第 t 年的国民经济净效益流量；

n——项目计算期。

在评价工程项目国民经济贡献能力时，如果经济内部收益率大于或者等于社会折现率，表示工程项目对于国民经济的净贡献达到或者超过了国民经济要求的水平，认为工程项目从国民经济角度考虑是可以被接受的，否则应拒绝。

3. 经济效益费用比（R_{BC}）

R_{BC} 是指项目在计算期内各年经济效益流量的现值与费用流量的现值之比。计算公式为：

$$R_{BC}=\frac{\sum_{t=0}^{n}B_t(1+i_s)^{-t}}{\sum_{t=0}^{n}C_t(1+i_s)^{-t}} \tag{7-13}$$

式中：B_t——第 t 年的国民经济效益流量；

C_t——第 t 年的国民经济费用流量。

如果经济效益费用比大于或者等于 1，表明项目资源配置的经济效益达到了可以被接受的水平，否则应拒绝。

4. 经济换汇成本

当工程项目有产品直接出口时，无论是全部还是部分都应计算经济换汇成本。它是用货物影子价格、影子工资和社会折现率等计算的，为生产出口产品投入的国内资源现值（以人民币表示）与生产出口产品的经济外汇净现值（通常以美元表示）之比，也即换取 1 美元外汇所需要的人民币金额，是分析评价项目实施后在国际上的竞争力，进而判断其产品出口对

于国民经济是否真正有利可图,是否应该出口的指标。计算公式为:

$$经济换汇成本 = \frac{\sum_{t=1}^{n} DR_t (1+i_s)^{-t}}{\sum_{t=1}^{n} (FI' - FO')_t (1+i_s)^{-t}} \quad (7-14)$$

式中:DR_t——第 t 年为生产出口产品投入的国内资源(包括投资、原材料、工资、其他投入和贸易费用,以人民币计);

FI'——生产出口产品的外汇流入(以美元计);

FO'——生产出口产品的外汇流出(包括应由出口产品分摊的固定资产投资及经营费用中的外汇流出,以美元计);

n——项目的计算期。

5. 经济节汇成本

当工程项目有产品替代进口时,无论是全部还是部分,都应计算经济节汇成本。经济节汇成本与经济换汇成本相似,所不同的是它的外汇收入不是来源于产品的直接出口,而是来自于产品以产顶进替代进口而为国家节省的外汇支出。它可以用来判断项目产品以产顶进节汇在经济上是否合理。经济节汇成本等于项目计算期内生产替代进口产品所投入的国内资源的现值与生产替代进口产品的经济外汇净现值之比,即节约 1 美元外汇所需的人民币金额。其表达式为

$$经济节汇成本 = \frac{\sum_{t=1}^{n} DR''_t (1+i_s)^{-t}}{\sum_{t=1}^{n} (FI'' - FO'')_t (1+i_s)^{-t}} \quad (7-15)$$

式中:DR''_t——项目在第 t 年为生产替代进口产品投入的国内资源(包括投资、原材料、工资、其他投入和贸易费用,以人民币计);

FI''——生产替代进口产品所节约的外汇(以美元计);

FO''——生产替代进口产品的外汇流出(包括应由替代进口产品分摊的固定资产投资及经营费用中的外汇流出,以美元计);

如果经济换汇成本或经济节汇成本小于或等于影子汇率,表明该项目的产品出口或替代进口是有利的,项目是可以接受的,否则应拒绝。

四、国民经济评价的基本报表

国民经济评价的基本报表包括:国民经济效益费用流量表(全部投资)、国民经济效益费用流量表(国内投资)、经济外汇流量表。

国民经济效益费用流量表一般在项目财务评价基础上进行调整编制,有些项目也可以直接编制。在财务评价基础上编制国民经济效益费用流量表应注意以下问题。

(1)剔除转移支付,将财务现金流量表中列支的销售税金及附加、所得税、特种基金、国内借款利息作为转移支付剔除。

(2)计算外部效益与外部费用,并保持效益和费用计算口径的统一。

(3)用影子价格、影子汇率逐项调整建设投资中的各项费用,剔除涨价预备费、税金、国内借款建设期利息等转移支付项目。进口设备购置费通常要剔除进口关税、增值税等转移支付。建筑安装工程费按材料费、劳动力的影子价格进行调整;土地费用按土地影子价格进行调整。

(4)应收、应付账款及现金并没有实际耗用国民经济资源,在国民经济评价中应将其从流动资金中剔除。

(5)用影子价格调整各项经营费用,对主要原材料、燃料及动力费,用影子价格进行调整;对劳动工资及福利费,用影子工资进行调整。

(6)用影子价格调整计算项目产出物的销售收入。

(7)国民经济评价各项销售收入和费用支出中的外汇部分,应用影子汇率进行调整,计算外汇价值。从国外引入的资金和向国外支付的投资收益、贷款本息,也应用影子汇率进行调整。

1. 国民经济效益费用流量表(全部投资)

国民经济效益费用流量表(全部投资)以全部投资(包括国内投资和国外投资)作为分析对象,考查项目全部投资的盈利能力,见表7-1。

表7-1 国民经济效益费用流量表(全部投资) （单位:万元）

序号	项目	计算期					
		1	2	3	4	…	n
1	效益流量						
1.1	项目直接效益						
1.2	回收固定资产余值						
1.3	回收流动资金						
1.4	项目间接效益						
2	费用流量						
2.1	建设投资						
2.2	流动资金						
2.3	经营费用						
2.4	项目间接费用						
3	净效益流量(1-2)						

计算指标:项目投资经济内部收益率;项目投资经济净现值。

2. 国民经济效益费用流量表(国内投资)

国民经济效益费用流量表(国内投资)以国内投资作为分析对象,考查项目国内投资部分的盈利能力,见表7-2。

表 7-2　国民经济效益费用流量表(国内投资)　　　　　　　　　（单位：万元）

序号	项目	计算期					
		1	2	3	4	…	n
1	效益流量						
1.1	项目直接效益						
1.2	回收固定资产余值						
1.3	回收流动资金						
1.4	项目间接效益						
2	费用流量						
2.1	建设投资中的国内资金						
2.2	流动资金中的国内资金						
2.3	经营费用						
2.4	流到国外的资金						
2.4.1	国外借款本金偿还						
2.4.2	国外借款利息支付						
2.4.3	外方利润						
2.4.4	其他						
2.5	项目间接费用						
3	国内投资净效益流量(1－2)						

计算指标：项目投资经济内部收益率；项目投资经济净现值。

3. 经济外汇流量表

经济外汇流量表适用于涉及出口创汇或替代进口节汇的项目，反映各年净外汇流量和净外汇效果，用于计算经济外汇净现值、经济外汇成本或节汇成本，衡量项目对国家外汇的净贡献以及在国际上的竞争力，见表 7-3。

表 7-3　经济外汇流量表　　　　　　　　　（单位：万元）

序号	项目	计算期					
		1	2	3	4	…	n
1	外汇流入						
1.1	产品销售外汇流入						
1.2	外汇借款						
1.2.1	长期借款						
1.2.2	流动资金借款						
1.3	自有外汇资金						
1.4	其他外汇收入						
2	外汇流出						
2.1	建设投资中的外汇流出						

续表

序 号	项 目	计 算 期					
		1	2	3	4	...	n
2.2	进口原材料						
2.3	进口零部件						
2.4	技术转让费						
2.5	偿付外汇借款本息						
2.6	其他外汇支出						
3	净外汇流量(1−2)						
4	产品替代进口收入						
5	净外汇效果(3+4)						

第四节 国民经济评价实例

一、项目背景

1. 项目名称

某高速公路建设项目国民经济评价。

2. 线路及设计标准

拟建项目可以将某省内多条高速公路有机联系起来,进一步完善和均衡省内高速公路网,对于改善区域路网结构,加快基础设施建设具有重要的意义。

本项目路线全长 56.217 km,采用设计速度 100 km/h 的四车道高速公路标准,路基宽度 26 m。主要分部分项工程有土石方 884.3×10^4 m³,特大桥、大桥 8520 m,共 28 座,中小桥 280 m,共 5 座,隧道 4108 m,共 5 条,涵洞 214 道。

3. 编制依据

(1)《建设项目经济评价方法与参数》(第三版)。

(2)住房和城乡建设部、交通运输部[2010]106 号文件颁发的《公路建设项目经济评价方法与参数》。

(3)交通运输部[2010]178 号文件《关于印发公路建设项目可行性研究报告编制办法的通知》。

4. 计算期

项目计划于 2010 年年初开工,2012 年年底建成通车,建设年限为 3 年。国民经济评价运营期取 20 年。国民经济评价计算期为 23 年,评价计算基准年为 2010 年,评价计算末年为 2032 年。

5. 远景交通量预测值

远景交通量预测值见表 7-4。

表 7-4　某高速公路远景交通量预测值(标准小客车)

路　段		2013 年	2015 年	2020 年	2025 年	2027 年	2030 年	2032 年
全线 (共 56.217 km)	交通量/台	11284	13614	20818	30119	33506	37449	39779
	增长率/(%)	—	9.84	8.87	7.67	5.47	3.78	3.06

二、经济费用计算

1. 建设期经济费用计算

建设投资估算为 39.77 亿元,经济费用为 34.27 亿元,具体调整方法如下。

(1)人工费计算。

人工费的估算价格为 16.78 元/工日,影子人工费换算系数取 0.7。

(2)主要材料的影子价格和费用。

本项目以影子价格为标准进行调整的材料主要指工程中数目占有比重大而且价格明显不合理的投入物和产出物,主要材料有原木、锯材、钢材、水泥、砂石料及沥青等。挂牌汇率按 1 美元兑换 6.2752 元人民币计算,影子汇率换算系数取 1.08。水泥具有市场价格但非贸易货物。其他材料费一般按具有市场价格的非外贸货物的影子价格来计算,其投资估算原则上不变,即影子价格换算系数为 1。按此参数取值计算出各主要材料的影子价格见表 7-5。

(3)土地的影子价格。

土地的影子价格等于土地的机会成本加上土地转变用途所导致的新增资源消耗费用。土地征收补偿费中土地及青苗补偿费为 29152.89 万元,按机会成本计算方法调整计算,安置补助费为 3130.15 万元,用影子价格换算系数 1.1 进行调整。计算得土地影子价格为每亩(1 亩＝666.7 m²)7.23 万元。

(4)其他费用的调整。

本项目其他费用的调整指扣除公路建设费用中的税金、建设期贷款利息等非实质性投资。

建设费用调整表见表 7-5。

表 7-5　建设费用调整表

费用名称	单位	数量	预算单价 /元	投资估算 /万元	影子价格或 换算系数/元	经济费用 /万元
人工	工日	18443450	16.78	30948.109	0.7	21663.676
原木	m³	4266	878.43	374.738	909.27	387.895
锯材	m³	13845	1205.00	1668.323	1315.76	1821.670
钢材	t	48051	3934.32	18904.820	4093.84	19671.311

续表

费用名称	单位	数量	预算单价/元	投资估算/万元	影子价格或换算系数/元	经济费用/万元
水泥	t	764650	362.34	27706.328	348.86	26675.580
沥青	t	6868	3621.22	2487.054	3708.33	2546.881
砂、砂砾	m³	2201000	75.50	16617.550	(1.0)	16617.550
片石	m³	774088	45.00	3483.396	(1.0)	3483.396
碎(砾)石	m³	2784983	65.00	18102.390	(1.0)	18102.390
块石	m³	140834	80.00	1126.672	(1.0)	1126.672
其他费用	km	56.217		123303.727	(1.0)	123303.727
税金	km	56.217		8030.492	(0)	0
第一部分合计	km	56.217		252753.58		252753.58
第二部分合计	km	56.217		3645.67		3645.67
征地费	亩	7241	84100	60896.81	72326	52371.26
国内贷款利息	km	56.217		28174.798	(0)	0
国外贷款利息	km	56.217		0	(0)	0
其他	km	56.217		21724.215	(1.0)	21724.215
第三部分合计	km	56.217		110795.823		74095.47
预留费	km	56.217		30511.825	(1.0)	30511.825
工程投资合计（不含息）	km	56.217		369532.10		343653.71
工程投资合计（含息）	km	56.217		397706.90	(0.86)	343653.71

2. 资金筹措与分年度投资计划

(1) 项目资本金92383.1万元，占项目总投资的比例为25%。

(2) 余额277149万元申请国内银行贷款，占项目总投资的比例为75%。

(3) 本项目2010年年初开工，2012年年底建成，工期3年。第1年投入资金30%，第2年投入资金40%，第3年投入资金30%。资金年度使用计划见表7-6。

表7-6 资金年度使用计划表 （单位：万元）

资金来源	2010年	2011年	2012年	合计
年度贷款	83145	110860	83144	277149
资本金	27715	36953.1	27715	92383.1
基本建设费	110860	147813.1	110859	369532.1

3. 运营期经济费用计算

(1) 运营期财务费用。

① 养护及交通管理费。

本项目全线设管理中心 1 处,服务区 1 处,停车区 1 处,匝道收费站 3 处,养护工区 2 处。

小修养护费用:本项目通车第 1 年的养护财务费用为 5 万元/千米,项目运营期内按每年 3% 递增。

隧道运营费用:运营期间,隧道运营费用主要考虑隧道管理、通风、照明等费用,根据测算,中隧道每年运营费用约为 40 万元/千米、长隧道每年运营费用约为 80 万元/千米,本项目隧道运营费用以此数据为基础进行测算,并按每年 3% 递增。项目推荐方案隧道总长 4108 m,其中,中隧道 3090 m,短隧道 1018 m。

管理费用:拟定本项目方案推荐管理及收费人员 145 名,通车第 1 年每人每年按 3.5 万元估算,项目运营期内按每年 3% 递增。

②大修费用。

项目运营第 10 年安排大修一次,大修费用按当年养护费用的 13 倍计,大修当年不计日常养护费。

(2)运营期经济费用。

公路小修养护费用,大、中修工程费用及交通管理费用,根据国民经济评价的要求,按调整后的建设投资经济费用与财务费用之比,将公路小修养护费用及交通管理费用调整为经济费用,即影子价格换算系数取 0.86。

(3)残值。

残值取公路建设投资经济费用的 50%,以负值计入费用。

调整后项目的国民经济评价费用支出汇总表详见表 7-7。

表 7-7 国民经济评价费用支出汇总表　　　　　　　　　　　　（单位:万元）

年份	合计	建设投资	养护及交通管理费	大修费用	残值
2010	103096.1	103096.1			
2011	137461.5	137461.5			
2012	103096.1	103096.1			
2013	678.18		678.18		
2014	698.53		698.53		
2015	719.48		719.48		
2016	741.07		741.07		
2017	763.30		763.30		
2018	786.20		786.20		
2019	809.79		809.79		
2020	834.08		834.08		
2021	859.10		859.10		
2022	4669.76		569.47	4100.29	

续表

年份	合计	建设投资	养护及交通管理费	大修费用	残值
2023	911.42		911.42		
2024	938.76		938.76		
2025	966.93		966.93		
2026	995.93		995.93		
2027	1025.81		1025.81		
2028	1056.59		1056.59		
2029	1088.28		1088.28		
2030	1120.93		1120.93		
2031	1154.56		1154.56		
2032	−170637.65		1189.20		−171826.85

三、国民经济效益计算

1. 主要计算参数

社会折现率取 8%。

2. 经济效益计算

(1) 降低运营成本效益。

本项目汽车运输成本结合实地调查及项目所在省份同类型道路确定。

(2) 旅客时间节约效益。

旅客旅行时间的节约所产生的价值以每人平均创造国内生产总值的份额来计算(考虑旅客节约时间不能全部用于生产,所以取其 1/2),根据计算及预测,本项目所在地区的旅客时间节约效益 2013 年为 9976 元/人,2015 年为 10261 元/人,2020 年为 13321 元/人,2025 年为 14325 元/人,2030 年为 16158 元/人,2032 年为 17517 元/人。

在途货物占用流动资金的节约所产生的价值,以在途货物平均价格和资金利息率为基础进行计算,在途货物平均价格参考交通部公路规划设计院编制的《公路技术经济指标》确定。预计 2013 年为 4018 元/吨,2015 年为 4521 元/吨,2020 年为 5009 元/吨,2025 年为 6311 元/吨,2030 年为 6925 元/吨,2032 年为 7126 元/吨。

(3) 减少交通事故效益。

交通事故率及损失费计算表见表 7-8。

表 7-8 交通事故率及损失费计算表

公路等级	事故率计算公式/(次/亿车公里)	直接损失费/(万元/次)	间接损失费/(万元/次)
高速公路	−40+0.005AADT	1.2~1.6	18~24
一级公路	37+0.003AADT	0.9~1.1	13.5~16.5

公路等级	事故率计算公式/(次/亿车公里)	直接损失费/(万元/次)	间接损失费/(万元/次)
二级公路	133+0.007AADT	0.6~0.8	10.5~12.8
三级公路	140+0.03AADT	0.4~0.6	10.5~12.8

本项目运用相关线路法计算得项目各年份国民经济效益,汇总于表7-9中。

表7-9 国民经济效益汇总表 （单位：万元）

年份	降低运营成本效益	旅客时间节约效益	减少交通事故效益	合计
2013	33972	2112	154	36237
2014	40153	2554	177	42884
2015	42536	2727	204	45466
2016	46857	3046	235	50138
2017	51603	3402	270	55276
2018	56814	3800	312	60926
2019	60288	4069	359	64716
2020	63989	4359	413	68761
2021	69130	4766	476	74372
2022	74672	5211	549	80432
2023	80647	5698	632	86978
2024	87089	6231	728	94048
2025	91803	6625	839	99267
2026	98204	7166	966	106337
2027	105042	7751	1113	113906
2028	112345	8385	1283	122013
2029	120147	9070	1478	130694
2030	127595	9731	1702	139029
2031	137482	10622	1961	150065
2032	145381	11341	2259	158982

四、国民经济评价指标值

国民经济评价指标值计算以基本报表项目投资基金费用效益流量表为基础。本拟建项目的国民经济评价指标计算结果见表7-10。

表 7-10 项目投资基金费用效益流量表

序号	项目	建设期		运营期								
		2010年	2011年	2012年	2013年	2014年	2015年	2016年	2017年	2018年	2019年	2020年
1	费用流出	103096.1	137461.5	103096.1	678.18	698.53	719.48	741.07	763.3	786.2	809.78	834.08
1.1	建设费用	103096.1	137461.5	103096.1								
1.2	运营管理费				436.45	449.54	463.03	476.92	491.23	505.97	521.14	536.78
1.3	小修养护费				241.73	248.99	256.45	264.15	272.07	280.23	288.64	297.30
1.4	大修费											
1.5	残值											
1.6	其他费用											
2	效益流入				36238	42884	45467	50138	55275	60926	64716	68761
2.1	降低运输成本效益				33972	40153	42536	46857	51603	56814	60288	63989
2.2	旅客节约时间效益				2112	2554	2727	3046	3402	3800	4069	4359
2.3	减少交通事故效益				154	177	204	235	270	312	359	413
3	净效益流量	−103096.1	−137461.5	−103096.1	35559.82	42185.47	44747.52	49396.93	54511.7	60139.8	63906.22	67926.92

内部收益率＝15.27%

净现值/万元＝302862.85(i_s＝8%)

效益费用比＝2.65

投资回收期/年＝13.2

续表

序号	项目	运营期											
		2021年	2022年	2023年	2024年	2025年	2026年	2027年	2028年	2029年	2030年	2031年	2032年
1	费用流出	859.1	4669.76	911.42	938.77	966.92	995.93	1025.81	1056.58	1088.28	1120.94	1154.56	−170637.65
1.1	建设费用												
1.2	运营管理费	552.88	569.47	586.55	604.15	622.27	640.94	660.17	679.97	700.37	721.39	743.03	765.32
1.3	小修养护费	306.22	0	324.87	334.62	344.65	354.99	365.64	376.61	387.91	399.55	411.53	423.88
1.4	大修费		4100.29										
1.5	残值												−171826.85
1.6	其他费用												
2	效益流入	74372	80432	86977	94048	99267	106336	113906	122013	13069	13902	150065	158981
2.1	降低运输成本效益	69130	74672	80647	87089	91803	98204	105042	112345	120147	127595	137482	145381
2.2	旅客节约时间效益	4766	5211	5698	6231	6625	7166	7751	8385	9070	9731	10622	11341
2.3	减少交通事故效益	476	549	632	728	839	966	1113	1283	1478	1702	1961	2259
3	净效益流量	73512.90	75762.24	86065.58	93109.23	98300.08	105340.07	112880.19	120956.42	129606.72	137907.06	148910.44	329618.65

内部收益率=15.27%

净现值/万元=302862.85(i_s=8%)

效益费用比=2.65

投资回收期/年=13.2

五、国民经济评价敏感性分析

经济评价所采用的参数,有的来自估算,有的来自预测,带有一定的不确定性,因此,不排除这些参数还有所变动的可能性。为了分析这些不确定因素变化对项目所产生的影响,本报告按费用增加、效益减少的不同组合,对推荐方案进行分析,以考察经济评价指标对其变化因素的敏感程度,从而更全面地了解该项目,为投资决策者提供科学的依据。本项目经济敏感性分析见表7-11。

表7-11 经济敏感性分析表

效益减少		费用增加		
		0%	10%	20%
0%	ENPV	303636.55	276326.58	249016.61
	R_{BC}	2.11	1.92	1.76
	EIRR	15.27%	14.22%	13.26%
10%	ENPV	245962.93	218652.96	191342.99
	R_{BC}	1.90	1.73	1.58
	EIRR	14.10%	13.07%	12.17%
20%	ENPV	188289.30	160979.34	133669.37
	R_{BC}	1.69	1.54	1.41
	EIRR	12.83%	11.86%	11.01%

从敏感性分析结果可以看出,在效益减少20%,同时费用增加20%的最不利情况下,经济内部收益率(11.01%)仍大于社会折现率(8%)。分析结果表明,从国民经济角度看,本项目抗风险能力强。

六、国民经济评价结论

表7-11中的数据表明,项目经济净现值为303636.55万元,大于0,经济内部收益率为15.27%,大于社会折现率8%,国民经济效益良好。在效益减少20%,同时费用增加20%的情况下,经济净现值仍大于0,经济内部收益率仍大于社会折现率,项目抗风险能力较强。

因此,从宏观经济角度分析,项目可行,且具有较强的抗风险能力。

【习题】

1. 什么是国民经济评价?它与财务评价有什么区别?
2. 在国民经济评价中,如何识别效益与费用?
3. 什么是社会折现率、影子汇率、影子工资、影子价格?
4. 某投资项目要购置两台机器设备,一台可在国内购得,其国内市场价格为200万元/台,影子价格与国内市场价格的换算系数为1.3,另一台设备必须进口,其到岸价格为30万美元/台,影子汇率换算系数为1.08,外汇牌价为1美元兑换6.5元人民币,进口设备的国内运杂费用和贸易费用分别为20万元和10万元。试求该种产品进行生产时,两台设备的影子价格和所需设备的总成本。

第八章 设备更新分析

设备是企业生产的物质技术手段,设备的质量和技术水平是衡量一个国家工业化水平的重要标志,是判定一个企业技术创新能力、开发能力的重要标准,也是影响企业和国民经济各项技术经济指标的重要因素。

设备属于固定资产,在使用中按照固定资产进行管理。设备的价值是逐渐转移到新产品中去的,然后通过销售产品收回其投资。设备这种逐渐转移的价值就是折旧,而折旧是由于设备发生磨损引起的。有些设备磨损后需要维修,维修会产生很多费用。当设备因各种影响不能继续使用或不宜继续使用时,就需要进行更新。

为了促进企业的技术进步和提高经济效益,需对设备整个运行期间的技术经济状况进行分析和研究,明确和判定设备是否需要更新、何时更新、如何更新等,为决策提供依据。

第一节 设备更新的原因分析、设备磨损的补偿形式及特点分析

一、设备更新的原因分析

设备在使用或闲置过程中,零部件逐渐磨损。设备更新源于设备的磨损。磨损分为有形磨损和无形磨损,设备磨损是有形磨损和无形磨损共同作用的结果。

1. 设备的有形磨损

设备的有形磨损,又称物理磨损、物质磨损,是机器设备在使用(或者闲置)过程中所发生的实体磨损。有形磨损分为以下两种。

(1)第Ⅰ类有形磨损。

设备在运转过程中,在外力的作用下,零部件乃至设备会发生摩擦、振动、疲劳、受热不均匀、冲击等现象,造成机器设备实体上的变形或损坏,这种磨损称为第Ⅰ类有形磨损。它与设备的使用时间和使用强度有关。

设备产生的第Ⅰ类有形磨损可使设备精度降低,劳动生产率下降,使用费增加。当这种有形磨损达到较严重的程度时,机器设备不能继续正常工作,甚至发生故障,提前失去工作能力、丧失使用价值或者需要支付很高的修理费用进行维修,从而造成经济损失。加强维护保养和提高工人操作技能,可以减少这种磨损。

(2)第Ⅱ类有形磨损。

在自然力作用下,由于生锈、腐蚀、老化等造成的磨损,或是由于管理不善和缺乏必要的维护而丧失精度和工作能力所产生的损耗磨损称为第Ⅱ类有形磨损。它与设备的闲置时间和闲置环境,以及使用或者闲置期间的维护状况有关。

第Ⅱ类有形磨损同样可以使设备精度降低,劳动生产率下降。当这种有形磨损达到一定程度时,若进行维修,需要支付很高的修理费用。当这种有形磨损达到严重程度时,会使

设备失去精度和工作能力,丧失使用价值。

上述两种有形磨损都可造成设备的性能、精度等的降低,使得设备的运行费用和维修费用增加。所以,有形磨损带来的技术后果是设备使用价值降低甚至完全丧失,经济后果是设备价值的部分降低甚至是没有价值。

2. 设备的无形磨损

设备的无形磨损,又称精神磨损、经济磨损,是指由于科学技术的进步,不断出现性能完善、生产效率更高的设备而使原有的设备价值降低,或者生产同样结构设备的价值不断降低而使原有设备的价值降低。无形磨损不是由于生产过程中的使用或者自然力的作用造成的,所以不表现为设备实体的变化,而表现为设备原始价值的贬值。无形磨损分为以下两种。

(1)第Ⅰ类无形磨损。

由于技术进步,设备制造工艺不断改进,在生产这种设备的过程中,劳动生产率不断提高,成本不断降低,生产同种设备的社会必要劳动时间减少,因而设备的市场价格下降,致使原设备相对贬值,这种磨损称为第Ⅰ类无形磨损。这种磨损没有造成使用价值的变化,故不影响设备的正常使用。

第Ⅰ类无形磨损并未导致设备本身的技术性能降低,因此不会直接产生更换现有设备的问题。但由于技术进步对生产部门的影响往往大于修理部门,使设备本身价值降低的速度比其维修费用降低的速度更快,从而有可能造成在尚未达到使用年限之前设备的维修费用就高出设备本身再生产的价值,此时就可以考虑设备的更新问题。

(2)第Ⅱ类无形磨损。

由于科学技术的进步,社会上不断创新出结构更先进、性能更完善、效率更高、耗费原材料和能源更少的新型设备,使原有设备相对陈旧落后,其经济效益相对降低而发生贬值,这种磨损称为第Ⅱ类无形磨损。这种磨损也与技术进步有关,但这种技术进步表现在该设备产品的功能提高和改善方面,而不是生产成本降低,这类磨损带来的经济效果影响更明显。

第Ⅱ类无形磨损不仅使原有设备的价值相对贬值,而且如果继续使用旧设备还会降低生产的经济效果。这种经济效果的降低,实际上反映了原设备使用价值局部或者全部丧失,这就可能产生用新设备代替现有设备的必要性。是否更新替换设备取决于现有设备的贬值程度和在生产中继续使用旧设备的经济效果下降的程度。

3. 设备的综合磨损

设备在使用过程中,实际上既要遭受有形磨损,又要遭受无形磨损。

二、设备磨损的补偿形式及特点分析

由于设备有形和无形磨损的存在,对设备使用价值产生不同程度的影响,为维持设备正常工作所需要的特性和功能,必须对设备的磨损进行及时、合理的补偿,以恢复设备的生产能力。

通常情况下,如果设备有形磨损程度较轻,可以通过局部补偿的方式进行,即设备维修;如果有形磨损程度较重,修复费用较高,则应对修理和更新两种方式加以经济比较,以确定恰当的补偿方式;如果有形磨损程度很严重,甚至无法修复,或者修复也达不到生产的精度要求,则应该以更新作为补偿手段。

如果设备的无形磨损是第Ⅰ类无形磨损引起,则不必进行补偿,可以继续使用,若设备维修费用高出设备本身再生产的价值,此时可以考虑设备的更换补偿;如果设备的无形磨损是第Ⅱ类无形磨损,则可以采用现代化改装或者更新的方式补偿。

由于设备总是同时遭受有形磨损和无形磨损,因此,对其综合磨损后的补偿形式应进行更深入的研究,以确定恰当的补偿方式。对于陈旧落后的设备,即消耗高、性能差、使用操作条件不好、对环境污染严重的设备,应当用较先进的设备尽早替代;对整机性能尚可、有局部缺陷、个人技术经济指标落后的设备,应选择适应技术进步的发展需要,吸收国内外的新技术,不断地加以改造和现代化改装的补偿方式。在设备磨损补偿工作中,最好的方案是有形磨损期与无形磨损期相互接近,这是一种理想的"无维修设计"(也就是说,当设备需要进行大修理时,恰好到了更换的时刻)。但是大多数的设备,通常通过修理可以使有形磨损期达到 20～30 年甚至更长,但无形磨损期却比较短。在这种情况下,就存在如何对待已无形磨损但物质上还可以使用的设备的问题。此外,第Ⅱ类无形磨损虽使设备贬值,但它是社会生产力发展的反映,这种磨损愈大,表示社会技术进步愈快。因此应该充分重视对设备磨损规律性的研究,加速技术进步的步伐。

三、设备更新方案的比选原则

1. 设备更新的概念

设备更新是对旧设备的整体更换,就其本质来说,可分为原型设备更新和新型设备更新。原型设备更新是简单更新,就是用结构相同的新设备去更换有形磨损严重而不能继续使用的旧设备。这种更新主要是解决设备的损坏问题,不具备更新技术的性质。新型设备更新是以结构更先进、技术更完善、效率更高、性能更好、能源和原材料消耗更少的新型设备来替代那些技术上陈旧、在经济上不宜继续使用的旧设备。通常所说的设备更新主要是指后者,它是技术发展的基础。因此,就实物形态而言,设备更新是用新的设备替代陈旧落后的设备;就价值形态而言,设备更新是设备在运动中消耗掉的价值的重新补偿。设备更新是消除设备有形磨损和无形磨损的重要手段。目的是为了提高企业生产的现代化水平,尽快形成新的生产能力。

2. 设备更新策略

设备更新分析是企业生产发展和技术进步的客观需要,对企业的经济效益有着重要的影响。过早的设备更新,无论是设备暂时出故障就报废的草率决定,还是片面追求现代化购买最新式设备的决定,都将造成资金的浪费,失去其他的收益机会;对一个资金十分紧张的企业可能走向另一个极端,采取拖延设备的更新的策略,这就造成生产成本的迅速上升,失去竞争的优势。因此,设备是否更新、何时更新、选用何种设备更新,既要考虑技术发展的需要,又要考虑经济方面的效益。这就需要做好设备更新分析工作,采取适宜的设备更新策略。

设备更新策略应在系统全面了解企业现有设备的性能、磨损程度、服务年限、技术进步等情况后,分轻重缓急,有重点、有区别地对待。凡修复比较合理的,不应过早更新,可以修中有改进。通过改进工装就能够使设备满足生产技术要求的,不要急于更新;更新个别关键零部件就可达到要求的,不必更换整台设备。更换单机能满足要求的,不必更换整条生产线。通常优先考虑更新的设备如下。

(1)设备损耗严重,大修后性能、精度仍不能满足规定工艺要求的。

(2)设备损耗虽在允许范围之内,但技术已经陈旧落后,能耗高、使用操作条件不好、对环境污染严重、技术经济效果很不好的。

(3)设备役龄长,大修虽然能恢复精度,但经济效果上不如更新的。

3. 设备更新方案的比选原则

确定设备更新必须进行技术经济分析。设备更新方案比选的基本原理和评价方法与互斥性投资方案比选相同。但在实际设备更新方案比选时,应遵循如下原则。

(1)设备更新分析应站在客观的立场分析问题。设备更新问题的要点是站在客观的立场上,而不是站在旧设备的立场上考虑问题。若要保留旧设备,首先要付出相当于旧设备当前市场价值的投资,才能获得旧设备的使用权。

(2)不考虑沉没成本。沉默成本是既有企业过去投资决策发生的、非现在决策能改变(或不受现在决策影响)的、已经计入过去投资费用回收计划的费用。由于沉没成本是已经发生的费用、不管企业生产什么和生产多少,这项费用都不可避免地发生。因此,现在的决策对它不起作用。在进行设备更新方案比选时,原设备的价值应按目前实际价值计算,而不考虑去沉没成本。例如,某设备 4 年前的原始成本是 80000 元,目前的账面价值是 30000 元,现在的市场价值仅为 18000 元。在进行设备更新分析时,旧设备往往会产生一笔沉没成本,其计算公式为:

$$沉没成本 = 设备账面价值 - 当前市场价值$$

或

$$沉没成本 = (设备原值 - 历年折旧费) - 当前市场价值$$

则在本例中旧设备的沉没成本为 12000 元(=30000-18000),是过去投资决策发生的,与现在更新决策无关,目前该设备的价值等于市场价值 18000 元。

(3)逐年滚动比较。该原则是指在确定最佳更新时机时,应首先计算比较现有设备的剩余经济寿命和新设备的经济寿命,然后利用逐年滚动计算方法进行比较。

如果不遵循上述原则,方案比选结果或更新时机的确定可能发生错误。

【课外知识】

中国沥青道路寿命

考察中国的沥青道路,会惊异地发现超过 92% 的公路平均寿命周期是 7~8 年,比美国和加拿大沥青道路的平均寿命降低了一半。沥青路面早期病害将成为心腹大患,沥青道路预防性养护应得到重视。

与国外沥青道路寿命相比较,美国和加拿大的沥青道路实际寿命的周期十分接近,通常都是 15~16 年或高至 18 年。寿命周期大致分为以下三段。

第一期是在使用的前 8~9 年,因氧化作用,路面渐渐老化、硬化,沥青损耗,呈现"鳄鱼皮"现象。避免出现此类状况的方法是尽早进行预防性养护。

第二期为第 8~13 年这一阶段,此期间路面会出现细小裂缝,微小粒块松脱,有渗水的现象等,必须尽早进行预防性养护。

第三期是在第 13~16 年的使用过程当中,路面损坏表现为裂缝变大,结构出现严重损坏现象。而此时任何预防性养护的方法都无效,无法修补,必须大修甚至重建。

国内沥青道路寿命周期的某统计资料(2000—2003年)显示,在国内考察过37段沥青公路,观察道路是否有过早氧化、老化和硬化,沥青结合缝不稳定,出现发丝裂缝及渗水,大小龟裂、大裂缝现象和过早呈现结构性破坏等现象。令人惊奇的是中国的一般技术性报告和资料中都一致认为,沥青道路按技术规范建成,其寿命周期应该能维持10年以上甚至15年以上,与美国和加拿大的标准相同。但统计资料表明,在中国,所有新建沥青道路提前出现问题的比例还是很高的,原因是多方面的:一是在建路时,未能将路基及沥青紧压以达到施工技术要求,过分疏松或沥青分量不足,石料错配或施工条件未达标以致不能黏结砂石达到施工标准,导致水渗透到路面下的基层,这种疏水、排水及渗水等问题都会造成过早呈现路面不合格和结构性破坏的现象;二是工程设计和施工质量的原因。在中国公路快速建设的今天,软硬件配套设备尚处于有待发展的时期,施工期、天气、超载等不同的因素必定会导致过早出现问题。再来估算一下以上问题带来的经济损失,一条3万公里的高速公路,每公里四车道的建造费平均为2000万元,总耗资6000亿元,但其寿命减少一半,提前6~7年便要大修或重建,保守计算平均每年要多花850亿元。而这笔可观的费用,完全可以建造两三个首都机场!如果能在5年内延长3万公里高速公路的使用寿命,平均每年可以减少6%的损失,也就是每年可为国家省下360亿元的基本建造费,这还未计算其他社会经济效益。

第二节 设备更新时机的确定方法

设备在使用过程中,由于有形磨损和无形磨损的共同作用,在设备使用到一定期限时,就需要利用新设备进行更新。这种更新取决于设备使用寿命的效益或成本的高低。

一、设备寿命的概念

设备寿命是指设备从投入使用开始,由于磨损,直到设备在技术上或者经济上不宜使用为止的时间。由于研究角度不同,设备寿命有几种不同的形态,其含义也不相同,在对设备进行更新与选择的经济分析时候需要注意。设备寿命分为自然寿命、技术寿命、折旧寿命和经济寿命。

1. 自然寿命

设备的自然寿命,又称物理寿命或者实际寿命。它是指设备从投入使用开始,直到因物质磨损严重而不能继续使用、报废为止所经历的全部时间。它主要是由设备的有形磨损所决定的。做好设备维修和保养可延长设备的物质寿命,但不能从根本上避免设备的磨损,任何一台设备磨损到一定程度时,都必须进行更新。随着设备使用时间的延长,设备不断老化,维修所支出的费用也逐渐增加,从而出现恶性使用阶段,即经济上不合理的使用阶段,因此,设备的自然寿命不能成为设备更新的估算依据。

2. 技术寿命

由于科学技术迅速发展,一方面,对产品的质量和精度的要求越来越高;另一方面,也不断涌现出技术更先进、性能更完善的机械设备,这就使得原有设备虽还能继续使用,但已不能保证产品的精度、质量和技术要求而被淘汰。设备的技术寿命是指设备从投入使用到因技术落后而被淘汰所延续的时间,即设备在市场上维持其价值而不显陈旧落后的全部时间,故又称有效寿命。例如,一台电脑即使完全没有使用过,它也会被功能更为完善、技术更为先进的电脑所取代,这时它的技术寿命可以认为等于零。由此可见,技术寿命主要是由设备的无形磨损所决定的,一般比自然寿命要短。科学技术发展越快,设备技术寿命越短。所以在估算设备寿命时,必须考虑设备技术寿命期限的变化特点及使用的制约或影响。

3. 折旧寿命

设备折旧寿命,又称设备折旧年限,是指按财务制度规定的折旧原则和方法,将设备的原值通过折旧方式转入产品成本,直到设备的折旧余额达到或者接近零时所经历的时间。设备折旧寿命一般不等于物理寿命。

4. 经济寿命

一台设备在整个寿命期内发生的费用主要有两项:设备购置费,指采用新设备时投入的费用,包括设备购价、运输费和安装费等;使用费用(成本),指设备在使用过程中发生的费用,包括维修保养费用(保养费、修理费、停工损失费、废次品损失费等)和运行费(人工、燃料、动力、机油等消耗的费用)。

设备使用年限越长,每年所分摊的设备购置费越少,即每年的折旧费越少。但随着设备使用年限的增加,一方面需要更多的维修费维持原有功能,即维修保养费用增加;另一方面机器设备的操作成本及原材料、能源费也会增加,年运行时间、生产效率、质量将下降,即运行费增加。因此,每年分摊购置费的降低会被每年运行成本的增加(收益的下降)所抵消。图 8-1 表明了设备的年费用随着使用时间的增加而呈现的规律曲线。

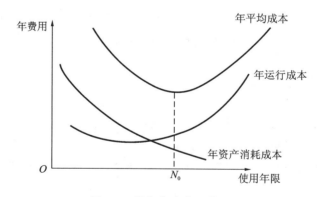

图 8-1　设备年度费用曲线

设备的经济寿命,又称设备最佳经济使用年限,是设备从投入使用开始,到因继续使用在经济上不合理而被更新所经历的时间,也就是说设备从开始使用到其年平均成本最小(或年盈利最高)的使用年限为设备的经济寿命。所以,设备的经济寿命就是从经济观点确定的设备更新的最佳时刻。经济寿命是由有形磨损和无形磨损共同作用决定的。

在以下分析中我们假设设备产生的收益是相同的,只比较设备的成本。

影响设备寿命期限的因素较多,其中主要有:设备的技术构成,包括设备的结构及工艺性技术;设备成本;加工对象;生产类型;工作班次;操作水平;产品质量;维护质量;环境要求等。

二、不考虑时间价值的设备经济寿命的确定

确定设备经济寿命期的原则如下。
(1) 使设备在经济寿命内平均每年净收益(纯利润)达到最大。
(2) 使设备在经济寿命内一次性投资和各种经营费用总和达到最小。

1. 费用平均法

费用平均法,就是在不考虑资金时间价值的基础上计算设备年平均成本 $\overline{C}_n$。可通过计算不同使用年限的年平均费用来确定设备的经济寿命,使 $\overline{C}_n$ 为最小的寿命就是设备的经济寿命。

设备年平均成本计算公式为:

$$\overline{C}_n = \frac{P - L_n}{n} + \frac{1}{n}\sum_{j=1}^{n} C_j \tag{8-1}$$

式中:$\overline{C}_n$——n 年内设备的年平均成本;

P——设备目前实际价值,如果是新设备包括购置费和安装费,如果是旧设备包括旧设备现在的市场价值和继续使用旧设备追加的投资;

L_n——设备第 n 年末的残值;

C_j——在 n 年使用期间的第 j 年度设备的运行成本,包括人工费、材料费、能源费、维修费、停工损失费、废次品损失费等;

n——设备使用年限,在设备经济寿命计算中,n 是一个自变量;

j——设备使用年度,j 的取值范围为 $1\sim n$。

由上式可知,设备的年平均成本等于设备的年资产消耗成本(或称为年恢复费用)与设备的年运行成本之和。

【**例 8-1**】 某设备的原始价值 10000 元,物理寿命为 9 年,设备运行成本与年末残值如表 8-1 所示,试在不考虑资金时间价值的情况下求该设备的经济寿命。

表 8-1 设备运行成本与年末残值 (单位:元)

t,n	1	2	3	4	5	6	7	8	9
C_t(运行成本)	1000	1100	1300	1600	2000	2500	3100	3800	4700
L_n(残值)	7000	5000	3500	2200	1200	600	300	200	100

【**解**】 为计算方便,设备经济寿命可采用列表的形式求解,计算过程及结果见表 8-2。

表 8-2 设备经济寿命的计算 (单位:元)

使用年限	年平均资产消耗成本	年运行成本	寿命期内总成本	年平均成本
1	3000	1000	4000	4000
2	5000	2100	7100	3550
3	6500	3400	9900	3300
4	7800	5000	12800	3200

续表

使用年限	年平均资产消耗成本	年运行成本	寿命期内总成本	年平均成本
5	8800	7000	15800	3160
6	9400	9500	18900	*3150
7	9700	12600	22300	3186
8	9800	16400	26200	3275
9	9900	21100	31000	3444

从以上计算结果看出,设备使用到第6年末时候,年平均成本 $\overline{C}_n$ 最小,即经济寿命为6年。从此例可以看出,经济寿命的确定实际上是从设备使用第1、2、3……的方案中选择一个最有利的方案。

2. 匀速低劣化数值法

随着使用年限的增长,设备每年分摊的设备购置费用将逐渐减少;但另一方面,设备的维修费用、燃料和动力消耗等使用费用又逐渐增加,这一过程称为设备的低劣化。这种逐年递增的费用 ΔC,称为设备的低劣化,用低劣化数值表示设备损耗的方法称为低劣化数值法。如果每年设备的劣化增量是均等的,即 $\Delta C = \lambda$,则每年劣化呈线性增长。

若设备的使用年限为 n 年,则第 n 年时的运行成本为:

$$C_n = C_1 + (n-1)\lambda \tag{8-2}$$

式中:C_1——运行成本的初始值,即第1年的运行成本;

n——设备使用年限。

n 年内设备运行成本的平均值为:

$$C_1 + \frac{\lambda + 2\lambda + 3\lambda + \cdots + (n-1)\lambda}{n} = C_1 + \frac{\frac{1}{2}(n-1)(n-1+1)\lambda}{n} = C_1 + \frac{n-1}{2}\lambda$$

则年平均成本的计算公式为:

$$\overline{C}_n = \frac{P - L_n}{n} + C_1 + \frac{n-1}{2}\lambda \tag{8-3}$$

通过求上式的极值,可得出设备的经济寿命的计算公式。

设 L_n 为一常数,令 $\dfrac{d(\overline{C}_n)}{dn} = 0$,则经济寿命 n^* 为:

$$n^* = \sqrt{\frac{2(P - L_n)}{\lambda}} \tag{8-4}$$

【例 8-2】 某施工单位现有一台设备,原值为10000元,第1年的使用成本为400元,以后每年递增300元,预计残值为400元,试用静态分析法确定其经济寿命。

【解】 由上述公式得:

$$n^* = \sqrt{\frac{2(10000 - 400)}{300}} = 8(\text{年})$$

即经济寿命为8年。

三、考虑时间价值的设备经济寿命的确定

在项目分析过程中,通常应考虑资金的时间价值,这样分析可更准确,更符合客观实际。考虑时分为一般情况和匀速低劣化情况两种。

1. 一般情况

该情况下使用寿命 n 年内设备的总成本现值 PC_n 为:

$$PC_n = P - L_n(P/F,i,n) + \sum_{j=1}^{n} C_j(P/F,i,j) \tag{8-5}$$

n 年内设备的等额年总成本为:

$$AC_n = PC_n(A/P,i,n) = P(A/P,i,n) - L_n(A/F,i,n) + (A/P,i,n)\sum_{j=1}^{n} C_j(P/F,i,j) \tag{8-6}$$

2. 匀速低劣化情况

若每年劣化呈线性增长的情况下,设备在 n 年内的等额年总成本 AC_n 可按下式计算:

$$AC_n = P(A/P,i,n) - L_n(A/F,i,n) + C_1 + \lambda(A/G,i,n) \tag{8-7}$$

【例 8-3】 某设备购置费为 24000 元,第 1 年的设备运行费为 8000 元,以后每年增加 5600 元,设备逐年减少的残值见表 8-3,设折现率为 12%,求该设备的经济寿命。

表 8-3　设备经济寿命动态计算　　　　　　　　　　　　（单位:元）

第 j 年末	设备使用到第 n 年末残值	年运行成本	等额年资产消耗成本	等额年运行成本	等额年总成本
1	12000	8000	14880	8000	22880
2	8000	13600	10427	10641	21068
3	4000	19200	8806	13179	21985
4	0	24800	7901	15610	23511

【解】 根据公式,设备在使用年限内的等额总成本计算如下。

$n=1$ 时,$AC_n = P(A/P,i,n) - L_n(A/F,i,n) + C_1 + \lambda(A/G,i,n)$
$= P(A/P,i,n) - L_n[(A/P,i,n) - i] + C_1 + \lambda(A/G,i,n)$
$= (24000-12000) \times (A/P,12\%,1) + 12000 \times i + 8000 + 5600 \times (A/G,12\%,1)$
$= 12000 \times (1.1200) + 12000 \times 0.12 + 8000 + 5600 \times (0)$
$= 22800(元)$

$n=2$ 时,$AC_2 = (24000-8000) \times (A/P,12\%,2) + 8000 \times i + 8000 + 5600 \times (A/G,12\%,2)$
$= 16000 \times (0.5917) + 8000 \times 0.12 + 8000 + 5600 \times (0.4717) = 21068(元)$

$n=3$ 时,$AC_3 = (24000-4000) \times (A/P,12\%,3) + 4000 \times i + 8000 + 5600 \times (A/G,12\%,3)$
$= 20000 \times (0.4163) + 4000 \times 0.12 + 8000 + 5600 \times (0.9246) = 21985(元)$

$n=4$ 时,$AC_4 = (24000-0) \times (A/P,12\%,4) + 0 \times i + 8000 + 5600 \times (A/G,12\%,4)$
$= 24000 \times (0.3292) + 0 \times 0.12 + 8000 + 5600 \times (1.3589) = 23511(元)$

根据计算结果可知,该设备的经济寿命为 2 年。

第三节 设备更新的经济分析

一、设备更新的形式

设备更新的经济分析,是确定一套正在使用的设备什么时候应该以及是否应该用更经济的设备来替代或者是改进现有设备。对企业来说,设备更新问题的决策是很重要的,如果因为机器暂时的故障,就将现有的设备进行草率的报废处理,或者因为片面追求先进和现代化而购买最新型的设备,都有可能造成资本的流失;而一个资金比较紧张的企业可能会选择另一个极端的做法,即恶性使用设备(拖延设备的更新直到其不能再使用为止)。恶性使用设备对企业来说是一种危险的做法,它必须依靠低效率的设备所生产的高成本和低质量的产品与竞争对手们利用现代化的设备生产的低成本和高质量的产品进行竞争,显然这会使企业处在一个极为不利的位置。

设备更新的形式主要有两种:一种是用相同的设备去更换有形磨损严重、不能继续使用的旧设备,即原型设备更新;另一种是用较经济和较完善的新设备,即用技术更先进、结构更完善、效率更高、性能更好、耗费能源和原材料更少的新型设备来更换那些技术上不能继续使用或经济上不宜继续使用的旧设备,即新型设备更新。

设备更新分析的结论取决于所采用的分析方法,而设备更新分析的假定条件和设备的研究期是选用设备更新分析方法时应考虑的重要因素。

设备更新要在坚持技术进步的前提下,以提高经济效益为原则,对设备整个运行期间的技术经济进行分析和研究,做出正确的决策。

二、原型设备更新的经济分析

如果设备在整个使用期内的使用功能和生产性能不过时,这时该设备的未来替换物仍然是同一种设备,设备不存在技术上提前报废的问题。在这种情况下,设备在使用过程中避免不了有形磨损,结果导致设备的维修费用,特别是大修理费以及其他运行费用的不断增加。当该设备达到经济寿命的时候再继续使用,在经济上已经不划算,于是可以用原型设备进行更换。所以对于原型设备的更新,主要是以设备的经济寿命为依据,最优的更新时机就是设备的经济寿命年限。

原型设备更新的经济分析首先要计算设备的经济寿命,以经济寿命来决定设备是否需要更新,达到经济寿命时年度费用最小者为优,它适用于长期生产同一类型产品的企业进行周期性更换的设备。在比较方案时应注意经济寿命计算中的两种特殊情况。

(1)如果一台设备在整个使用期间,其年度使用费和残值固定不变,那么其使用年限长,年度费用越低,即它的经济寿命等于它的服务寿命。

(2)如果一台设备目前的估计残值和未来的估计残值相等,而年度使用费逐年增加,最短的寿命(一般为1年)就是它的经济寿命。

【例8-4】 某企业在3年前投资20000元买了一套设备,根据设计要求,该设备还可使用 5 年,其年度运行成本估计第一年度为 10000 元,以后逐年增加 500 元。现在又出现了一种新设备,原始成本为 12000 元,年度运行成本第一年估计为 9000 元,以后每年增加 900 元,新设备的使用寿命估计为 12 年。由于这两套设备是专用设备,其在任何时候的残值均为零。假设折现率为 12%,该企业对现有设备是否应进行更新?

【解】 依据题意,原设备的 20000 元投资是 3 年前发生的,在本次更新中,应不予考虑。要做出更新决策首先应计算原设备和新设备的经济寿命。

由于原设备目前的残值和未来的残值都等于零,其年度成本即等于年度运行成本。由于旧设备的年度运行成本是逐年增加的,因而其年度成本也是逐年增加的。因此,为了使年度成本最小,经济寿命应该取尽可能短的时间,即 1 年,也就是旧设备的经济寿命为 1 年,此时的年度成本 $AC_{旧}=10000$ 元/年。

根据公式可以计算出新设备的经济寿命新设备的年度成本计算见表 8-4。

表 8-4 新设备的年度成本计算

使用年限	等额资产消耗成本	等额年度运行成本	年度成本
1	13200	9000	22200
2	6914.4	9428.6	16343
3	4825.2	9842.9	14668
4	3786	10243.1	14029
5	3165.6	10629.1	13795
6	2755.2	11001.2	13756 *
7	2464.8	11359.4	13824
8	2248.8	11704.1	13953

其中,资产消耗成本$=12000(A/P,12\%,t)$,年度运行成本$=9000+900(A/G,12\%,t)$,t 为使用年限。

从表 8-4 中可以看出,第 6 年的年度成本最低,即新设备的经济寿命为 6 年。新设备经济寿命为 6 年时的年度成本为:

$$AC_{新}=12000\times(A/P,12\%,6)+9000+900\times(A/G,12\%,6)=13756(元/年)$$

依据上述计算,新设备年度使用成本在第 6 年最低,因此新设备的经济寿命为 6 年。此时的年度成本为 13756 元。

旧设备在其经济寿命时的年度成本低于新设备在其经济寿命时的年度成本,因此,应选择旧设备,对现有设备不应进行更新。

三、新型设备更新的经济分析

在技术不断进步的条件下,由于无形磨损的作用,很可能在设备尚未使用到其经济寿命期,就已出现了重置价格很低的原型设备或工作效率更高和经济效益更好的新型的同类设备,这时就要分析继续使用原设备和购置新设备的两种方案。新型设备更新的经济分析是要在继续使用旧设备和购置新型设备的方案中,选择在经济上最有利的方案。新型设备更新的经济分析不仅需要确定设备的更新方案有几个,还需要同时确定设备更新的时机,即旧设备剩余经济寿命年数。

在新型设备出现的情况下,常用的设备更新比较方法是年值成本法、现值成本法和边际成本法。

1. 年值成本法和现值成本法

在新型设备更换分析决策中,可以直接计算各设备方案的现值成本,年值成本最低的方案为最优方案。实际上,继续使用旧设备方案的寿命期与购置新设备方案的寿命期常常不同,对于寿命期不同的更新方案比选,最简单的方法是采用年值成本法进行比较。

【例 8-5】 某设备 A 正在使用,其目前的残值估计为 2000 元。据估计,这部机器还可使用 5 年,每年的使用费为 1000 元,第 5 年年末的残值为零。企业对这部机器的更新提出两种方案。方案甲:5 年之后,用机器 B 来代替 A。机器 B 的原始费用估计为 10000 元,寿命估计为 10 年,残值为零,每年使用费为 600 元;方案乙:现在就用机器 C 来代替 A,机器 C 的原始费用为 7000 元,寿命为 10 年,残值为零,每年使用费为 800 元。详细数据见表 8-5,折现率为 10%。试比较方案甲与方案乙,哪个经济效果更好?

表 8-5 更新方案数据表　　　　　　　　　　(单位:元)

年末	方案甲		方案乙	
	原始费用	年使用费	原始费用	年使用费
0	机器 A 2000		机器 C 7000	
1		1000		800
2		1000		800
3		1000		800
4		1000		800
5	机器 B 10000	1000		800
6		600		800
7		600		800
8		600		800
9		600		800
10		600		800
11		600		
12		600		
13		600		
14		600		
15		600		

【解】 (1)方法一:用年值法比较方案。

$AC_甲 = \{[600(P/A,10\%,10)+10000](P/F,10\%,5)+1000(P/A,10\%,5)+2000\}$
$\qquad (A/P,10\%,10) = 1878.99(元)$

$AC_乙 = 800 + 7000(A/P,10\%,10) = 1938.9(元)$

从费用年值计算看,方案甲的费用低于方案乙的费用,因此,应选方案甲,即 5 年以后再用机器 B 代替机器 A。

(2)方法二:选定研究期为 10 年。由于对更远时间的估计较为困难,故选定 10 年为研究期,这相当机器 C 的寿命。

按照方案甲,10 年研究期包括机器 A 使用 5 年,机器 B 使用 5 年,10 年内的费用现值为:。

$$PC_甲 = 2000 + 1000(P/A,10\%,5) + [600 + 10000(A/P,10\%,10)](P/A,10\%,5)$$
$$(P/F,10\%,5) = 11032.51(元)$$

则机器 B 未使用的价值(现值)为:$10000(A/P,10\%,10)(P/A,10\%,5) = 6167.63(元)$

按照方案乙,10 年内的费用现值为:

$$PC_乙 = 7000 + 800(P/A,10\%,10) = 11915.68(元)$$

显然,方案甲的费用现值小于方案乙的费用现值,因此,方案甲优于方案乙,应选方案甲。

2. 边际成本法

如果今后的情况非常难以估计,可采用逐年比较新旧设备成本的方法,即边际成本法。其更新分析的步骤和公式如下。

(1)计算旧设备的年度边际成本,计算公式如下:

$$MC_n = C_n + (L_{n-1} - L_n) + L_{n-1} \times i \tag{8-8}$$

式中:MC_n——第 n 年旧设备的年度边际成本;

C_n——第 n 年旧设备的运行成本以及损失额;

$L_{n-1} - L_n$——第 n 年资产折旧额;

$L_{n-1} \times i$——第 n 年资产占用资金的成本。

(2)计算新设备的年均总成本,计算公式如下:

$$AC_n = [P - L_n(P/F,i,n)](A/P,i,n) + [\sum C_j(P/F,i,j)](A/P,i,n) \tag{8-9}$$

式中:AC_n——新设备的年均总成本;

P——新设备购置费用;

L_n——第 n 年设备残值;

C_j——新设备第 j 年的运行成本($j=1,\cdots n$)。

(3)根据计算结果进行比较。

当 $MC_n > AC_n$ 时,需要更新旧设备。

当 $MC_n < AC_n$ 时,应保留旧设备。

【例 8-6】某设备再继续使用一年的边际成本见表 8-6,现有的新设备价格为 50000 元,寿命为 15 年,年运行成本为 1800 元,残值为 4000 元,折现率为 10%。试分析是否应对旧设备进行更新。

表 8-6 旧设备的年边际成本 (单位:元)

新设备产量和质量提高增加收入	1600	旧设备现在出售价格	9600
新设备年均工作节约额	1200	旧设备一年后出售价格	8200
新设备作业费用年均节约额	4500	旧设备继续使用的资产占用资金成本(9600×10%)	960
新设备维修费年均节约额	3000		
旧设备年运行成本	1200	旧设备资产折旧费(9600-8200)	1400
旧设备年运行成本及损失(前 5 项)	11500	旧设备的边际成本	13860

【解】 根据表 8-6 所示数据,首先计算旧设备的边际成本。
$$MC_n = 11500 + 960 + 1400 = 13860(元)$$
再计算新设备的年均总成本 AC_n。
$$AC_n = [50000 - 4000(P/F, 10\%, 15)](A/P, 10\%, 15) + 1800 = 8247.6(元)$$
比较新旧设备年成本的计算结果,$MC_n > AC_n$,用新设备替换旧设备,每年可以节约开支 5612.4 元($=13860-8247.6$)。因此,应该尽快更新旧设备。

第四节 设备租赁的经济分析

一、设备租赁及其形式和特点

1. 设备租赁的概念

设备租赁是指承租人按租赁合同的约定,在一定期间内向出租人支付租金而取得设备使用权的一种经济活动。

2. 设备租赁的形式

(1)经营租赁。

经营租赁是指承租人以取得设备使用权为主要目的租赁。在租赁期间,承租人按租赁合同支付租金,租赁期满,不转让有关设备的所有权。租赁期内,租赁费计入成本,承租人不得计提折旧。

(2)融资租赁。

融资租赁是指承租人以融通资金为主要目的的租赁。在租赁期间,租赁双方承担确定时期的租让和付费义务,而不得任意中止和取消租约。承租人按租赁合同支付租金,租赁期满,有关设备的所有权将由出租人转让给承租人。融资租赁实质上是一种分期付款购买的形式,转移了与设备所有权有关的全部风险和报酬,我国企业利用租赁使用贵重的设备(如重型机械设备等)或引进国外设备时常采用这种方式。承租人对融资租入设备视同自有设备管理,因此,租赁期内,承租人应计提折旧。

3. 融资租赁的特点

对于承租人来说,设备租赁与设备购置相比的优越性如下。

(1)在资金短缺的情况下,既可用较少资金获得生产急需的设备,也可以引进先进设备,加快技术进步的步伐。

(2)可获得良好的技术服务。

(3)可以保持资金的流动状态,防止呆滞,也不会使企业资产负债状况恶化。

(4)可以避免通货膨胀和利率波动的冲击,减少投资风险。

(5)设备租金可在所得税前扣除,能享受税费上的利益。

设备租赁的不足之处如下。

(1)在租赁期间承租人对租用设备无所有权,只有使用权,故承租人无权随意对设备进行改造,不能处置设备,也不能将其用于担保、抵押贷款。

(2)承租人在租赁期间所交的租金总额一般比直接购置设备的费用要高。

(3)长年支付租金,形成长期负债。
(4)融资租赁合同规定严格,毁约要赔偿损失,罚款较多等。
正是由于设备租赁有利有弊,故在租赁前要进行慎重的决策分析。
经营租赁与融资租赁的比较具体见表 8-7。

表 8-7 经营租赁与融资租赁的比较

方　　式	经 营 租 赁	融 资 租 赁
服务方式	提供融物服务	提供经营和推销服务
合同特征	一个合同两个当事人	两个合同三方当事人
业务性质	租赁业务	金融业务
经营风险	出租人	承租人
出租人收益	租金	利息
计提折旧	出租人	承租人
物件选择	出租人	承租人
物件维护	出租人	承租人
租期	短期	中长期
期满物件归属	出租人	承租人
回收投资	多次	一次
租赁对象	通用设备	专用的大型设备

二、影响设备租赁与购置的主要因素

企业在决定进行设备租赁或购买之前,必须多方面考虑。决定企业租赁或购买的关键在于能否为企业节约尽可能多的支出费用,实现最好的经济效益。为此,首先需要考虑影响设备租赁或购买的因素。

(一)设备租赁或购置都需要考虑的影响因素

影响设备选择的因素较多,其中设备租赁或购置都需要考虑的影响因素主要包括以下几点。
(1)技术方案的寿命期。
(2)企业是需要长期占有设备,还是只希望短期占有这种设备。
(3)设备的技术性能和生产效率。
(4)设备对工程质量(产品质量)的保证程度,对原材料、能源的消耗量,以及设备生产的安全性。
(5)设备的成套性、灵活性、耐用性、环保性和维修的难易程度。
(6)设备的经济寿命。
(7)技术过时风险的大小。
(8)设备的资本预算计划、资金可获量(包括自有资金和融通资金),融通资金时借款利息或利率的高低。

(9)提交设备的进度。

(二)设备租赁考虑的影响因素

对于设备租赁,除考虑上述(一)的因素外,还应考虑如下影响因素。
(1)租赁期长短。
(2)设备租金额,包括总租金额和租赁期租金额。
(3)租金的支付方式,包括租赁期起算日、支付日期、支付币种和支付方法等。
(4)企业经营费用减少与折旧费和利息减少的关系;租赁的节税优惠。
(5)预付资金(定金)、租赁保证金和租赁担保费用。
(6)维修方式(由企业自行维修还是由租赁机构提供维修服务)。
(7)租赁期满后资产的处理方式。
(8)租赁机构的信用度、经济实力,以及与承租人的配合情况。

(三)设备购置考虑的影响因素

对于设备购置,除考虑前述(一)的因素外,也应考虑如下影响因素。
(1)设备的购置价格,设备价款的支付方式,支付币种和支付利率等。
(2)设备的年运转费用和维修方式、维修费用。
(3)保险费,包括购买设备的运输保险费、设备在使用过程中的各种财产保险费。
总之,企业做出租赁与购置决定的关键在于设备方案的技术经济可行性分析。因此,企业在决定进行设备投资之前,必须充分考虑影响设备租赁与购置的主要因素,才能获得最佳的经济效益。

三、设备方案的比选

设备方案的采用取决于备选方案在技术经济上的比较,比较的原则和方法与一般的互斥投资方案的比选方法相同。

(一)设备租赁与购置比选的步骤

1. 提出设备配置建议
根据企业生产经营目标和技术状况,提出设备配置的建议。
2. 拟定设备配置方案
拟定若干设备配置方案,包括购置方案(有一次性付款购置和分期付款购置两种方式)和租赁方
案(有融资租赁和经营租赁两种方式)。
3. 定性分析筛选方案
定性分析包括企业财务能力分析和设备方案技术分析。
(1)企业财务能力分析。
企业财务能力分析主要是分析企业的支付能力,如果企业不能一次筹集并支付全部设备价款,则不考虑一次性付款购置方案。

(2)设备方案技术分析。

①设备的配置方案,要根据生产工艺技术和生产能力研究选用主要设备,主要设备之间与其他设备之间应相互适应;要进行设备软件和硬件在内的专有技术和专利技术比较。

②要研究设备在生产工艺上使用的成熟可靠性、在技术上的先进性和稳定性,对关键设备特别是新设备要研究试用项目的使用情况,充分考虑设备零配件的供应以及超限设备运输的可能性。

③设备选用要与技术方案建设进度匹配,应符合安全、节能、环保的要求,尽可能选择节能环保设备。

④对二手设备的选用要慎重。经论证确实需要二手设备时,需要说明对二手设备的考察情况、选用理由,二手设备的技术水平、能耗水平、环保及安全指标、利用改造措施及投资,并与当时水平的同类设备进行经济技术比较。

⑤设备选用应考虑管理与操作的适应性。考虑设备的日常维护与保养,零部件的更换和维修的方便性。

定性分析的方法是设备选择中常用的主要方法。在分析时,对技术过时风险大、保养维护复杂、使用时间短的设备,可以考虑经营租赁方案;对技术过时风险小、使用时间长的大型专用设备则可以考虑融资租赁方案或购置方案。

4. 定量分析并优选方案

定量分析一般根据设备方案的投资和运营消耗,通过计算寿命期费用现值和投资回收期等指标,结合其他因素(一般有设备参数、性能、物耗和能耗、环保指标、对原材料的适应性、对产品质量的保证程度、对备品备件质量的保证程度、安装技术服务等),择优选取设备方案。

(二)设备方案的经济比选

设备方案比选主要是租赁方案之间的比选、购置方案之间的比选、租赁方案与购置方案之间的比选。进行设备方案的经济比选,必须详细地分析各方案寿命期内各年的现金流量情况,据此分析方案的经济效果,确定最佳的设备投入方式。

1. 设备经营租赁方案的现金流量

采用设备经营租赁的方案,租赁费用可以直接计入成本,但为与设备购置方案有可比性,特将租赁费用从经营成本分离出来。设备经营租赁方案现金流量表见表8-8。

表8-8 设备经营租赁方案现金流量表 (单位:万元)

序号	项目	合计	计算期					
			1	2	3	4	…	n
1	现金流入							
1.1	营业收入							
1.2	销项税额							
2	现金流出							
2.1	租赁费用							
2.2	经营成本							

续表

序号	项目	合计	计算期					
			1	2	3	4	...	n
2.3	进项税额							
2.4	应交增值税							
2.5	税金及附加							
2.6	所得税							
3	净现金流量 (现金流入－现金流出)							
4	累计净现金流量							

表中,租赁费用主要包括租赁保证金、租金、担保费。

(1)租赁保证金。

为了确认租赁合同并保证其执行,承租人必须先交纳租赁保证金,当租赁合同结束时,租赁保证金将被退还给承租人或在偿还最后一期租金时加以抵消。保证金一般按合同金额的一定比例计,或为某一基期数的金额(如一个月的租金额)。

(2)担保费。

出租人一般要求承租人请担保人对该租赁交易进行担保,当承租人由于财务危机付不起租金时,由担保人代为支付租金。一般情况下,承租人需要付给担保人一定数目的担保费。

(3)租金。

租金是签订租赁合同的一项重要内容,直接关系到出租人与承租人双方的经济利益。出租人要从取得的租金中得到出租资产的补偿和收益,即要回收租赁资产的购进原价、贷款利息、营业费用和一定的利润;承租人则要比照租金核算成本。影响租金的因素很多,如设备的价格、融资的利息及费用、各种税金、租赁保证金、运费、租赁利差、各种费用的支付时间,以及租金采用的计算公式等。

租金的计算主要有附加率法和年金法。

①附加率法。

附加率法是在租赁资产的设备货价或概算成本上再加上一个特定的比例来计算租金。每期租金 R 表达式为:

$$R = P\frac{(1+n \times i)}{n} + P \times r \tag{8-10}$$

式中:P——租赁资产的价格;

n——租赁期数,其值取决于租赁资产预计使用寿命,租赁期可按月、季、半年、年计;

i——与租赁期数相对应的利率;

r——附加率。

【例 8-7】 租赁公司拟出租一台设备给某企业,设备的价格为 68 万元,租期为 5 年,每年年末支付租金,折现率为 10%,附加率为 4%,问每年租金为多少?

【解】 $R = 68 \times \frac{(1+5 \times 10\%)}{5} + 68 \times 4\% = 23.12$(万元)

②年金法。

年金法是将一项租赁资产价值按动态等额分摊到未来各租赁期间内的租金计算方法。年金法计算分为期末支付和期初支付两种方式。

a.期末支付方式是在每期期末等额支付租金。每期租金 R_a 表达式为：

$$R_a = P\frac{i(1+i)^n}{(1+i)^n-1} = P(A/P,i,n) \tag{8-11}$$

式中：R_a——每期期末支付的租金额；

P——租赁资产的价格；

n——租赁期数，其值取决于租赁资产预计使用寿命，租赁期可按月、季、半年、年计；

i——与租赁期数相对应的利率或折现率。

b.期初支付方式是在每期期初等额支付租金，期初支付要比期末支付提前一期支付租金。每期租金 R_b 表达式为：

$$R_a = P\frac{i(1+i)^{n-1}}{(1+i)^n-1} \tag{8-12}$$

式中：R_b——每期期初支付的租金额。

【例 8-8】 折现率为 12%，其余数据同【例 8-7】，试分别按每年年末、每年年初支付方式计算租金。

【解】 $R_a = 68 \times \dfrac{12\% \times (1+12\%)^5}{(1+12\%)^5-1} = 68 \times 0.2774 = 18.86$（万元）

$R_b = 68 \times \dfrac{12\% \times (1+12\%)^{5-1}}{(1+12\%)^5-1} = 68 \times 0.2477 = 16.84$（万元）

2.设备购置方案的现金流量

在与设备租赁方案相同的条件下，设备购置方案的现金流量表见表 8-9。

表 8-9 购买设备方案现金流量表 （单位：万元）

序号	项目	合计	计算期					
			1	2	3	4	…	n
1	现金流入							
1.1	营业收入							
1.2	销项税额							
1.3	回收固定资产余值							
2	现金流出							
2.1	设备购置费							
2.2	经营成本							
2.3	贷款利息							
2.4	进项税额							
2.5	应交增值税							
2.6	税金及附加							
2.7	所得税							
3	净现金流量（现金流入－现金流出）							
4	累计净现金流量							

3. 设备方案的经济比选

对于设备租赁来说,就是在不同的租赁方案间比选,决定租赁方案。

对于设备更新来说,既有可能在不同设备购置方案之间比选,也有可能在不同设备租赁方案之间比选,还有可能在设备租赁方案与设备购置方案之间比选。但无论哪类设备方案的经济比选,都是互斥方案选优的问题,一般寿命相同的设备可以采用净现值(或费用现值)法,设备寿命不同时可以采用年值(或年成本)法。无论用净现值(或费用现值)法还是年值(或年成本)法,均以收益率较高或成本较低的方案为最佳。

在工程经济互斥方案分析中,为了简化计算,常常只需要比较它们之间的差异部分。而设备租赁与购置方案的经济比选,最简单的方法是在假设所得到设备的收入相同的条件下,将租赁方案和购置方案的费用进行比较。根据互斥方案比选的增加原则,可以只比较它们之间的差异部分。

(1)经营租赁设备方案的净现金流量。

净现金流量=销售收入-经营成本-租赁费用-销售税及附加-(销售收入-经营成本-租赁费用-销售税及附加)×所得税税率

(2)融资租赁设备方案的净现金流量。

净现金流量=销售收入-经营成本-租赁费用-销售税及附加-(销售收入-经营成本-折旧费用-销售税及附加-租赁费中的手续费和利息)×所得税税率

(3)自有资金购置设备方案的净现金流量。

净现金流量=销售收入-经营成本-设备购置费-销售税及附加-(销售收入-经营成本-折旧费用-销售税及附加)×所得税税率

(4)贷款购置设备方案的净现金流量。

净现金流量=贷款+销售收入-经营成本-设备购置费-销售税及附加-利息-(销售收入-经营成本-折旧费用-销售税及附加-利息)×所得税税率-本金

由于每个企业都有依利润大小缴纳所得税,按财务制度规定,租赁设备的租金允许计入成本,购买设备每期计提的折旧费也允许计入成本;若用借款购买设备,其每期支付的利息也可以计入成本。在其他费用保持不变的情况下,计入成本越多,则利润总额越少,企业缴纳的所得税也越少。因此在充分考虑各种方式的税收优惠影响下,应该选择税后收益更高或者税后成本更低的方案。

【例 8-9】 某企业需用一台设备,设备的购置费为 22 万元,每年可实现销售收入 25 万元,使用寿命为 10 年,期末预计净残值为 2 万元。这种设备可以从租赁公司通过经营租赁的方式租到,每年租赁费为 3 万元。无论是购买还是租赁,经营成本均为 18 万元。企业要求的基准收益率为 10%,以平均年限法计提设备折旧,企业所得税税率为 25%,问决策采用何种方式最优?

(1)用自有资金购买。

(2)贷款购买,贷款年利率为 6%,贷款年限为 10 年,利息当年付清,本金最后偿还。

(3)经营租赁。

(4)融资租赁,先一次性支付 50% 的设备价款,然后在 10 年内每年支付 1.5 万元,其中利息和手续费合计 0.5 万元。

【解】 (1)用自有资金购买。

第 0 年:净现金流量=-22(万元)

第 1~10 年:净现金流量=25-18-(25-18-2)×25%=5.75(万元)

其中,折旧费=(22-2)÷10=2(万元/年)

$$NPV=5.75×(P/A,10\%,10)-22=13.33(万元)$$

(2)贷款购买。

第 0 年:净现金流量=22-22=0(万元)

第 1~9 年:净现金流量=25-18-1.32-(25-18-2-1.32)×25%=4.76(万元)

第 10 年:净现金流量=25-18-1.32-(25-18-2-1.32)×25%-22=-17.24(万元)

其中,利息=22×6%=1.32(万元)

$$NPV=4.76×(P/A,10\%,10)-17.24×(P/F,10\%,10)=22.60(万元)$$

(3)经营租赁。

第 1~10 年:净现金流量=25-18-3-(25-18-3)×25%=3(万元)

$$NPV=3×(P/A,10\%,10)=18.43(万元)$$

(4)融资租赁。

第 0 年:净现金流量=-11(万元)

第 1~10 年:净现金流量=25-18-1.5-(25-18-2-0.5)×25%=4.375(万元)

其中,折旧费=(22-2)÷10=2(万元/年)

$$NPV=4.375×(P/A,10\%,10)-11=15.88(万元)$$

结论:按照 NPV 最大为最优方案,在本题中贷款购买的方案最优,经营租赁的方案次之。

【习题】

一、历年执业资格考试单选题

1. 某设备在 5 年前购买时原始成本为 10 万元,目前账面价值为 5 万元,现在市场同样功能的二手设备售价为 2 万元,新设备售价为 15 万元,则对该设备进行更新分析时,其沉没成本为(　　)万元。(2019 年一建真题)

A. 5　　　　　　B. 8　　　　　　C. 13　　　　　　D. 3

2. 某设备在不同使用年限时的平均年度资产消耗成本和平均年度运行成本数据见下表,则该设备的经济寿命为(　　)年。(2017 年一建真题)

使用年限(年)	1	2	3	4	5	6	7
平均年度资产消耗成本(万元)	90	50	35	23	20	18	15
平均年度运行成本(万元)	30	35	30	35	40	45	60

A. 7　　　　　　B. 5　　　　　　C. 4　　　　　　D. 3

3. 某企业 2005 年年初以 3 万元的价格购买了一台新设备,使用 7 年后发生故障不能正常使用,且市场上出现了技术更先进、性能更加完善的同类设备,但原设备经修理后又继续

使用,至 2015 年末不能继续修复使用而报废,则该设备的自然寿命为( )年。(2016 年一建真题)

A. 7　　　　　　　B. 10　　　　　　　C. 12　　　　　　　D. 11

4. 某企业进行设备租赁和购买方案比选。甲方案为租赁设备,租赁费用每年 50 万,租赁 5 年,乙方案为购买投资,购置费为 200 万元,全部源于银行借款,借款单利计息,年利率为 10%,借款期限为 5 年,设备可使用年限为 5 年,预计净残值为 0,企业所得税率为 25%,其他条件不考虑,关于方案比选的说法,正确的是( )。(2015 年一建真题)

A. 考虑税收影响时,甲方案优于乙方案

B. 考虑税收影响时,甲、乙方案税后成本相同

C. 考虑税收影响时,乙方案优于甲方案

D. 设备方案比选不应考虑税收的影响

5. 可以采用大修理方式进行补偿的设备磨损是( )。(2014 年一建真题)

A. 不可消除性有形磨损　　　　　　B. 第一种有形磨损

C. 可消除性有形磨损　　　　　　　D. 第二种无形磨损

6. 某设备 5 年前的原始成本是 10 万元,现账面价值是 3 万元,市场价值是 2 万元,则该设备的沉没成本为( )万元。(2013 年一建真题)

A. 1　　　　　　　B. 3　　　　　　　C. 7　　　　　　　D. 8

7. 某设备在不同使用年限(1~7 年)时的平均年度资产消耗成本和平均年度运行成本如下表所示,则该设备在静态模式下的经济寿命为( )年。(2013 年一建真题)

使用年限(年)	1	2	3	4	5	6	7
平均年度资产消耗成本(万元)	140	110	90	75	65	60	58
平均年度运行成本(万元)	15	20	30	40	55	70	85

A. 3　　　　　　　B. 4　　　　　　　C. 5　　　　　　　D. 6

8. 设备的无形磨损是( )的结果。(2011 年一建真题)

A. 错误操作　　　B. 技术进步　　　C. 自然力侵蚀　　　D. 超负荷使用

9. 设备经济寿命是指设备从投入使用开始,到( )而被更新所经历的时间。(2010 年一建真题)

A. 因加工精度下降导致产品质量不合格

B. 因运行经济效益开始下降

C. 因继续使用在经济上不合理

D. 因磨损严重而无法正常运行

10. 某设备 4 年前的原始成本为 10000 元,目前的账面价值是 4000 元,可变现净值为 1500 元,在进行设备更新分析时,应视为该设备沉没成本的价值( )元。(2010 年一建真题)

A. 2500　　　　　　B. 8500　　　　　　C. 10000　　　　　　D. 1500

二、历年执业资格考试多选题

1. 关于设备技术寿命的说法,正确的有( )。(2017 年一建真题)

A. 设备的技术寿命主要由设备的无形磨损决定

B. 设备的技术寿命是指设备年平均维修费用最低对应的使用年限

C. 设备的技术寿命一般长于设备的自然寿命

D. 科学技术进步越快,设备的技术寿命越短

E. 设备的技术寿命受产品物质寿命的影响

2. 有一设备买来 10 万元,账面价值为 4 万元,市场价值为 3 万元,现在设备更新,买同样的设备价格为 8 万元,说法正确的有( )。(2016 年一建真题)

A. 使用旧设备投资按 3 万元

B. 不考虑沉没成本 1 万元

C. 新方案市场价比旧方案多 4 万元

D. 新方案投资应为 10 万元

E. 新旧方案的经济寿命和运行成本相同

3. 关于确定设备经济寿命的说法,正确的有( )。(2015 年一建真题)

A. 使设备在自然寿命期内一次性投资最小

B. 使设备的经济寿命与自然寿命、技术寿命尽可能保持一致

C. 使设备在经济寿命期平均每年净收益达到最大

D. 使设备在经济寿命期年平均使用成本最小

E. 使设备在可用寿命期内总收入达到最大

4. 下列导致现有设备贬值的情形中,属于设备无形磨损的有( )。(2014 年一建真题)

A. 设备连续使用导致零部件磨损

B. 设备长期闲置导致金属件锈蚀

C. 同类设备的再生产价值降低

D. 性能更好、耗费更低的替代设备出现

E. 设备使用期限过长导致橡胶件老化

5. 关于设备寿命的说法,正确的有( )。(2013 年一建真题)

A. 设备的经济寿命是从经济观点确定的设备更新的最佳时间

B. 设备的使用年限越长,设备的经济性越好

C. 设备的合理维修和保养可以避免设备的无形磨损

D. 设备的技术寿命主要是由设备的无形磨损决定的

E. 设备的自然寿命是由设备的综合磨损决定的

6. 下列生产设备磨损形式中,属于无形磨损的有( )。(2010 年一建真题)

A. 长期超负荷运转,造成设备的性能下降、加工精度降低

B. 出现了加工性能更好的同类设备,使现有设备相对落后而贬值

C. 因设备长期封存不用,设备零部件受潮腐蚀,使设备维修费用增加

D. 技术特性和功能不变的同类设备的再生产价值降低,致使现有设备贬值

E. 出现效率更高、耗费更少的新型设备,使现有设备经济效益相对降低而贬值

三、问答题

1. 什么是设备的有形磨损、无形磨损?各有什么特点?设备磨损的补偿形式有哪些?

2. 设备的技术寿命、自然寿命和经济寿命有哪些区别和联系?

四、计算题

1. 假设某机器是在 7 年前花 20000 元购置的,其寿命为 12 年,目前面临着是否应该更新的问题,而市场上现在此种新机器价值为 35000 元,年运行成本为 1500 元,使用 12 年后

残值为 1000 元,旧机器现在预计价值为 10000 元,年使用费为 3500 元,寿命结束时残值为 800 元,收益率为 10%,问是否需要更新?

2.企业急需一台新型专用设备,现拟有经营租赁和贷款购买两个备选方案。若采用经营租赁方案,租期为 3 年,每年租赁费为 40000 元,每年维修费为 3000 元;若采用贷款购买方案,设备买价为 150000 元,需要向银行贷款,银行贷款年利率为 6%,每年年末等额归还本金并支付当年利息,设备购入后预计可使用 3 年,每年维修费为 2500 元,3 年后预计净残值收入为 8000 元。企业以年限平均法计提折旧,企业所得税税率为 25%。问企业使用该台设备应采用经营租赁还是贷款购买方案?

第九章 价值工程

工程经济学除了要评价投资项目的经济效果和社会效果外,还要研究如何用最低的寿命周期成本实现产品、作业或服务的必要功能。价值工程是一门技术与经济相结合的学科,它既是一种管理技术,又是一种思想方法,它不仅广泛应用于产品设计和产品开发,而且也应用于工程建设中。国内外的实践证明,推广应用价值工程能够促使社会资源得到合理有效的利用。

第一节 价值工程概述

一、价值工程的发展历史

价值工程是一门科学管理技术,是降低成本、提高经济效益的一种有效方法。它于20世纪40年代起源于美国。第二次世界大战结束前不久,美国的军事工业发展很快,造成原材料供应紧缺,一些重要的材料很难买到。当时在美国通用电气公司有位名叫拉里·迈尔斯的工程师,他的任务是为该公司寻找和取得军工生产用的材料。迈尔斯研究发现,采购某种材料的目的并不在于该材料本身,而在于材料的功能,在一定条件下,虽然买不到某种指定的材料,但可以找到具有同样功能的材料来代替,仍然可以满足其使用效果。有一次,该公司汽车装配厂急需一种耐火材料——石膏板,当时这种材料价格很高且稀缺。迈尔斯想,只要材料的功能一样,可不可用一种价格较低的材料代替呢?他开始考虑为什么要用石膏板,其作用是什么。经过调查发现,原来汽车装配中的涂料容易漏洒在地板上,根据美国消防法的规定,该类企业作业时,地板上必须铺上一层石膏板,以防火灾。迈尔斯弄清这种材料的功能后,找到了一种价格便宜且能满足防火要求的防火纸来代替石膏板,经过试用和检验,美国消防部门通过了这一代用材料,这就是价值工程史上有名的"石棉事件"。

由此,迈尔斯发现了商品的功能与成本的关系,他提出:如果得不到所需要的材料和物品,可以想办法得到它的功能。经过研究,他认为要设计出物美价廉的产品,应认识到用户需要的不是产品本身,而是它的功能,并且按照功能的必要程度来付款,因此,要以用户对产品所需要的功能为基础进行产品设计。于是,设计物美价廉的产品问题变成了以最低费用成本提供用户所需功能的问题,以此为基础,他组织了大量的物资代用研究工作,并总结出一套能完成任务、确保功能,又可使成本下降的科学方法。1947年,他以"价值分析"为题发表了研究成果,标志着这门学科的正式诞生。通用电气公司在开发价值工程技术上花了80万美元,而在前17年里就节约了2亿美元以上。

1954年,美国海军舰船局首先采用价值分析方法,仅1956年就节约了3500万美元,后又被空军、陆军及民用产品的生产所采用。进入20世纪70年代,作为新产品、新技术合同的必要条件,规定必须实施价值分析。由于它是节约资源、提高效用、降低成本的有效方法,因而引起了世界各国的普遍重视。20世纪50年代,日本和联邦德国学习和引进了这一方法。1955年价值分析方法传入日本,1960年日本企业开始采用此方法,并与工业工程和质量管理结合起来开展活动。

中国于1979年引进价值工程,1987年原国家标准局颁布了第一个价值工程国家标准——《价值工程基本术语和一般工作程序》。现在,价值工程被公认为一种行之有效的现代管理技术,已在机械、电气、化工、纺织、建材、冶金等多种行业中应用,节约了大量的能源和珍贵的原材料,降低了企业生产成本,提高了经济效益。

二、价值工程的概念

价值工程(Value Engineering,简称VE),亦称价值分析(Value Analysis,简称VA)。

价值工程是以提高产品或作业价值和有效利用资源为目的,通过有组织的创造性工作,寻求用最低的寿命周期成本,可靠地实现使用者所需功能,以获得最佳的综合效益的一种管理技术;是研究如何以最低的寿命周期成本,可靠地实现对象(产品、作业或服务等)的必要功能,而致力于功能分析的一种有组织的技术经济思想方法和管理技术。价值工程可以用下式表达:

$$价值 = \frac{功能}{成本}$$

即

$$V = \frac{F}{C}$$

式中:V——价值;

F——研究对象的功能,广义是指产品或作业的功能和用途,定义中的"产品"泛指以实物形态存在的各种产品,如材料、制成品、设备、建设工程等,"作业"是指提供一定功能的工艺、工序、作业、活动等;

C——成本,即寿命周期成本。

价值工程涉及三个重要的基本概念,即价值、功能、成本。

1. 价值

价值工程中"工程"的含义是指为实现提高价值的目标,所进行的一系列分析研究的活动。价值工程中所述的"价值"也是一个相对的概念,是指作为为某种产品(或作业)所具有的功能和与获得该功能的全部费用的比值。它既不是对象的使用价值,也不是对象的交换价值,而是对象的比较价值,是作为评价事物有效程度的一种尺度。

2. 功能

功能是对象能满足某种需求的一种属性。具体来说,功能就是功用、效用或用途。任何一种产品都有它的特定功能,这是产品本质特征的反映。对于用户来说,所需求和购买的不应该是作为物品存在的产品本身,而是需求和购买这个产品所具有的功能。对于企业而言,所生产的产品必须具有满足用户需求的特定功能。由此可以认为,企业生产的实际是某种功能,只不过它是以一定的物理形态为载体表现出来而已。因此,产品的功能是企业与用户联系的纽带,故价值工程着眼于产品功能的分析。功能分类如下。

(1)使用功能和美学功能。

使用功能是对象所具有的与技术经济用途直接有关的功能;美学功能是与使用者的精

神感觉、主观意识有关的功能,如美观、豪华等。

(2)基本功能和辅助功能。

基本功能是决定对象性质和存在的基本要素,是产品必不可少的功能,决定了产品的主要用途;辅助功能是为更好实现基本功能而附加的一些功能,可以根据用途的需要进行增减。

(3)必要功能和不必要功能。

必要功能是为满足使用者的需求而必须具备的功能;不必要功能是与满足使用者的需求无关的功能。功能是否必要,是视产品的目标对象(消费群体)而言的。

(4)不足功能和过剩功能。

不足功能是对象尚未满足使用者需求的必要功能;过剩功能是超过使用者需求的功能。

3. 成本

价值工程中的成本指的是寿命周期成本,包括产品从研究、设计、制造、销售、使用直到报废为止的整个期间的全部费用,如图 9-1 所示。它由生产成本和使用成本两部分构成,生产成本包括研究开发费、设计费、原材料费、能源费、加工费、包装费、运输费、销售费、税收等构成,用户的使用成本包括使用过程中的安装费、运行费、维修费等各项费用。

其中,生产成本 C_1 是指产品从研发到用户手中为止的全部费用,使用成本 C_2 是指用户在使用过程中发生的各种费用。

因此,寿命周期成本=生产成本+使用成本,即 $C=C_1+C_2$。

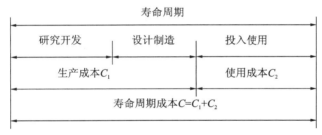

图 9-1 寿命周期成本

产品的寿命周期成本与产品的功能有关,如图 9-2 所示。这种关系的存在,决定了寿命周期成本存在最低值。可以看出,随着产品的功能水平提高,产品的使用成本降低,但是生产成本增高;反之,使用成本增高,生产成本费用降低。一座精心设计施工的住宅,其质量得到保证,使用过程中发生的使用成本就较低;相反,粗心设计并且施工中偷工减料,建造的住宅质量差,使用过程中的使用成本就较高。生产成本、使用成本与功能水平的变化规律决定了寿命周期成本为如图 9-2 所示的马鞍形变化曲线,在 F_0 点,产品的生产成本 C_1 和使用及维护成本 C_2 两条曲线叠加所对应的寿命成本为最小值 $C_{\min}$,体现了较理想的功能与成本关系。

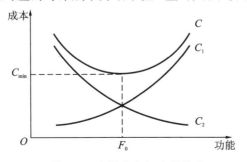

图 9-2 产品成本与功能关系

三、价值工程与其他管理技术的区别

价值工程是一门管理技术,又不同于一般的工业工程和全面质量管理技术。诞生于20世纪初的工业工程,着重于研究作业、工序、时间等从材料到工艺流程等问题,这种管理技术主要是降低加工费用。20世纪20年代创始的全面质量管理是按照设计图纸把产品可靠地制造出来,是从结果分析问题原因,帮助消除不良产品的一种管理技术。但他们都是以产品设计图纸给定的技术条件为前提,因此降低产品成本都有局限性。而价值工程改变过去以物品或结构为中心的思考方法,从产品的功能出发,在设计过程中,重新审核设计图纸,对产品作设计改进,把与用户需求功能无关的构配件消除掉,更改具有过剩功能的材质和构配件,设计出价值更高的产品。由于它冲破了原来设计图纸的界限,故能大幅度降低成本。

价值工程也与一般的投资决策理论不同。一般的投资决策理论研究的是项目的投资效果,强调的是项目的可行性;而价值工程是研究如何以最少的人力、物力、财力和时间获得必要功能的技术经济分析方法,强调的是产品的功能分析和功能改进。

价值工程废弃了会计制度上沿用的事后成本和与产品费用无关的计算成本办法,采用以产品功能为中心分析成本的事前成本计算方法,保证了成本的正确可靠性。

总之,价值工程是采用系统的工作方法,通过各相关领域的协作,对研究对象功能与成本、效益和费用之间进行系统分析,不断创新,旨在提高研究对象价值的思想方法和管理技术。

四、价值工程的特点

(1)价值工程的目标是以最低的寿命周期成本,使产品具备它必须具备的功能。

寿命周期成本与其功能是辩证统一的关系。寿命周期成本的高低,不仅关系到生产企业的利益,同时也与满足用户的要求,乃至与建设资源节约型社会密切相关。因此价值工程的活动应贯穿于生产和使用的全过程,兼顾生产者和用户的利益,以获得最佳综合效益。

(2)价值工程的核心是对产品进行功能分析。

价值工程的功能是指对象能够满足某种要求的一种属性。例如,住宅有提供居住空间的功能,厂房有提供生产制造场地的功能等。用户购买产品,是购买这种产品的功能。企业生产的目的,也是提供用户所期望的功能,而产品的结构、材质等是实现这些功能的手段,目的是主要的,手段可以广泛选择。因此,价值工程的核心是功能分析,应围绕着产品的功能进行分析,促使功能与成本合理匹配,获取较高经济效益。

(3)价值工程将产品价值、功能和成本作为一个整体来考虑,价值工程强调不断改革和创新,开拓新思路和新途径,获得新方案,创造新功能,简化产品结构,节约原材料,提高产品的技术经济效益。

(4)价值工程是以集体的智慧开展的有计划、有组织的管理活动。

价值工程研究的问题涉及产品的整个寿命周期,涉及面广,研究过程复杂。因此,在开展价值工程活动时,必须组织科研、设计生产、管理、采购、供销、财务、甚至用户等各方面有经验的人员参加,以适当的组织形式组成一个智力结构合理的集体,共同研究,发挥集体智慧、经验和积极性,排除片面性和盲目性,博采众长,有计划、有领导、有组织地开展活动,以达到提升产品价值的目的。

五、提高产品价值的途径

公式 $V=F/C$,不仅深刻地反映出产品价值与功能和实现此功能所耗成本之间的关系,而且也为如何提高价值提供了五种途径,具体见表 9-1。

表 9-1 提高价值的途径

项目	类型				
	1	2	3	4	5
功能 F	不变	提高	大幅提高	略降低	提高
成本 C	降低	不变	略提高	大幅降低	降低
名称	节约型	改进型	投资型	牺牲型	双向型

(1)在保持产品功能不变的前提下,通过降低成本达到提高价值的目的。

(2)在产品成本不变的条件下,通过提高产品的功能,达到提高产品价值的目的。

(3)在适度增大产品成本同时,产品功能有较大幅度提高,即功能的提高幅度超过了成本的提高幅度,价值还是提高了。

(4)产品功能略有下降,产品成本大幅度下降,即功能的下降幅度小于成本的下降幅度,这样也可以达到提升产品价值的目的。

(5)在提高产品功能的同时,降低产品成本,这是大幅度提高价值最为理想的途径。

第二节 价值工程的实施步骤和方法

一、价值工程的工作程序

价值工程的一般工作程序具体见表 9-2,可分为如下四大阶段:

①准备阶段,主要是进行工作对象的选择;

②分析阶段,工作内容为情报信息资料搜集,进行功能分析和功能评价;

③创新阶段,主要是制定创新方案;

④实施阶段,包括方案审批、方案实施与检查、成果评价三个步骤。

由于价值工程的应用范围广泛,其活动形式也不尽相同,因此在实际应用中,可参照这个工作程序,根据对象的具体情况,应用价值工程的基本原理和思想方法,考虑具体的实施措施和方法步骤。但是对象选择、功能分析、功能评价和方案创新与评价是工作程序的关键内容,体现了价值工程的基本原理和思想,是不可缺少的。

表 9-2　价值工程的一般工作程序

工作阶段	设计程序	工作步骤		价值工程对应问题
		基本步骤	详细步骤	
准备阶段	制定工作计划	确定目标	1. 对象选择	1. 这是什么
			2. 信息搜集	
分析阶段	功能评价	功能分析	3. 功能定义	2. 这是干什么用的
			4. 功能整理	
		功能评价	5. 功能成本分析	3. 它的成本是多少
			6. 功能评价	4. 它的价值是多少
			7. 确定改进范围	
创新阶段	初步设计（提出各种设计方案）	制定创新方案	8. 方案创造	5. 有其他方法实现这一功能吗
	评价各设计方案，对方案进行改进、选优		9. 概略评价	6. 新方案的成本是多少
			10. 调整完善	
			11. 详细评价	
	书面化		12. 提出提案	7. 新方案能满足功能要求吗
实施阶段	检查实施情况并评价活动成果	实施评价成果	13. 审批	8. 偏离目标了吗
			14. 实施与检查	
			15. 成果鉴定	

二、价值工程对象的选择

价值工程的对象选择是逐步缩小研究范围、寻找目标、确定主攻方向的过程，能否正确选择价值工程对象，是价值工程活动收效大小甚至关乎其成败的关键。

1. 选择价值工程对象的一般原则

价值工程对象应选择在经营上迫切需要改进的产品，功能改进和成本降低的潜力比较大的产品。一般而言，对象选择的原则有以下几个方面。

（1）从设计方面看，对产品结构复杂、性能和技术指标差、体积和质量大的产品进行价值工程分析，可使产品结构、性能、技术水平得到优化，从而提高产品的价值。

（2）从施工生产方面看，对于量大面广、工序烦琐、工艺复杂、原材料和能源消耗多、质量难以保证的产品进行价值工程分析，能以最低的寿命周期成本可靠地实现必要功能。

（3）从销售方面看，选择用户意见多、退货索赔多和竞争力差的产品进行价值工程分析，以赢得消费者的认同，占领更大的市场份额。

（4）从成本方面看，选择成本高或成本比重大的，如材料费、管理费、人工费等进行价值工程分析，可降低产品成本。

对于工程项目，以下类型的项目可以作为价值工程分析的重点考虑对象。

（1）投资额大的项目。

(2)复杂的项目。
(3)重复建设的项目。
(4)没有先例的或采用新技术的独特项目。
(5)工程预算限制严格的项目。
(6)设计进度计划被压缩的项目。
(7)受公众关注的项目。
(8)市场反馈迫切需要改进的项目。
(9)功能改进或成本降低潜力较大的项目。

2. 对象选择的方法

(1)经验分析法。

经验分析法亦称因素分析法。它是一种定性分析的方法,即凭借开展价值工程活动人员的经验和智慧,根据对象选择应考虑的因素,通过定性分析选择对象的方法,是目前企业较为普遍使用的、简单易行的价值工程对象选择方法。它实际上是利用一些有丰富实践经验的专业人员和管理人员对企业存在问题的直接感受,经过主观判断确定价值工程对象的一种方法。运用该方法进行对象选择,要对各种影响因素进行综合分析,区分主次轻重,既考虑需要,也考虑可能,以保证对象选择的合理性。但其缺乏定量分析,在分析人员经验不足时准确程度降低,适用于初选阶段。

运用这种方法选择对象时,可以从设计、加工、制造、销售和成本等方面进行综合分析。任何产品的功能和成本都是由多方面因素构成的,关键是要找出主要因素,抓住重点。一般具有下列特点的产品或零部件可以作为价值工程的重点:产品设计年代已久,技术已显陈旧;质量、体积很大,增加材料用量和工作量的产品;质量差、用户意见大或销售量大、市场竞争激烈的产品;成本高、利润低的产品;组件或加工工序复杂以致影响产量的产品;成本占总成本比重大、功能不重要而成本较高的产品。

(2)百分比法。

百分比法是通过分析产品对两个或两个以上经济指标的影响程度(百分比)来确定价值工程对象的方法。当企业在一定时期要提高某些经济指标,且拟选对象数量不多时,此方法具有较强的针对性和有效性;但是不够系统和全面,有时为了更全面、更综合地选择对象,百分比法可以与经验分析法结合使用。

例如,某企业拟对其6个产品A、B、C、D、E、F对象进行价值工程对象的选择,经济指标及排序如表9-3所示。

表9-3 某企业经济指标

产品	A	B	C	D	E	F
产品年成本/万元	565	65	35	160	55	45
占总成本的比/(%)	61.1	7.0	3.8	17.3	5.9	4.9
产品年利润/万元	185	25	15	20	35	25
占总利润的比/(%)	60.7	8.2	4.9	6.6	11.5	8.2
年利润百分比/年成本百分比	0.99	1.17	1.29	0.38	1.95	1.67
排序	5	4	3	6	1	2

显然,产品D应该作为价值分析的对象,其次是产品A。

(3)价值系数法。

价值系数法是利用产品功能系数与成本系数的比计算价值系数来确定分析对象。价值系数偏低的分项说明在投入相等的情况下,这些分项提供的功能偏低;或提供功能同样的情况下,投入成本偏大。所以,相对而言,应该选择价值系数偏低的分项作为研究对象。

(4)ABC分析法。

1879年,意大利经济学家帕雷托在分析研究本国财富分配状况时从大量的统计资金中发现,占人口比例小的少数人拥有绝大部分社会财富,而占有少量社会财富的则是大多数人,他将这一现象用图表示出来,就是著名的帕雷托图。1951年,管理学家戴克将其应用于库存管理,命名为ABC法。其中,关键的少数是A类,次要的多数是C类,其余的是B类。一般来说,A类即为价值工程重点研究对象,B类作一般分析,C类可不作分析。

该分析方法的核心思想是在决定一个事物的众多因素中分清主次,识别出少数的但对事物起决定作用的关键因素和多数的但对事物影响较少的次要因素。但是,该方法没有把成本与功能紧密联系起来,容易使个别功能重要而成本比重较小的零部件遭到忽视。有些产品不是由零件组成,如煤炭、钢铁、工程项目投资等,对这类产品可按费用构成项目分类,如分为管理费、动力费、人工费等,将其中占比最大的作为价值工程的重点研究对象。这种方法也可从产品成本利润率、利润比重角度进行分析,其中利润占总利润比重最低且成本利润率也是最低的,应当考虑作为价值工程的研究对象。

ABC分析法的具体步骤如下:

①将所有研究对象(零部件或工序、项目),按其成本由多到少进行排列编号;

②计算每个研究对象的累计个数占全部研究对象总数的百分比;

③计算研究对象的累计成本;

④计算累计成本占总成本的百分比;

⑤按ABC分析法的分类原则进行分类;

⑥画出ABC曲线图,将A类作为价值工程的主要研究对象。

例如,在房屋建筑工程施工成本分析中,钢筋工程、混凝土工程、桩基础工程即是关键的少数,属于A类;平整场地工程、脚手架工程、模板工程即是次要的多数,属于C类;砌体工程属于B类,如图9-3所示。

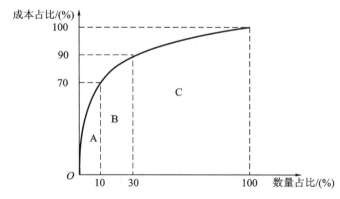

图9-3 ABC分析曲线图

【例9-1】 某住宅楼工程基础部分包含17个分项工程,各分项工程的造价及基础部分的直接费见表9-4,试采用ABC分析法确定该基础工程中可能作为价值工程研究对象的分项工程。

表 9-4　某住宅楼基础工程分项工程 ABC 分类

分项工程名称	成本/元	累计分项工程数	累计分项工程数百分比	累计成本/元	累计成本百分比	分类
C20 带形钢筋混凝土基础	63436	1	5.88%	63436	39.5%	A
干铺土石屑垫层	29119	2	11.76%	92555	57.64%	A
回填土	14753	3	17.65%	107308	66.83%	A
商品混凝土运费	10991	4	23.53%	118299	73.67%	B
C10 混凝土基础垫层	10952	5	29.41%	129251	80.49%	B
排水费	10487	6	35.29%	139738	87.02%	B
C20 独立式钢筋混凝土基础	6181	7	41.18%	145919	90.87%	B
C10 带形无筋混凝土基础	5638	8	47.06%	151557	94.38%	C
C20 矩形钢筋混凝土柱	2791	9	52.94%	154348	96.12%	C
M5 砂浆砌砖基础	2202	10	58.82%	156550	97.49%	C
挖土机挖土	2058	11	64.71%	158608	98.77%	C
推土机场外运费	693	12	70.59%	159301	99.20%	C
履带式挖土机场外运费	529	13	76.47%	159830	99.53%	C
满堂脚手架	241	14	82.35%	160071	99.68%	C
平整场地	223	15	88.24%	160294	99.82%	C
槽底钎探	197	16	94.12%	160491	99.94%	C
基础防潮底	89	17	100%	160580	100%	C
总成本	160580					

【解】　基础分项工程的 ABC 分类如表 9-4 所示，其中，C20 带形钢筋混凝土基础、干铺土石屑垫层、回填土三项工程为 A 类工程，应考虑作为价值工程分析的对象。

三、功能分析

功能分析是价值工程的核心和基本内容，包括功能分类、功能定义和功能整理。其目的就是在满足用户基本功能的基础上，确保和增加产品的必要功能，剔除或减少不必要功能。

1. 功能分类

(1) 从用户对功能需求角度看，分为必要功能和不必要功能。

必要功能是为满足使用者需求而必须具有的功能，不必要功能是对象多具有的与满足使用者的需求无关的功能。

区分功能必要与否，必须以用户的需求为准绳，而不能凭设计者的主观臆断。发现不必要功能并剔除不必要功能，正是价值工程活动中研究功能的重要目的。当然，功能是否必要，对于不同用户来说，有不同的划分标准。因此，在项目设计时，要有明确的市场目标才能准确地划分必要功能与不必要功能。

(2) 从功能的性质角度看，分为使用功能和美观功能。

功能按照其性质可以划分为使用功能和美观功能，不同的产品对二者有不同的要求和侧重。例如建筑物中使用的输电暗线和地下管道等,只需要使用功能,而完全不需要美观功能,因此,不应该在外观功能上多花费资金。相反,如工艺美术品和装饰品等则要求美观功能。某些产品需要使用功能和美观功能两者兼备,例如服装、室内家具和灯具等。为了增加这类产品在市场上的竞争能力,满足人们对美的要求,必须重视它们的外观功能并投入适当的成本。

(3)从功能的重要程度角度看,分为基本功能与辅助功能。

基本功能就是用户对产品所要求的主要使用功能,是为了达到其使用目的所必不可少的功能。基本功能是产品存在的前提,若失去了基本功能,则产品就丧失了存在的价值。辅助功能是设计人员为了实现基本功能而在用户直接要求的功能之上附加上去的功能,是为了更好地帮助基本功能实现而存在的功能。一般来说,基本功能是必要的,而辅助功能有些是必要的,有些可能是多余的。在辅助功能中包含的不必要功能,应通过改进设计予以消除。

(4)从功能的满足程度角度看,可分为不足功能和过剩功能。

不足功能是对象尚未满足使用者需求的必要功能。过剩功能是对象所具有的超过使用者需求的必要功能。

2. 功能定义

功能定义是对价值工程对象及其组成部分的功能所作的明确表述,常采用两词法(即动宾词组法)来简明扼要地表述。在给功能下定义时,必须注意以下几点。

(1)抓住功能本质。

在给功能下定义时要围绕用户所要求的功能,对事物进行本质思考。只有这样,才能正确理解产品应具备的功能,才能抓住问题的本质。有些产品之所以给用户提供不必要的功能、过剩功能,或功能水平不能满足用户的要求,或漏掉用户所需要的功能等,往往是因为设计者没有从用户要求的角度出发,没有领悟产品应具备的功能。所以说,能否抓住问题的本质来准确描述功能定义,对价值工程活动的好坏与成败有着重大的影响。

(2)表达准确简明。

产品及其组成部分的功能定义的正确与否,直接关系到以后价值工程活动的成果。因此,必须定性准确,否则,以后在改进产品及组成部分的功能时,就会发生混乱现象。

(3)尽可能定量化。

尽可能使用能够测定数量的名词来定义功能,以便于在功能评价和方案创造过程中将功能数量化,利于价值工程活动中的定量分析。例如,吊车的功能,不能仅仅用"起吊重物"来描述其功能,还应该附上起重量、吊装半径、起吊高度等定量化的参数,以便将来方案创新时有准确的依据。

(4)要考虑实现功能的制约条件。

虽然功能定义是从对象的实体中抽象"功能"这一本质的活动,但在进行功能定义时,不能忘记可靠地实现功能所应具备的制约条件。

在进行功能定义时,应该考虑的实现功能所需要的制约条件有:能承担对象;实现功能的目的;功能何时实现;功能在何地实现;实现功能的方式;功能实现的程度等。

(5)注意功能定义表述的唯一性。

在给功能下定义时,对研究对象及其构成要素所具有的功能要一项一项明确,每一项功能只能有一个定义。若一个构成要素有几项功能,就要分别逐项下定义。

3. 功能整理

功能整理是对定义出的功能进行系统分析、整理,明确功能之间的关系,分清功能类别,建立功能系统图,以便从局部与整体的相互关系上把握问题,从而达到掌握必要功能和发现不必要功能的目的,并提出改进的办法。对产品及其零部件进行功能定义和功能分类,这只是单独对各个零部件进行功能分析,而没有研究它们之间的内在依存关系。一个产品所属的零部件在结构上既相对独立又相互联系,产品功能通过各零部件功能的相互联结得到实现,所以一个产品既存在一个结构体系,又存在一个功能系统,而功能系统是更本质的东西,是生产者和使用者的最终目的。因此我们必须从功能的角度去分析研究产品各零部件担负的功能,零部件越多,它们之间的关系也越复杂,特别是一件大型产品,其零部件十分繁多,功能之间的内在关系错综复杂,如果不从功能系统的角度进行研究分析,就很难看清各个功能之间的逻辑关系及其重要程度,这样就不便于开展价值工程活动。

功能整理的步骤如下:

①分析产品的基本功能和辅助功能;

②明确功能的上下位和并列关系;

③建立功能系统图,如图 9-4、图 9-5 所示。

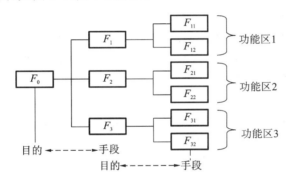

图 9-4 功能系统图基本模式

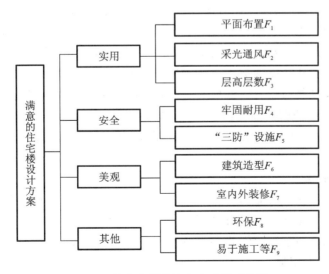

图 9-5 某住宅楼设计方案功能系统图

四、功能评价

通过功能定义和功能整理,剔除了一些不必要的功能,明确了用户所要求的功能,还仅仅只是定性地解决了"需要哪些工程"的问题。而要有效地开展价值工程活动,还必须解决"实现功能的成本是多少"和"价值是多少"的问题,即通过对功能进行定量分析,确定重点改善的功能,这才是功能评价所要解决的问题。

功能评价是运用一定的科学方法,进一步求出实现某种功能的最低成本(或称目标成本),并以此作为评价的基准,即功能评价值。通过功能评价值与实现功能的现实成本(或称目前成本)相比较,求得两者的比值即为功能价值。现实成本与目标成本的差值即为成本降低幅度,或称为成本改善期望值。

功能评价的基本程序如下。

(1)计算功能成本的现实成本(目前成本)。
(2)确定功能的评价值(目标成本)。
(3)计算功能的价值(价值系数)。
(4)计算成本改善期望值。
(5)选择价值系数低、成本改善期望值大的功能作为重点改进对象。

目前,常用的功能评价方法有两大类:一类是绝对值计算法,即功能成本法;另一类是相对值计算法,即功能评价系数法。

1. 功能成本法

它是通过一定的测算方法,测算实现应有功能所必需的最低成本,并将其表示为功能评价值,同时计算目前为实现应有功能所消耗的现实成本。当评价某功能的价值大小时,就用功能评价值与该功能目前的现实成本相比,这个比值就是该功能的价值系数。

功能价值系数的计算结果有以下三种情况。

①$V=1$,即功能评价值等于功能现实成本,这表明评价对象的功能现实成本与实现该功能所必需的最低成本大致相同。此时评价对象的价值为最佳,一般无须改进。

②$V<1$,即功能现实成本大于功能评价值,表明评价对象的现实成本偏高,而功能要求不高,这时一种可能是存在着过剩的功能,另一种可能是功能虽无过剩,但实现该功能的条件或方法不佳,致使实现功能的成本大于功能的实际需要。这两种情况都应列入功能改进的范围,并且以剔除过剩功能及降低现实成本为改进方向,使成本与功能比例趋于合理。

③$V>1$,说明该部件的功能比较重要,但分配的成本较少,即功能现实成本低于功能评价值。此时应进行具体分析,功能与成本的分配可能已较为理想,或者有不必要的功能,或者应该提高成本。

2. 功能评价系数法

在功能评价系数法中,功能的价值用价值系数 V 表示。通过评定各对象功能的重要程度,用功能评价系数 F 来表示其功能程度的大小,然后将评价对象的功能评价系数 F 与相对应的功能成本系数 C 进行比较,得出该评价对象的价值系数 V,从而确定改进对象,并求出该对象的成本改进期望值。

功能价值系数的计算结果有以下三种情况。

①$V=1$,此时评价对象的功能比重与成本比重大致平衡,合理匹配,可以认为功能的现

实成本是比较合理的。

②V<1,此时评价对象的成本比重大于其功能比重,表明相对于系统内的其他对象而言,评价对象目前所占的成本偏高,应将评价对象列为改进对象,改善方向主要是降低成本。

③V>1,此时评价对象的成本比重小于其功能比重,出现这种结果的原因可能有三种:第一,由于现实成本偏低,不能满足评价对象实现其应有功能的要求,致使对象功能偏低,这种情况应将其列为改进对象,改善方向是增加成本;第二,对象目前具有的功能已经超过了其应该具有的水平,即存在过剩功能,这种情况也应列为改进对象,改善方向是降低功能水平;第三,对象在技术、经济等方面具有某些特征,在客观上存在着功能很重要而需要消耗的成本很少的情况,这种情况一般就不应将其列为改进对象。

确定功能评价系数的方法有以下几种。

(1)强制评分法。

强制评分法是以功能重要程度作为选择价值工程对象的一种分析方法。它的出发点是:功能重要程度高的分部分项工程是产品的关键,应当是重点分析对象。强制评分法不仅能用于工程项目,也可用于产品、工序、作业、服务项目或管理环节的分析上。强制评分法分为0—1评分法和0—4评分法两种。

①0—1评分法。

0—1评分法是先将构成项目的各分项因素排列成矩阵,并站在用户的角度按功能重要程度进行一对一循环对比,两两打分,功能相对重要的因素得1分,不重要的得0分,汇总各因素的得分值后除以全部项目因素的得分值总和,就得出各因素的功能评价系数。系数大者,表明此因素重要,应列为重点研究对象。

有时某一因素的得分总值为0,但不能说该因素没有价值,为了避免这种误差,需要对评分值加以修正,修正的方法是在各因素得分基础上都各加1分,用修正后的得分值作为计算功能重要系数的参数。具体算法过程见表9-5。

表 9-5 0—1 评分法

零件功能	一对一比较结果					得分	功能评价系数
	F_1	F_2	F_3	F_4	F_5		
F_1	×	1	0	1	1	3	0.3
F_2	0	×	0	1	1	2	0.2
F_3	1	1	×	1	1	4	0.4
F_4	0	0	0	×	0	0	0
F_5	0	0	0	1	×	1	0.1
合计						10	1.0

②0—4评分法。

0—1评分法虽然能判别分项因素的功能重要程度,但评分规定过于绝对和笼统,准确度不高。采用0—4评分法进行一一比较时,分为以下四种情况。

a.非常重要的功能得4分,很不重要的功能得0分。

b.比较重要的功能得3分,不太重要的功能得1分。

c.两个功能重要程度相同时各得2分。

d.自身对比不得分。

具体算法过程见表9-6。

表9-6 0—4评分法

零件功能	一对一比较结果					得分	功能评价系数
	F_1	F_2	F_3	F_4	F_5		
F_1	×	3	1	4	4	12	0.3
F_2	1	×	3	1	4	9	0.225
F_3	3	1	×	3	0	7	0.175
F_4	0	3	1	×	3	7	0.175
F_5	0	0	4	1	×	5	0.125
合计						40	1.0

(2)直接评分法。

由专业人员对各功能直接打分。非常重要的打4分,比较重要的打3分,一般重要的打2分,不太重要的打1分,不重要的打0分。具体算法过程见表9-7。

表9-7 直接评分法

零件功能	评价人员										各零件得分	功能评价系数
	1	2	3	4	5	6	7	8	9	10		
F_1	3	3	2	2	3	3	1	2	3	2	24	0.24
F_2	2	2	2	2	3	2	2	2	2	2	21	0.21
F_3	4	3	4	4	3	4	4	3	4	4	37	0.37
F_4	0	1	1	0	0	0	1	0	1	1	5	0.05
F_5	1	1	1	2	1	1	2	3	0	1	13	0.13
合计	10	10	10	10	10	10	10	10	10	10	100	1.0

直接评分法是国内外应用十分广泛的方法之一,它虽然在逻辑上不十分严密,又含有定性分析的因素,但却有一定的实用性,只要运用得当,在多数情况下所指示的方向与实际大致相同。

(3)多比例评分法。

这种方法是强制评分法的延伸,它是在对比评分时,按(0、10)、(1、9)、(2、8)、(3、7)、(4、6)、(5、5)这6种比例来评定功能系数。具体算法过程见表9-8。

表9-8 多比例评分法

功能	F_1	F_2	F_3	F_4	F_5	得分	功能评价系数
F_1	×	4	2	6	7	19	0.19
F_2	6	×	4	8	7	25	0.25
F_3	8	6	×	9	9	32	0.32
F_4	4	2	1	×	4	11	0.11
F_5	3	3	1	6	×	13	0.13
合计						100	1.0

【例9-2】 为了节省某大型工程产品的施工成本,产品指挥部价值工程人员经过功能整理将产品划分为土方工程、基础工程、结构工程、装修工程四个功能区(工艺过程),并进行了

功能评分和预算成本(现实成本)测算,企业在产品管理目标责任书中要求产品指挥部将成本降低8%,该产品指挥部根据功能评价原理,选择价值工程的对象,产品价值工程数据见表9-9。

表 9-9 产品价值工程数据

产品分部	功能评分	预算成本	功能评价系数	成本系数	价值系数	目标成本	成本降低额
土方工程	12	1650	0.12	0.12	1.00	1508.1	141.9
基础工程	14	1500	0.14	0.11	1.27	1759.4	−259.4
结构工程	36	4880	0.36	0.36	1.00	4524.2	355.8
装修工程	38	5630	0.38	0.41	0.93	4775.5	854.5
合计	100	13660	1.00	1.00		12567.2	1092.8

【解】 计算说明:

目标成本＝功能评价系数×13660×(1−8%)

成本降低额＝预算成本−目标成本

计算结果表明:降低成本潜力大的是装修工程,其次是结构工程和土方工程。

五、方案创造与评价

(一)方案创造

方案创造,就是从改善对象的价值出发,针对应改进的具体目标,依据已建立的功能系统图和功能目标成本,通过创造性的思维活动,提出实现功能的各种改进方案。方案的提出是在收集情报和功能分析的基础上进行创造和开拓的过程,也是把经验和知识进行分析、提炼、组合的过程,需要有效的方法进行引导和激发,才能充分发挥分析能力、综合能力和创造技巧,并提出改进方案。方案创造的方法主要有以下几种。

1. 头脑风暴法(Brain Storming,BS法)

头脑风暴法的具体做法是事先通知议题,开会时要求应邀参加会议的各方面专业人员在会上自由奔放地思考,提出各种不同的方案,多多益善,但是不评价别人的方案,并且希望与会者在别人建议方案的基础上进行改进,提出新的方案。

以上所定原则的目的是使与会人员的头脑中掀起思考的"风暴",集思广益,以便能提出更多的方案。据说采用头脑风暴法提出的方案数要比相同数量专业人员单独提出的方案多出70%。

2. 哥顿法(模糊目标法)

这是美国人哥顿在1964年提出的方法,也是以小组会的形式进行。这种方法的特点是:把要研究的问题适当抽象,以利于开阔思路,会议主持者并不把要解决的问题全部摊开,只把问题抽象地介绍给大家,要求海阔天空地提出各种设想。对提出的方案,会议主持者逐个研究,看能否解决原来的问题,会议结束时把问题摆出来。

3. 德尔菲法(专家函询法)

德尔菲法是在20世纪40年代由赫尔姆和达尔克首创,经过戈尔登和兰德公司进一步发展而成的。德尔菲这一名称起源于古希腊有关太阳神阿波罗的神话。传说中阿波罗具有预见未来的能力。因此,这种预测方法被命名为德尔菲法。1946年,兰德公司首次用这种方法来进行预测,后来该方法迅速被广泛采用。

德尔菲法依据系统的程序,采用匿名发表意见的方式,即专家之间不得互相讨论,不发生横向联系,只能与调查人员发生关系,通过多轮次调查专家对问卷所提问题的看法,经过反复征询、归纳、修改,最后汇总专家基本一致的看法作为预测的结果。这种方法具有广泛的代表性,较为可靠。

德尔菲法的具体实施步骤如下。

(1) 组成专家小组。按照课题所需要的知识范围,确定专家。专家人数的多少,可根据预测课题的大小和涉及面的宽窄而定,一般不超过20人。

(2) 向所有专家提出所要预测的问题及有关要求,并附上有关这个问题的所有背景材料,同时请专家提出还需要的材料,然后由专家做书面答复。

(3) 各位专家根据他们所收到的资料,提出自己的预测意见,并说明自己是怎样利用这些材料并提出预测值的。

(4) 将各位专家第一次判断意见汇总,列成图表,进行对比,再分发给各位专家,让专家比较自己和他人的意见,修改自己的意见和判断。也可以把各位专家的意见加以整理,或请身份更高的其他专家加以评论,然后把这些意见再分送给各位专家,以便他们参考后修改自己的意见。

(5) 将所有专家的修改意见收集起来,汇总,再次分发给各位专家,以便做第二次修改。逐轮收集意见并为专家反馈信息是德尔菲法的主要环节。收集意见和信息反馈一般要经过三四轮。在向专家进行反馈的时候,只给出各种意见,但并不说明发表各种意见的专家具体姓名。这一过程重复进行,直到每一位专家不再改变自己的意见为止。

(6) 对专家的意见进行综合处理。德尔菲法与常见的召集专家开会、通过集体讨论、得出一致预测意见的专家会议法既有联系又有区别。德尔菲法能发挥专家会议法的优点,既能充分发挥各位专家的作用,集思广益,准确性高;又能把各位专家意见的分歧点表达出来,取各家之长,避各家之短。同时,德尔菲法又能避免专家会议法的缺点,如权威人士的意见影响他人的意见;有些专家碍于情面,不愿意发表与其他人不同的意见;出于自尊心而不愿意修改自己原来不全面的意见。德尔菲法的主要缺点是过程比较复杂,花费时间较长。

(二) 方案评价和选择

方案评价是在方案创造的基础上对新构思方案的技术、经济和社会效果等几方面进行的评估,并在评论过程中对有希望的方案进一步完善的过程。方案评价的标准是价值的高低而不是功能成本的优劣,即以功能费用比作为最终的评价标准。方案评价的步骤可分为概略评价和详细评价两大步骤,其评价内容均围绕着技术评价、经济评价、社会评价进行,并在此基础上进行综合评价。

概略评价是对方案创新中所提出的设想方案进行大致的粗略评价,筛选出有价值的设想,减少详细评价的工作量,使精力集中与优秀方案的评价。概略评价内部比较粗略,评价方法较简单,力求尽快得出结论,以便有效利用时间。详细评价是对已经粗略筛选之后的若干有前途的方案进行细致评价,其主要目的是筛选出最佳方案,以便正式提交审查。因此,详细评价必须提出详尽、有说服力的数据,论证方案实施的效果。

(1) 技术评价。

技术评价是评价方案实现必要功能的程度,以价值工程的研究对象是产品为例,其技术可从如下几个方面进行评价:功能的实现程度(性能、质量、寿命等);可靠性;可维修性;操作性;安全性;整个系统的协调性;与环境的协调性。进行技术可行性评价时,应力求把技术指标定量化,以便进行比较选择。

(2) 经济评价。

经济评价从成本与利润两方面进行综合评价,侧重以成本为指标进行评价,综合考虑企业经营需要、实施改进方案的费用情况、适用时期、方案实施条件等。经济评价的方法一般有以下几种:变动成本法,是指将成本划分为固定成本与可变成本,计算盈亏平衡点;总额与差额法,总额法是指对影响利润与成本的全部因素加以计算,求出总利润或总成本后而进行比较的一种方法,差额法是指只对影响利润或成本的因素加以计算,进行差额比较的一种方法,这种方法简便、节省时间。

(3) 社会评价。

社会评价是指对方案的社会效果进行的评价。企业作为社会的成员有其社会属性,故要谋求企业利润与社会利益的一致。社会评价主要包括以下几个方面的内容:方案是否符合国家规划;方案实施资源利用是否合理;方案实施是否达到国家为实现环境保护而颁布的有关规定;方案是否符合其他国家、社会要求。

(4) 方案综合评价。

方案综合评价是在上述三种评价的基础上,对整体方案做出的综合、整体评价。综合评价时要综合考虑各指标因素之间的重要性、各方案对评价指标的满足程度,从而判断和选择出最优方案。

六、提案的编制、审批与成果评价

1. 提案的编制和审批

价值工程一般采用提案的形式,按照方案的每一项改进计划内部填写一张价值工程提案表。对重大产品,诸如新产品的设计、老产品的重大改进等,除填写本表外还要汇总价值工程提案总表,而且要求附有详细的调查资料和技术、经济、社会评价及设计图纸和提案说明书等。根据提案的内容和重要程度的大小,按照审批权限上报有关决策部门,报告中应该包含以下内容。

(1) 价值工程分析对象产品的概况、选择理由。

(2) 价值工程提案表。

(3) 价值工程提案总表。

(4) 提案的有关技术设计和经济分析方面的资料。

(5) 价值工程工作表,包括各项专门情报功能系统图、功能评价,方案的评价及具体化、试制验证和调查改进效果。

(6) 结论意见。

2. 活动成果评价

当进行价值工程方案评价后,还要进行某些必要的试验,使提案更为可靠。改进新方案后,若采用了一些过去未曾使用过的新方法(结构、材料、工艺等),也必须进行必要试验,试验通过后可着手制订正式提案,并报有关部门审批。批准后,可列入实施计划,做出具体安排并监督贯彻执行,随时了解执行情况,解决实施中出现的问题。

为了肯定取得的成果,继续提高价值工程的经济效益,当经济活动实施告一段落之后,要进行总结和成果评价。

第三节 价值工程在建筑工程中的应用

价值工程在建筑工程中的应用时间比其他产业要晚得多。价值工程在建筑工程中的应用难度比较大,这是由建筑产品及其生产的技术经济特征所决定的。虽然应用难度大,但价值工程是一种行之有效的科学方法,在工程项目设计、施工过程中得到越来越广泛的应用。

一、价值工程在建筑工程中应用的特点

(1) 设计和施工的一次性。

建筑产品具有建造和使用地点固定的特点,许多工业和民用建筑工程项目从设计到施工都是一次性的单件生产,设计图样一般不再重复使用,因此一个工程项目设计的改进就不会为下一个工程项目带来经济效益。

但随着建筑工业化的发展,传统的生产方式方法逐步被淘汰,工厂化大批量生产的建筑构件、配件以及成套的装配式建筑日益增多,施工现场机械化施工的工作量不断增加,其生产方式将逐渐接近制造业的大生产,为开展价值分析创造了条件。因此,要抓住建筑工程中按标准化、定型化、工厂化生产构件和配件以及标准住宅等条件开展价值分析活动。从设计、材料、生产、工艺、运输、安装、使用等各个环节寻求降低成本的可能,经济效益就会从小到大、积少成多,价值分析活动就会不断壮大起来,得到广泛应用和发展。

(2) 建筑产品功能的特殊性。

与一般机械、化工、纺织工业产品不同,建筑产品是为人们的生产或生活提供具有不同功能的空间。如住宅是由卧室、客厅、厨房、卫生间等不同的空间构成的一种建筑产品,这些不同的空间具有各自不同的功能。价值工程的任务就是在设计与实施阶段寻求用最低的总成本实现建筑产品各部分及整体的功能。

(3) 建筑产品生产材料的特殊性。

建筑产品所需材料数量大、种类多,新型建材发展速度又很快,这就出现了材料的选用问题,许多材料(如钢筋、水泥、木材、塑料及各种装饰材料)都是可以相互代用的,若选择合理,则可降低产品的总成本。各种建筑材料能否相互代替的关键在于他们的总功能和总成本的对比情况,即价值系数的大小。

(4) 建筑产品生产活动的特殊性。

建筑产品的生产活动常在露天进行,所需工种多,工作量大,交叉作业频繁。合理的施工组织可以提高工作效率、降低生产成本,这就需要运用价值工程对工程项目的实施方案进行比选。

(5) 寿命周期长和经营使用费比重大。

凡是寿命周期长和使用费比重大的产品,要按产品的整个经济寿命周期(包括使用年限)来计算全部费用,既要降低一次性的生产成本,又要节约经常性的使用费,并要尽可能延

长其使用年限。一般来说,非临时性建筑的使用寿命都是较长的,有的长达几百年甚至上千年。不过,从经济效益角度来考虑,使用寿命一般都在 100 年以下,多数不超过 50 年。但即使这样,计算出整个使用期内各项费用也是非常困难的,因为在今后几十年时间内,影响用于建筑工程费用的因素有很多,如工程的拆迁、灾害的损失、未来的改建和维修等的规模等。随着技术的进步,未来建筑材料、设备的发展水平都是无法估计的,而这项费用占总费用的比重又比较大,故是有效开展建筑工程价值分析工作必不可少的。这就给价值分析工作带来很大的影响。正由于此,进行技术经济的科学研究就显得更为重要了。

(6) 影响建筑工程总费用的部门和因素多。

一般工业品的价值分析由生产该产品工厂的科研或设计部门负责即可,而建筑工程所涉及的部门和因素相对而言比较多。开展价值分析活动往往要组织各有关单位参加,运用各方面的经济技术知识才能取得理想的效果。

建筑一般由若干不同功能的单位工程组成,如土建工程、给排水、卫生、照明、暖气通风等,其中土建工程又包括基础、墙体、梁、柱、板、装饰等多个分部分项工程,这些分部分项工程因采用的材料、施工工艺不同,其单位成本相差也很大。建筑工程的直接费就是由以上各项费用组成的,其中土建工程所占比重最大,特别是民用建筑,它决定着建筑工程的使用性质、建筑标准、平面和空间布置等重大问题,其次是水、暖、电、卫和机械设备与安装工程。各单位工程之间互有联系和影响,不过主要是土建工程对其他工程的影响。但在研究功能、成本和价值的关系时必须从全局出发,以节约总费用为目的,权衡各因素的利弊,统一考虑降低成本、改善功能的措施,切不可片面地为节省某项工程的费用,而不顾其他工程的成本。

国外建筑工程的价值分析一般是先由设计部门组织价值分析小组,从分析各项功能入手,提出问题,设计出多种改进方案,最后经价值分析决定出最终方案。工程发包时,在合同中规定出由于改进原设计方案所获得利润的分成方法,以利于推动建筑安装企业开展价值工程活动。

二、价值工程在设计方案优选中的应用

一个建设项目或一个单项工程有多种不同的设计方案,在满足使用功能的前提下,可采用价值工程分析方法进行优化设计、技术经济分析、方案比较,最后选择先进适用、经济合理、安全可靠的最优设计方案。以下为某工程项目设计方案应用价值工程的案例分析。

某房地产公司对某住宅项目的开发征集到若干设计方案,经筛选后拟对其中较为出色的 4 个设计方案 A、B、C、D 进行进一步的技术经济评价。该房地产公司决定对该住宅项目的 4 个设计方案开展价值工程活动,选定一个最佳设计方案。

(1) 对各设计方案进行功能分析,包括功能定义和功能整理两个步骤。

有关专家决定从五个方面(分别以 $F_1 \sim F_5$ 表示)对不同方案的功能进行评价,分别为功能适用性(F_1)、经济合理性(F_2)、结构可靠性(F_3)、外形美观性(F_4)、环境协调性(F_5),并对各功能的重要性达成以下共识:F_2 和 F_3 同样重要,F_4 和 F_5 同样重要,F_1 相对于 F_4 很重要,F_1 相对于 F_2 较重要。

(2) 对各设计方案进行功能评价。

根据给出的各功能因素之间的重要性关系,可知这五个指标的重要性排序为:$F_1 > F_2 = F_3 > F_4 = F_5$,利用 0—4 法计算各项功能指标权重的结果见表 9-10。

专家对四个方案的功能满足程度进行打分(满分为 10 分),具体得分情况见表 9-11。

根据表 9-10 和表 9-11 的相关数据,可以计算出各方案的加权得分,再以各方案功能加权得分合计值为分母,各方案功能加权得分为分子,相除后得到功能指数,具体数据见表 9-12。

表 9-10 功能重要性系数计算表

功能	F_1	F_2	F_3	F_4	F_5	得分	权重
F_1	×	3	3	4	4	14	14/40＝0.350
F_2	1	×	2	3	3	9	9/40＝0.225
F_3	1	2	×	3	3	9	9/40＝0.225
F_4	0	1	1	×	2	4	4/40＝0.100
F_5	0	1	1	2	×	4	4/40＝0.100
合　计						40	1.000

表 9-11 各方案功能得分表

功能	方案功能得分			
	A	B	C	D
F_1	9	10	9	8
F_2	10	10	8	9
F_3	9	9	10	9
F_4	8	8	8	7
F_5	9	7	9	6

表 9-12 各方案功能指数计算表

功能	功能重要性系数	各方案功能加权得分			
		A	B	C	D
F_1	0.350	9×0.350	10×0.350	9×0.350	8×0.350
F_2	0.225	10×0.225	10×0.225	8×0.225	9×0.225
F_3	0.225	9×0.225	9×0.225	10×0.225	9×0.225
F_4	0.100	8×0.100	8×0.100	8×0.100	7×0.100
F_5	0.100	9×0.100	7×0.100	9×0.100	6×0.100
合计	1.000	9.125	9.275	8.900	8.150
功能指数		0.257	0.262	0.251	0.230

根据专家的估算,A、B、C、D 四个方案的估算指标分别为 1420 元/m²、1230 元/m²、1150 元/m²、1360 元/m²。与功能指数的计算类似,以各方案估算指标合计值为分母,各方案估算指标为分子,相除后得到方案的成本指数,具体数据见表 9-13。

表 9-13 各方案成本指数计算表

方案	A	B	C	D	合计
方案估算指标/(元/m²)	1420	1230	1150	1360	5160
成本指数	0.275	0.238	0.223	0.264	1.00

依据各方案功能指数和成本指数的计算结果,可以计算出各方案价值指数,具体数据见表 9-14。

表 9-14 各方案价值指数计算表

方案	A	B	C	D
功能指数	0.257	0.262	0.251	0.230
成本指数	0.275	0.238	0.223	0.264
价值指数	0.935	1.101	1.126	0.871

由表 9-13 的计算结果可知,方案 C 的价值指数最高。当几个方案进行比较时,价值指数最高的方案为最优方案,所以应选设计方案 C。

与其他方案相比,虽然设计方案 C 最优,但其本身也可能存在一些问题,仍需改进,应针对存在的问题,运用价值工程进行进一步优化。

三、价值工程在设计阶段成本控制中的应用

1. 价值工程应用的步骤

价值工程在设计阶段成本控制的应用步骤如下。

①对象选择。可运用 ABC 法,将设计方案分解为 A、B、C 三类。A 类比重大,品种数量少,作为价值工程的研究对象。

②功能分析。分析研究对象有哪些功能,各项功能之间的关系如何。

③功能评价。评价各项功能,确定功能评价系数 F_i,并计算实现该方案的成本系数 C_i 和价值系数 V_i。

④分配目标成本。确定对象的目标成本,并以功能评价系数为基础,将目标成本分配到各项功能上,作为成本目标。

⑤方案创新及评价。根据价值分析结果和目标分配结果的要求,提出各种方案,用加权平均法找出最优方案。

2. 案例分析

以下为价值工程在设计阶段成本控制中的应用案例分析。

某市经济开发区一栋综合楼项目征集了 A、B、C 三个设计方案,具体对比如下。

①A 方案的结构方案采用大柱网框架轻墙体系,采用预应力大跨度叠合楼板,墙体材料采用多孔砖及移动式可拆装式分室隔墙,窗户采用中空玻璃塑钢窗,面积利用率为 93%,单方造价为 1438 元/m²。

②B 方案的结构方案同 A 方案,墙体采用内浇外砌结构,窗户采用单玻璃塑钢窗,面积利用率为 87%,单方造价为 1108 元/m²。

③C 方案的结构方案采用砖混结构体系,采用预应力多孔板,墙体材料采用标准黏土砖,窗户采用双玻璃塑钢窗,面积利用率为 79%,单方造价为 1082 元/m²。

业主方采用价值工程的方法对该工程的设计方案、评标定标和施工方案进行了全面的技术经济评价,取得了良好的经济效益和社会效益,具体如下。

(1)用价值工程方法选择最优设计方案。

方案各功能的权重及各方案的功能得分见表 9-15。

表 9-15　各设计方案功能得分表

方案功能	功能权重	方案功能得分		
		A	B	C
结构体系	0.25	10	10	8
模板类型	0.05	10	10	9
墙体材料	0.25	8	9	7
面积利用率	0.35	9	8	7
窗户类型	0.10	9	7	8

接下来分别计算各方案的功能指数、成本指数和价值指数,并根据价值指数选择最优方案。

①各方案的功能指数见表 9-16。

表 9-16　功能指数计算表

方案功能	功能权重	方案功能加权得分		
		A	B	C
结构体系	0.25	10×0.25=2.50	10×0.25=2.50	8×0.25=2.00
模板类型	0.05	10×0.05=0.50	10×0.05=0.50	9×0.05=0.45
墙体材料	0.25	8×0.25=2.00	9×0.25=2.25	7×0.25=1.75
面积利用率	0.35	9×0.35=3.15	8×0.35=2.80	7×0.35=2.45
窗户类型	0.10	9×0.10=0.90	7×0.10=0.70	8×0.10=0.80
合计		9.05	8.75	7.45
功能指数		9.05/25.25=0.358	8.75/25.25=0.347	7.45/25.25=0.295

②各方案的成本指数见表 9-17。

表 9-17　成本指数计算表

方案	A	B	C	合计
单方造价/(元/m²)	1438	1108	1082	3628
成本指数	0.396	0.305	0.298	0.999

注:分别用每个方案的单方造价除以各方案单方造价合计值(3628 元/m²),求得每个方案的成本指数。成本指数合计值 0.999 存在累计误差。

③各方案的价值指数见表 9-18。

表 9-18　价值指数计算表

方案	A	B	C
功能指数	0.358	0.347	0.295
成本指数	0.396	0.305	0.298
价值指数	0.904	1.138	0.990

注:分别用每个方案的功能指数除以成本指数,求得每个方案的价值指数。

由表 9-17 的计算结果可知,设计方案 B 的价值指数最高,为最优方案。

(2)为控制工程成本和进一步降低费用,拟针对所选最优设计方案的土建工程部分,以工程材料费为对象开展价值工程分析。

将土建工程划分为四个功能项目,各功能项目评分值及目前成本见表 9-19。

按限额设计要求,目标成本额应控制为 12170 万元。

表 9-19　各功能项目评分值及目前成本表

功能项目	功能评分	目前成本/万元
桩基围护工程	10	1520
地下室工程	11	1482
主体结构工程	35	4705
装饰工程	38	5105
合计	94	12812

首先根据表 9-18 所列数据,对所选定的设计方案分别计算桩基围护工程、地下室工程、主体结构工程和装饰工程的功能指数、成本指数和价值指数;根据给定的总目标成本额计算各工程内容的目标成本额,从而确定其成本降低额度。具体计算结果见表 9-20。

表 9-20　各功能项目价值指数计算表

功能项目	功能评分	功能指数	目前成本/万元	成本指数	价值指数	目标成本/万元	成本降低额/万元
桩基围护工程	10	0.1064	1520	0.1186	0.8971	1295	225
地下室工程	11	0.1170	1482	0.1157	1.0112	1424	58
主体结构工程	35	0.3723	4705	0.3672	1.0139	4531	174
装饰工程	38	0.4043	5105	0.3985	1.0146	4920	185
合计	94	1.0000	12812	1.0000		12170	642

由以上计算结果可知,桩基围护工程、地下室工程、主体结构工程和装饰工程均应通过适当方式降低成本。根据成本降低额的大小,功能改进顺序依次为桩基围护工程、装饰工程、主体结构工程、地下室工程。

四、价值工程在施工方案选择中的应用

案例概述:某市拟兴建一截污环保工程,工程地质条件复杂,施工场地狭小,实物工程量多。经过认真调查研究,对截污环保工程的建设提出三个备选方案。

方案一:竖井施工,直径为 5.5 m,深度为 60 m,需开挖山体 1730 m^3,预计工期为 4 个月。

方案二:斜井施工,圆拱直墙断面,全长 105 m,预计工期为 2.5 个月。

方案三:平洞施工,圆拱直墙断面,全长 130 m,预计工期为 3.5 个月。

为保证施工质量,按期完成施工任务,并取得较好的经济效益,该市决定对其开展价值工程活动,选定一个最优方案。

1. 功能分析

第一步工作是进行功能定义。截污环保工程的基本功能是截排污水,辅助功能是使用方便。

第二步工作是进行功能整理,建设方请有关专家分类整理出五项功能:下料出渣通道(F_1)、施工人员通道(F_2)、隧道井棚(F_3)、隧道施工面衬砌(F_4)和通风供水供电(F_5)。通过计算,得出这五项功能的重要程度比为 $F_1:F_2:F_3:F_4:F_5=6:2:4:1:3$。

2. 功能评价

采用环比评分法计算功能重要性系数。首先确定以上五项功能的暂定重要性系数,即对上下相邻两项功能的重要性进行对比打分,所打的分作为暂定重要性系数。如 F_1 的暂时重要性系数为 $6:2=3$,F_2 的为 $2:4=0.5$,以此类推,具体可见表 9-20 中暂定重要性系数列。

其次,对暂定重要性系数进行修正。修正方法是将最下面的功能 F_5 的修正后重要性系数定为 1,再自下而上与暂定重要性系数逐个相乘,得到各功能的修正后重要性系数,具体可见表 9-20 中修正后重要性系数列。

最后,以修正后重要性系数的合计值为分母,各功能的修正后重要性系数为分子,相除后即得各功能的重要性系数,具体可见表 9-21 功能重要性系数计算表。

表 9-21 功能重要性系数计算表

功能	暂定重要性系数	修正后重要性系数	功能重要性系数
下料出渣通道(F_1)	3	2	0.375
施工人员通道(F_2)	0.5	2/3	0.125
隧道井棚(F_3)	4	4/3	0.25
隧道施工面衬砌(F_4)	1/3	1/3	0.0625
通风供水供电(F_5)	—	1	0.1875
合计	—	16/3	1.00

专家对三个方案的功能满足程度进行打分(满分为 10 分),具体得分情况见表 9-22。

表 9-22 各方案功能得分表

功能名称	方案功能得分		
	方案一	方案二	方案三
下料出渣通道(F_1)	6	10	9
施工人员通道(F_2)	7	9	8
隧道井棚(F_3)	6	8	7
隧道施工面衬砌(F_4)	8	9	8
通风供水供电(F_5)	7	8	7

根据表 9-21 和表 9-22 的相关数据,可以计算出各方案的加权得分,再以各方案功能加权得分合计值为分母,各方案功能加权得分为分子,相除后得到功能指数,具体数据见表 9-23。

表 9-23 各方案功能指数计算表

功能	功能重要性系数	各方案功能加权得分		
		方案一	方案二	方案三
下料出渣通道(F_1)	0.375	0.375×6	0.375×10	0.375×9
施工人员通道(F_2)	0.125	0.125×7	0.125×9	0.125×8
隧道井棚(F_3)	0.25	0.25×6	0.25×8	0.25×7
隧道施工面衬砌(F_4)	0.0625	0.0625×8	0.0625×9	0.0625×8
通风供水供电(F_5)	0.1875	0.1875×7	0.1875×8	0.1875×7
合计	1.00	6.4375	8.9375	7.9375
功能指数		0.2761	0.3834	0.3405

建设方请有关专家估算出方案一、二、三的工程总造价分别为 220.07 万元、209.47 万元和 266.09 万元。与功能指数的计算类似,以各方案造价合计值为分母,各方案造价为分子,相除后得到各方案的成本指数,具体数据见表 9-24。

表 9-24 各方案成本指数计算表

方案	方案一	方案二	方案三	合计
工程总造价/万元	220.07	209.47	266.09	695.63
成本指数	0.3164	0.3011	0.3825	1.00

依据各方案的功能指数和成本指数的计算结果,可以计算出各方案的价值指数,具体数据见表 9-25。

表 9-25 各方案价值指数计算表

方案	方案一	方案二	方案三
功能指数	0.2761	0.3834	0.3405
成本指数	0.3164	0.3011	0.3825
价值指数	0.8726	1.2733	0.8902

由以上计算结果可知,方案二的价值指数最高。当几个方案进行比较时,价值指数最高的方案为最优方案,所以应选择斜井施工方案。与其他方案相比,虽然斜井施工方案最优,但其本身也存在一些问题,仍需改进,价值工程工作人员应针对存在的问题,运用价值工程进行进一步优化。

【习题】

一、历年执业资格考试单选题

1. 价值工程功能评价的程序如下图所示,图中"＊"位置应进行的工作是( )。(2019 年一建真题)

扫码看答案

A. 整理功能之间的逻辑关系　　　　B. 确定功能评价值
C. 确定目标成本　　　　　　　　　D. 确定基本功能

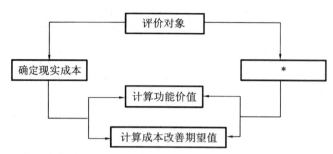

2. 价值工程应用中,对产品进行分析的核心是( )。(2019年造价真题)

A. 产品的结构分析　　　　　　　　　　B. 产品的材料分析

C. 产品的性能分析　　　　　　　　　　D. 产品的功能分析

3. 某项目应用价值工程原理进行方案择优,各方案的功能系数和单方造价见下表,则最优方案为( )。(2019年监理真题)

方案	甲	乙	丙	丁
功能系数	0.202	0.286	0.249	0.263
单方造价/(元/m²)	2840	2460	2300	2700

A. 甲方案　　　　B. 乙方案　　　　C. 丙方案　　　　D. 丁方案

4. 采用 ABC 分析法实施存货管理时,A 类存货的特点是( )。(2018年一建真题)

A. 品种多且应用广　　　　　　　　　　B. 品种少但占用资金多

C. 品种多但占用资金少　　　　　　　　D. 数量少且占用资金少

5. 价值工程的核心是对产品进行( )分析。(2018年造价真题)

A. 成本　　　　B. 价值　　　　C. 功能　　　　D. 寿命

6. 针对某种产品采用 ABC 分析法选择价值工程研究对象时,应将( )的零部件作为价值工程主要研究对象。(2018年造价真题)

A. 成本和数量占比较高　　　　　　　　B. 成本占比高而数量占比低

C. 成本和数量占比均低　　　　　　　　D. 成本占比低而数量占比高

7. 价值工程应用对象的功能评价值是指( )。(2018年造价真题)

A. 可靠地实现用户要求功能的最低成本

B. 价值工程应用对象的功能与现实成本之比

C. 可靠地实现用户要求功能的最高成本

D. 价值工程应用对象的功能重要性系数

8. 某既有产品功能现实成本和重要性系数见下表。若保持产品总成本不变,按成本降低幅度考虑,应优先选择的改进对象是( )。(2018年造价真题)

功能	功能现实成本	功能重要性系数
F_1	150	0.30
F_2	180	0.45
F_3	70	0.15
F_4	100	0.10
总计	500	1.00

A. F_1　　　　　　B. F_2　　　　　　C. F_3　　　　　　D. F_4

9. 应用价值工程法对设计方案进行评价时包括下列工作内容:①功能评价;②功能分析;③计算价值系数。仅就此三项工作而言,正确的顺序是(　　)。(2018年造价真题)

A. ①→②→③　　B. ②→①→③　　C. ③→②→①　　D. ②→③→①

10. 现有四个施工方案可供选择,其功能评分和寿命周期成本相关数据见下表,则根据价值工程原理应选择的最佳方案是(　　)。(2017年一建真题)

方案	甲	乙	丙	丁
功能评分	9	8	7	6
寿命周期成本/万元	100	80	90	70

A. 甲　　　　　　B. 乙　　　　　　C. 丙　　　　　　D. 丁

11. 在产品价值工程工作程序中,功能定义和功能整理工作的目的是(　　)。(2017年一建真题)

A. 明确产品的成本是多少　　　　　B. 确定产品的价值是多少
C. 界定产品是干什么用的　　　　　D. 确定价值工程的研究对象是什么

12. 按照价值工程活动的工作程序,通过功能分析与整理明确必要功能后的下一步工作是(　　)。(2017年造价真题)

A. 功能评价　　B. 功能定义　　C. 方案评价　　D. 方案创造

13. 某工程设计有四个备选方案,经论证,四个方案的功能得分和单方造价见下表。按照价值工程原理,应选择的最优方案是(　　)。(2017年监理真题)

方案	甲	乙	丙	丁
功能得分	98	96	99	94
单方造价/(元/m²)	1250	1350	1300	1225

A. 甲方案　　B. 乙方案　　C. 丙方案　　D. 丁方案

14. 工程建设实施过程中,应用价值工程的重点应在(　　)阶段。(2016年造价真题)

A. 勘察　　　　B. 设计　　　　C. 招标　　　　D. 施工

15. 价值工程活动中,功能整理的主要任务是(　　)。(2016年造价真题)

A. 建立功能系统图　　　　　　　B. 分析产品功能特性
C. 编制功能关联表　　　　　　　D. 确定产品工程名称

16. 某工程有甲、乙、丙、丁四个设计方案,各方案的功能系数和单方造价见下表,按价值系数应优选设计方案(　　)。(2016年造价真题)

设计方案	甲	乙	丙	丁
功能系数	0.26	0.25	0.20	0.29
单方造价/(元/m²)	3200	2960	2680	3140

A. 甲　　　　　　B. 乙　　　　　　C. 丙　　　　　　D. 丁

17. 应用价值工程评价设计方案的首要步骤是进行(　　)。(2016年造价真题)

A. 功能分析　　B. 功能评价　　C. 成本分析　　D. 价值分析

18. 四个互斥性施工方案的功能系数和成本系数见下表。从价值工程角度最优的方案

是( )。(2015 年一建真题)

方案	甲	乙	丙	丁
功能系数	1.20	1.25	1.05	1.15
成本系数	1.15	1.01	1.05	1.20

A.甲　　　　　　B.乙　　　　　　C.丙　　　　　　D.丁

19.关于价值工程中功能的价值系数的说法,正确的是( )。(2014 年一建真题)

A.价值系数越大越好

B.价值系数大于 1 表示评价对象存在多余功能

C.价值系数等于 1 表示评价对象的价值为最佳

D.价值系数小于 1 表示现实成本较低,而功能要求较高

二、历年执业资格考试多选题

1.价值工程分析中,将功能按用户的需求分类,有必要功能和不必要功能,下列功能中,属于不必要的功能有( )。(2019 年一建真题)

A.美学功能　　B.辅助功能　　C.多余功能　　D.重复功能　　E.过剩功能

2.价值工程应用中,研究对象的功能价值系数小于 1 时,可能的原因有( )。(2019 年造价真题)

A.研究对象的功能现实成本小于功能评价值

B.研究对象的功能比较重要,但分配的成本偏低

C.研究对象可能存在过剩功能

D.研究对象实现功能的条件或方法不佳

E.研究对象的功能现实成本偏低

3.在价值工程的应用中,可用于方案创造的方法有( )。(2019 年监理真题)

A.因素分析法　　B.头脑风暴法　　C.强制评分法　　D.哥顿法　　E.德尔菲法

4.应用价值工程时,对所提出的替代方案进行定量综合评价可采用的方法有( )。(2018 年造价真题)

A.优点列举法　　B.德尔菲法　　C.加权评分法　　D.强制评分法　　E.连环替代法

5.关于价值工程特点的说法,正确的有( )。(2017 年一建真题)

A.价值工程的核心是对产品进行功能分析

B.价值工程并不单纯追求降低产品的生产成本

C.价值工程要求将产品的功能定量化

D.价值工程的目标是以最低的寿命周期成本使产品具备最大功能

E.价值工程的主要工作是用传统的方法获得产品稳定的技术经济效益

6.价值工程活动中,按功能的重要程度不同,产品的功能可分为( )。(2017 年造价真题)

A.基本功能　　B.必要功能　　C.辅助功能　　D.过剩功能　　E.不足功能

7.价值工程活动中,用来确定产品功能评价值的方法有( )。(2016 年造价真题)

A.环比评分法　　B.替代评分法　　C.强制评分法　　D.逻辑评分法　　E.循环评分法

8.价值工程分析阶段的工作有( )。(2015 年一建真题)

A.对象选择　　B.方案评价　　C.功能定义　　D.功能整理　　E.功能评价

三、案例分析题

1. 某咨询公司受业主委托,对某设计院提出的 8000 m² 工程量的屋面工程的 A、B、C 三个设计方案进行评价。该工业厂房的设计使用年限为 40 年。咨询公司评价方案中设置功能实用性(F_1)、经济合理性(F_2)、结构可靠性(F_3)、外形美观性(F_4)、与环境协调性(F_5)五项评价指标。该五项评价指标的重要程度依次为 F_1、F_3、F_2、F_5、F_4,各方案的每项评价指标得分见表 9-26,各方案有关经济数据见表 9-27,基准折现率为 6%。

表 9-26 各方案评价指标得分表

指标	方案		
	A	B	C
F_1	9	8	10
F_2	8	10	9
F_3	10	9	8
F_4	7	9	9
F_5	8	10	8

表 9-27 各方案有关经济数据汇总表

方案	A	B	C
含税全费用价格/(元/m²)	65	80	115
年度维护费用/万元	1.40	1.85	2.70
大修周期/年	5	10	15
每次大修费/万元	32	44	60

问题:
(1)用 0—1 评分法确定各项评价指标的权重。
(2)列式计算 A、B、C 三个方案的加权综合得分,并选择最优方案。
(3)计算该工程各方案的工程总造价和全寿命周期年度费用,从中选择最经济的方案(注:不考虑建设期差异的影响,每次大修给业主带来不便的损失为 1 万元,各方案均无残值)。

2. 某市高新开发区有两幢科研楼和一幢综合楼,其设计方案对比项目如下。

A 方案:结构方案为大柱网框架轻墙体系,采用预应力大跨度叠合楼板,墙体材料采用多孔砖及移动式可拆装式分室隔墙,窗户采用中空玻璃塑钢窗,面积利用率为 93%,单方造价为 1438 元/m²;

B 方案:结构方案同 A 方案,墙体采用内浇外砌结构,窗户采用单玻璃塑钢窗,面积利用系数为 87%,单方造价为 1108 元/m²;

C 方案:结构方案砖混结构体系,采用多孔预应力板,墙体材料采用标准黏土砖,窗户采用双玻璃塑钢窗,面积利用率为 79%,单方造价为 1082 元/m²。

方案各功能的权重及各方案的功能得分见表 9-28。

表 9-28 各方案功能的权重及得分表

功能项目	功能权重	各方案功能得分		
		A	B	C
结构体系	0.25	10	10	8
楼板类型	0.05	10	10	9
墙体材料	0.25	8	9	7
面积系数	0.35	9	8	7
窗户类型	0.10	9	7	8

问题：
(1)试应用价值工程方法选择最优设计方案。
(2)为控制工程造价和进一步降低费用，拟针对所选最优设计方案的土建工程部分，以工程材料为对象开展价值工程分析。将土建工程划分为四个功能项目，各功能项目得分值及目前成本见表 9-29。按限额设计要求，目标成本应控制为 12170 万元。

表 9-29 各功能项目得分及目前成本表

功能项目	功能得分	目前成本/万元
A. 桩基围护工程	10	1520
B. 地下室工程	11	1482
C. 主体结构工程	35	4705
D. 装饰工程	38	5105
合计	94	12812

试分析各功能项目的目标成本及其可能降低的额度，并确定功能改进顺序。

(3)若某承包商以表 9-29 中的总成本加 3.98% 的利润报价(不含税)中标并与业主签订了固定总价合同，而在施工过程中该承包商的实际成本为 12170 万元，则该承包商在该工程上的实际利润率为多少？

(4)若要使实际利润率达到 10%，成本降低额应为多少？

提示分析要点：
问题(1)考核运用价值工程进行设计方案评价的方法、过程和原理。
问题(2)考核运用价值工程进行设计方案优化和工程造价控制的方法。
价值工程要求方案满足必要功能，消除不必要功能。在运用价值工程对方案的功能进行分析时，各功能的价值指数有以下三种情况。

①$V=1$，说明该功能的重要性与其成本的比重大体相当，是合理的，无须再进行价值工程分析。

②$V<1$，说明该功能不太重要，而目前成本比重偏高，可能存在过剩功能，应作为重点分析对象，寻找降低成本的途径。

③$V>1$，出现这种结果的原因较多，其中较常见的是：该功能较重要，而目前成本偏低，可能未能充分实现该重要功能，应适当增加成本，以提高该功能的实现程度。

各功能目标成本的数值为总目标成本与该功能指数的乘积。

参 考 文 献

[1] 王永祥,等.工程项目经济分析[M].北京:北京理工大学出版社,2011.
[2] 全国一级建造师执业资格考试用书编写委员会.建设工程经济[M].北京:中国建筑工业出版社,2014
[3] 王克强,等.Excel在工程技术经济学中的应用[M].上海:上海财经大学出版社,2005.
[4] 石振武.道路经济与管理[M].武汉:华中科技大学出版社,2007.
[5] 胡江碧.道路工程经济分析理论与实践[M].北京:科学出版社,2011.
[6] 黄毅勤,李世钰.现代施工企业会计实务[M].北京:民主与建设出版社,2005.
[7] 建设部标准定额研究所.建设项目经济评价参数研究[S].北京:中国计划出版社,2004.
[8] 尹贻林.工程造价案例分析[M].北京:中国计划出版社,2008.
[9] 王卓甫,杨高升.工程项目管理:原理与案例[M].北京:中国水利水电出版社,2005.
[10] 陈进,王永祥.建设项目经济分析[M].上海:同济大学出版社,2009.
[11] 全国造价工程师执业资格考试教材编审委员会.建设工程造价管理[M].北京:中国城市出版社,2013.
[12] 曾淑君,高洁.工程经济学[M].南京:东南大学出版社,2014.
[13] 毛义华.建筑工程经济[M].杭州:浙江大学出版社,2001.
[14] 何俊,等.建筑工程经济(第二版)[M].武汉:华中科技大学出版社,2015.
[15] 陈志华,刘勇.建筑工程经济(第二版)[M].北京:中国水利水电出版社,2012.
[16] 姜慧,陈晓红.建筑工程经济[M].武汉:武汉理工大学出版社,2014.
[17] 李长花,王艳丽,段宗志.工程经济学[M].武汉:武汉大学出版社,2015.
[18] 刘亚臣,王静.工程经济学[M].大连:大连理工大学出版社,2008.
[19] 黄晨,曾学礼,徐媛媛.建筑工程经济[M].天津:天津大学出版社,2016.
[20] 全国一级建造师执业资格考试用书编写委员会.建设工程经济[M].北京:中国建筑工业出版社,2020.
[21] 全国造价工程师职业资格考试培训教材编审委员会.建设工程造价管理基础知识[M].北京:中国计划出版社,2020.
[21] 中国建设监理协会.建设工程投资控制(土木建筑工程)[M].北京:中国建筑工业出版社,2020.